本书由山西省科技厅与山西省留学人员管理委员会办公室联合资助出版

创新时代知识管理
绩效评价研究

——以高新技术企业为例

郭彤梅 著

中国财经出版传媒集团

经济科学出版社

Economic Science Press

图书在版编目（CIP）数据

创新时代知识管理绩效评价研究：以高新技术企业为例/
郭彤梅著．—北京：经济科学出版社，2016.12
ISBN 978 - 7 - 5141 - 7679 - 7

Ⅰ．①创… Ⅱ．①郭… Ⅲ．①高技术企业 - 企业管理 -
知识管理 - 研究②高技术企业 - 企业绩效 - 评价 - 研究
Ⅳ．①F276.44

中国版本图书馆 CIP 数据核字（2016）第 322927 号

责任编辑：刘　莎
责任校对：王苗苗
责任印制：邱　天

创新时代知识管理绩效评价研究
——以高新技术企业为例
郭彤梅　著
经济科学出版社出版、发行　新华书店经销
社址：北京市海淀区阜成路甲 28 号　邮编：100142
总编部电话：010 - 88191217　发行部电话：010 - 88191522
网址：www. esp. com. cn
电子邮件：esp@ esp. com. cn
天猫网店：经济科学出版社旗舰店
网址：http://jjkxcbs. tmall. com
北京汉德鼎印刷有限公司印刷
三河市华玉装订厂装订
710×1000　16 开　15 印张　260000 字
2016 年 12 月第 1 版　2016 年 12 月第 1 次印刷
ISBN 978 - 7 - 5141 - 7679 - 7　定价：49.00 元
（图书出现印装问题，本社负责调换。电话：010 - 88191510）
（版权所有　侵权必究　举报电话：010 - 88191586
电子邮箱：dbts@ esp. com. cn）

前　　言

2016 年 8 月，《"十三五"国家科技创新规划》正式印发，这是党的十八大以来我国吹响建设世界科技强国号角后的第一个科技创新规划。"十三五"科技创新的总体目标是：国家科技实力和创新能力大幅跃升，创新驱动发展成效显著，国家综合创新能力世界排名进入前 15 位，迈进创新型国家行列，有力支撑全面建成小康社会目标实现。科技创新在应对人类共同挑战、实现可持续发展中发挥着日益重要的作用。全球创新创业进入高度密集活跃期，人才、知识、技术、资本等创新资源全球流动的速度、范围和规模达到空前水平。创新模式发生重大变化，创新活动的网络化、全球化特征更加突出。全球创新版图正在加速重构，创新多极化趋势日益明显，科技创新成为各国实现经济再平衡、打造国家竞争新优势的核心，正在深刻影响和改变国家力量对比，重塑世界经济结构和国际竞争格局。未来五年，我国科技创新工作将紧紧围绕深入实施国家"十三五"规划纲要和创新驱动发展战略纲要，有力支撑"中国制造 2025""互联网＋"、网络强国、海洋强国、航天强国、健康中国建设、军民融合发展、"一带一路"建设、京津冀协同发展、长江经济带发展等国家战略实施，充分发挥科技创新在推动产业迈向中高端、增添发展新动能、拓展发展新空间、提高发展质量和效益中的核心引领作用。

《"十三五"国家科技创新规划》标志着我国已从顶层设计进

入创新时代。创新是从基础研究、应用研究、产品开发到成果转化和市场开拓的全过程，创新不仅是科技概念，更重要的它是一个经济概念。规划体现了科技和经济、科技和创新的结合。科技创新的历史背景源于知识经济的兴起，知识经济是继农业经济、工业经济之后，一种"直接依据知识和信息的生产、分配和使用而建立的"，推动人类社会持续快速发展的新的经济形态。在这样的经济形态下，知识的生产、传播、运用和创新已成为推动经济发展的重要力量。进入 21 世纪后，尤其是近些年，新媒体的广泛应用使人类社会的信息化程度进一步加深，知识生产、传播的速度进一步加快，知识运用更新的频率进一步提高。日本著名知识管理学教授野中郁次郎曾高度概括了知识经济时代的特征：在市场变化、科技不断推陈出新、产品生命周期越来越短的环境下，成功将属于能不断创造新知识的组织。在知识经济时代，知识管理更能体现出价值规律。

从一定程度来说，知识正深刻地影响并渗透到社会的各个层面，成为经济发展的动力源泉和影响组织核心竞争力的决定性因素之一。在这样的发展趋势下，知识成为引领组织发展的关键要素，创新驱动成为组织重要的发展方式，以知识为基础的企业将是非常有竞争力的；知识创新、应用与社会经济增长、人类进步与人的全面发展的关系越来越密切。著名管理学家彼得·德鲁克指出："在新的经济体系内，知识并不是和人才、资本、土地相并列的社会生产资源之一，而是唯一有意义的资源，其独到之处，正在于知识是资源本身，而不仅是资源的一种。"党的十八大指出："完善知识创新体系，抢占科技发展战略制高点"。有学者指出，企业未来唯一持久的竞争优势，是具备比竞争对手更快的整体学习和创新的能力。可见，当前，知识已经成为国家战略地位的考量之一，这迫切要求我们分析知识管理的规律，研究提高知识生产、传播、运用、转化、创新的效率，帮助组织产生具有自身特性的专有知识、核心能力，这是提高组织竞争优势的重要方式。

据统计，国际名企 Microsoft、IBM、CISCO、Lucent、Intel 和 Nokia 六家公司的知识总和，已经等值于人类 6 000 年挖掘的黄金价值。而西门子公司推行的知识管理，由于成效甚好已被众多世界级企业视为典范。该公司为了扩大内部员工信息共享程度建立的"分享网"起到了很好的信息传播功能。此网刚建立时只在小范围内（西门子信息与通讯事业部）进行试验，但却获得了相当大的收益，其建立成本只有 780 万美元，但却为西门子增加了一亿两千二百万美元的营业收入，在进行小范围的试验成功后，"分享网"开始进行大范围推行。美国计算机软硬件生产及服务的著名公司太阳微系统公司建立的知识管理的最大优势是能够提高销售人员的知识水平和业务能力，并针对于此建立了一套培训系统，名为 Sun TAN 系统，该系统的实施能为企业每年节省销售人员回总部培训的差旅费就多达 7 500 万美元。

国外企业在知识管理方面的迅速发展带动了我国以及亚洲一些国家在这方面的重视。如日本索尼、中国移动等公司纷纷开始实施知识管理，藉此获得了很大的企业效益。

知识管理的实施使得企业效益迅猛提高，可见知识对于企业提高其核心竞争力方面有着突出的贡献。对此，很多学者和企业家都达成了共识。但是目前在此领域的研究上国内外都侧重于其定义、内容等方面，对于知识管理的具体实施环节及具体方法还没有进行进一步深入的研究，尤其是企业在实施知识管理后对企业绩效所产生的变化情况研究较少。因此，对企业实施知识管理后所取得的绩效进行研究有着重要的现实指导意义，并且它也将成为知识管理研究的重要发展方向。本研究围绕这个主题，对组织实施知识管理的绩效进行评价。具体分析重点及解决的问题分以下几个方面：①理论基础研究，包括知识管理的概念界定、内涵、内容框架；②企业知识管理绩效评价理论体系构建；③企业知识管理绩效评价指标体系构建，和指标权重的确定；④模糊合评价法在企业知识管理绩效评价中的运用。

　　本研究的结果能够有效评价高新技术企业在实施知识管理后所产生的绩效，并且能够根据评价结果得出企业在哪些知识管理的具体实施环节上存在不足并需要完善，同时也为高新技术企业在日后实施知识管理提供可操作性较强的依据，为知识管理相关内容的研究提供了一些基础，因而具有积极的理论和实践指导意义。

目　　录

第9章　研究结论与展望　/ 206

第 1 章

知识经济时代与知识管理

1.1 知识经济时代的到来

随着现代社会的不断发展，很多新的经济管理理论逐渐呈现，其中知识经济引起了国内外众多学者和企业管理人士的重视，并已经逐渐成为一种新的经济形态，其最直观和最基本的特征是知识能够对很多生产要素产生重要的作用及影响。在农业经济和工业经济社会中，知识都从不同的程度层面上影响着生产要素的各个方面，提高了生产效率，并且改进了人们的生活水平。而在知识经济时代，知识的作用越发得到了充分发挥，它在现代生活和生产中构成了新的生产要素体系，尤其对企业的影响颇大，能够从各个层面产生正面效应，故受到了许多企业的高度重视。

国际知名的审计与咨询公司毕马威曾就知识管理的相关内容做了一份调查，调查的结果显示：80%的受访者把知识作为企业的重要资产，认为知识在企业的发展过程当中起到了至关重要的作用，能够促进企业在竞争激烈的市场环境中健康稳定地发展；78%的受访者认为：没有充分利用现有知识将导致商业机会的丧失，知识对于每个企业都是公平的，如同样一个机会，牢牢抓住并充分利用的企业就会受益匪浅，反之则会逐渐失去市场地位，最终被淘汰。受访者普遍认为由于不能有效利用企业知识而丧失的商业平均价值是年收入的6%，通过将这样的损失量化可以非常直观地看到知识给企业所带来的效益。然而这样的数据比较保守，事实上还有很多无法量化的因素没有被考虑到；51% 受访者认为企业高层在过去三年中对知识管理的参与程度得到了提高，由于知识在企业中发挥的作用越来越明显，对企业绩效产生的影响很大，这一点引起了企业很多管理人士的关注，并将知识作为企业发展的一项重点工程。

而另一份由 Bald ridge 奖基金会对 300 名知名企业 CEO 的调查显示：知识管理已经逐渐成为企业发展的重点，很多企业将知识管理列为企业在未来发展的重要项目，并为之进行了多项人力、财力等投入，并且获得了 88% CEO 的认同，这一发展趋势仅次于全球化趋势。

在国内，以经合组织 1996 年年度报告《以知识为基础的经济》在我国的翻译出版、1997 年中科院《迎接知识经济，建设国家创新系统》报告发表、1998 年江泽民同志在北大庆典演讲中指出"知识经济已见端倪"这三件大事件为标志，证明了知识经济在中国已经开始萌芽、发育并快速成长，从而 1998 年被誉为中国学术领域的"知识管理年"。

知识经济，亦称智能经济，是指建立在知识和信息的生产、分配和使用基础上的经济。它是和农业经济、工业经济相对应的一个概念。

（1）所谓以知识为基础，是相对于现行"以物质为基础的经济"而言的。现行的工业经济和农业经济，虽然也离不开知识，但总的说来，经济的增长取决于能源、原材料和劳动力，是以物质为基础的。在农业经济时代，经济增长主要靠土地和劳动两大因素，土地在经济增长中居支配地位，因此土地是最主要的经济资源。进入工业经济时代，资本的积累驱动了经济的增长。资本（包括原材料、能源等）成为经济增长的主要因素，资本是主要资源，随着资本投入的增加，其增长超过相应劳动增长，即所谓"资本深化"，在技术不变的情况下，导致资本的"边际收益递减"。

（2）知识经济是人类知识、特别是科学技术方面的知识，积累到一定程度，以及知识在经济发展中的作用，增加到一定阶段的历史产物。同时又是新的信息革命导致知识共享以高效率产生新知识时代的产物。

知识经济理论形成于 20 世纪 80 年代初期。美国著名经济学家索罗把资本和劳动作为两大投入要素，建立了新古典经济增长模型，结果发现经济增长中除资本和劳动作用外，还有一个较大的"余值"，索罗称作为技术变化率，即技术进步的作用。1983 年，美国经济学家罗默把技术进步作为经济增长的一个主要投入要素，建立了新增长理论。而且技术投入的增加，不再服从边际收益递减法则，相反"收益递增"，这里所说的技术是一个广义的技术，和我们所说的知识具有类似含义。一般来说，发达国家技术进步对经济增长的贡献为 50% ~ 70%，美国近年来技术进步对经济增长的贡献已高达 80%，即经济增长的 80% 源于知识，因而知识已成为最主要的经济资源。正如托夫勒在《权力转移》一书中所说的那样："知识代替资本，知识除了可以代替物质、运输、能源之外，还可以省时间；知识在理论上取之不尽，是最终的代替品，它已成为产业的最终资源，知识是 21 世纪经济增长的关键因素。"知识经济中知识成了最主要的经济资源，这是与工业经济的显著区别之一。

知识经济作为一种经济产业形态的确立，其主要标志是美国微软公司总裁比尔·盖茨为代表的软件知识产业的兴起。比尔·盖茨的主要产品是软盘及软盘中包含的知识，正是这些知识的广泛应用打开了计算机应用的大门，微软公司的产值已超过美国三大汽车公司产值的总和。美国经济增长的主要源泉就是 5 000 余家软件公司，它们对世界经济的贡献不亚于名列前茅的 500 家世界大公司。所有这些表明，在现代社会生产中，知识已成为生产要素中一个最重要的组成部分，以此为标志的知识经济将成为 21 世纪的主导型经济形态。

1.1.1　知识经济时代及其意义

知识和技术创新是人类经济、社会发展的重要动力源泉。知识经济正在给中国的经济发展与社会发展注入更大的活力和带来更好的际遇。大力发展知识经济有利于优化经济结构、合理利用资源、保护生态环境、促进协调发展、提高人口素质、彻底消除贫困等，有利于在 21 世纪里建设国家创新体系，通过营造良好的环境，推进知识创新、技术创新和体制创新，提高全社会创新意识和国家创新能力，从而实现中国跨世纪发展之路。

知识经济的兴起，使知识上升到社会经济发展的基础地位。知识成了最重要的资源，"智能资本"成为最重要的资本，在知识基础上形成的科技实力成为最重要的竞争力。国家的富强、民族的兴旺、企业的发达和个人的发展，无不依赖于对知识的掌握和创造性的开拓与应用，而知识的生产、学习及创新，则成为人类最重要的活动，知识已成了时代发展的主流，尤其是以高科技信息为主体的知识经济体系，迅速扩展令世人瞩目。

改革开放20年，我国经济得到迅速发展，缩短了与发达国家的差距，不过应该看到，我们与发达国家的差距还是很大的。有关研究表明，发达国家和发展中国家的差距本质上是知识的差距。发展中国家的自然资源和人口占世界的大多数，但世界90%以上的科技投入、科技人员和科技活动都集中在发达国家。知识经济不同于传统经济的发展模式，对于发展中国家来说，面临严峻挑战的同时也存在着宝贵的机遇。计算机技术、信息技术和全球网络的形成，使发展中国家能够以更快的速度和更低的成本利用发达国家的知识积累。由于知识具有共享性，发展中国家可以以较低的成本利用发达国家的最先进技术。知识和资本的互补性，可以减轻资本对发展中国家经济发展的制约。这一切都为发展中国家经济的发展提供了很好的机遇。比如发展中国家某些传统工业的发展，可以利用发达国家的最新技术，跨越工业化国家用100年甚至200年的技术变革过程，直接进入现代技术阶段。

回顾我国经济的发展，在农业经济时代，我国曾有过汉朝的强大、盛唐的辉煌。当18世纪西方国家蒸汽机出现，发生震惊世界的产业革命，进入工业经济时代时，清王朝仍夜郎自大，闭关锁国，失去了发展的机遇，第二次大战后西方国家产生信息技术革命，使他们的经济发生变化走向新的繁荣时，我们还在固守帝国主义的"危机"论和"垂死"论，再次失去了一些发展机遇，使得与我国经济基础类似的一些周边国家和地区的经济发展远远超过了我们。目前世界经济向知识经济发展的新形势，给我国经济发展带来了难得的机遇，在这次新的产业升级中，我们再不可坐失良机，对200年前的错误重蹈覆辙。

在这次产业升级中，我国虽有不可否认的经济、科技落后的一面，但也有许多有利的条件。首先，党和政府对科技非常重视。在改革开放初期，邓小平同志就提出了科学和技术是第一生产力。江泽民同志在党的十五大报告中强调指出："科学和技术是经济发展的决定因素。"面对知识经济的挑战把"科教兴国"作为我国的发展战略。党和国家的高度重视是发展知识经济的有力保证。其次，我国经过多年来几代科技人员的奋斗，打下了比较坚实的科学技术基础。我们对许多学科的基础理论研究并不落后，航空航天技术、生物工程技术、微电子技术等在世界科技的殿堂里都占有一席之地，为我国经济的发展奠定了一定基础。再者，我们也应该看到，改革开放 30 多年来我国加快了技术进步，促进了经济增长方式转变；同时建立大量的国家级高新技术开发区，在它们的带动下我国的高新技术产业得到了较快发展，这一切都为我国发展知识经济提供了有利条件。

1.1.2　知识经济时代的特征

1. 知识成为生产的支柱和主要产品

在工业经济时代，整个社会的经济基础是工、农业生产和服务业，生产和消费工、农业产品和第三产业提供的各类劳务是社会生活的主要内容。此时，知识是生产的必要因素之一。而到了知识经济时代，它已成为经济增长的决定性要素。同时知识本身成为产品，它不断生产出来，并通过加工、处理、传输和经营而为全球越来越多的居民所消费。许多知识被物化，出现了一系列知识产业，其中有的已成为国民经济的主导产业或重要支柱。

2. 知识经济建立在以信息为龙头的高技术基础之上

信息技术是一门综合性很强的技术，它对社会经济的各个产业和社会生活各个方面都具有极强的渗透力，因而信息技术的快速发展就成为加速经济发展和社会变革的强大推动力，它是知识经济时代诞生的基本力量。生物工程、新材料、新能源、宇航、海洋工程等也起着重要作用。

3. 知识经济建立在应用知识和智能的基础之上

在人类社会发展的漫长岁月，各类资源（包括土地、气候、水、矿产、动植物等自然资源和人力资源）的利用和消耗一直构成社会生产的基础。到了知识经济时代，许多以资源—劳动消耗为主要特征的生产过程将向智能化为特征的方向转变，生产和整个经济活动由依靠资源和劳动投入转变为主要依靠知识、技术。这不仅对现有的资源开发与利用将是节约的、洁净的，而且人类与资源的关系还表现为高生产力和高科技，将不断发现或创造出地球上本来没有或已经绝迹的各类资源，包括有机物质或无机物质。人类将依靠知识智能合理地、科学地、节约地创造性地利用资源，是一种经济、社会、资源、环境协调发展的模式。

4. 知识经济以更重视个性化、多样化、柔性化和高质量为特征

从 20 世纪 70 年代起，发达国家开始了大规模的长期的产业结构调整，以技术创新转向以高技术产业化为代表的新兴技术体系和产业体系的研究与开发，将传统的技术和产业逐步转移到了发展中国家。其国内的高新技术产业和知识密集型的服务业正在逐步成为经济的主导部门。同时，由于居民消费结构也发生了巨大变化，恩格尔系数不断降低，物质产品的需求也越来越追求个性化、新颖性。因此，社会生产也必须适应这种需求，由大批量、高速度、标准化的模式转为个性化、高质量、分散性的生产模式，使整个社会生产、生活模式发生巨大变化。

5. 经济重心逐步转向服务业（第三产业）和知识产业（第四产业）

工业经济的产业结构以第二产业代替第一产业成为国民经济主体或主导为其特点，随着知识经济时代的到来，第二产业在国民经济中的比重不断下降，而服务业（第三产业）和知识产业（第四产业）的地位将不断上升，并占主导地位。到了后工业社会，发达国家的经济重心逐步转向服务业（第三产业）。一方面在产业结构中的比重不断上升，已占据主要位置，如1994 年美国占 71.1%，法国占 70%，英国占 66%，德国（1993 年）占61%，日本占 58%；另一方面，服务活动在现代企业生产活动中发挥越来越大的作用。据统计，已占投入成本的 50% ~ 70%，如会计、管理、计划、咨询、决策、研究开发以及职工培训等，已成为企业活动的中心。鉴于服务活动的重要性，那些主要从事制造产品的企业也纷纷提供各类服务（如技术、管理、软件、咨询和售后维修等服务），在国际贸易中，服务业贸易也日益上升，1995 年已相当于世界贸易总额的1/4。

6. 从以体力劳动者为主体转变为以脑力劳动者为主体

由于信息化发展和知识作用的提高，产业结构不断软化，即社会生产和再生产过程中体力劳动和物质资源的投入相对减少，脑力劳动和科学技术的投入相对增多。与此相适应，社会中从事脑力劳动的人数不断增加，作用日益提高。从事体力劳动的"蓝领阶层"由占社会劳动者的 80% 以上，逐渐下降到 20% 以下，而从事脑力劳动的"白领阶层"的比重将上升至 80% 左右。例如，在美国 1956 年制造业中的"白领阶层"人数首次超过"蓝领阶层"人数，1980 年他们的比例关系发展为 75：25，1990 年进一步变为 84：16。

7. 企业的管理重点由对有形资产的管理转变为对无形资产的管理

传统管理理论大都认为，管理是对生产及相关活动的计划、组织、指挥、协调和控制。到了知识经济时代，管理的核心不是计划和组织生产活动，而是激发创新，成功的企业在于能不断创造新的知识，并在企业内迅速扩散新知识，将新知识运用于新的技术和产品中。

8. 有知识的人才是生产的核心

在工业时代，在某些情况下，人是机器的附属品，如流水线上的工人，其劳动活动完全由生产线的程序所决定。到了知识经济时代，知识人才是生产的核心，人才真正成为机器的主人，一切经济活动都由掌握知识的人及其操纵的电脑按设定的程序进行，所有知识的生产、传播和创新也都离不开人的脑力劳动。

1.2　知识管理

1.2.1　知识管理的内涵

知识管理（KM，knowledge management）是网络新经济时代的新兴管理思潮与方法，管理学者彼得·德鲁克早在 1965 年即预言："知识将取代土地、劳动、资本与机器设备，成为最重要的生产因素。"受到 1990 年以来信息化（资讯化）蓬勃发展的影响，知识管理的观念结合网际网络建构入口网站、数据库以及应用电脑软件系统等工具，成为组织累积知识财富、创造更多竞争力的新世纪利器。德鲁克认为："21 世纪的组织，最有价值的资产是组织内的知识工作者和他们的生产力。"对于组织和个人，知识管理（Knowledge Management，KM）都已经成为伟大机遇和挑战。

1. 知识管理是一门新兴学科

知识管理不是一种管理时尚，而是一门新兴学科。库恩（Kuhn）提出了定义一门学科的五个标准，即①专业杂志的形成；②专业协会的建立；③在学术界有特殊地位；④有公认的需要团队成员去构建的知识体系；⑤专业人员学术论文的传播。10 多年来知识管理理论与实践的发展可以证实，知识管理已经满足这五个条件。

（1）从专业期刊的形成来看，已创办的信息刊物，如《管理信息系统》、《国际项目管理》、《国际远程教育技术》、《国际管理科学》、《全球信息技术管理》、《图书情报工作》和《图书情报知识》在过去几年都开设了知识管理栏目。一些知识管理期刊纷纷创刊，如《知识管理电子》、《国际知识管理》、《信息和知识管理》、《知识管理》、《知识管理评论》、《知识管理实践》、《知识管理研究与实践》和《通用知识管理》。还有一些专业期刊关注于知识管理领域的某些主题，如知识表示与发现、专门的知识管理技术和知识应用，这些期刊包括：《数据与知识工程》、《数据采集与知识发现》、《IEEE 知识与数据工程会报》、《印第林格非洲本地知识系统》、《国际知识和学习》、《信息、知识和管理跨学科》、《知识与学习对象跨学科》、《知识、文化和变化管理国际》、《知识型与智能工程系统国际》、《软件工程与知识工程国际》、《知识与信息系统》、《知识与管理过程：企业转型》及《知识工程评论》等，这表明知识管理研究内容在专业期刊出版方面已经具有相当强的实力。

（2）从专业协会的创立来看，几个处理知识管理应用与理论研究问题的专门兴趣组、协会和实践团体已经涌现出来。例如，新加坡信息与知识管理协会（Information and Knowledge Management Society）、知识委员会（the Knowledge Board）；美国信息科学与技术协会知识管理专门兴趣组以及其他专业领域的兴趣团体，如美国工业科学工作者协会中的知识发现和数据挖掘特别兴趣组（SIGK-DD）、决策支持与知识和数据管理特别兴趣组（SIGDSS）。另外，还有许多知识管理从业者职业资格认证机构。这些团体的建立与成长为知识管理成为一门学科奠定了第二个条件。

（3）从学术界的特殊地位来看，国内外许多大学为本科生或研究生开设了知识管理课程，这些大学既包括世界著名高校如哈佛大学、斯坦福大学、麻省理工学院、加利福尼亚州立大学、东京大学、多伦多大学、牛津大学、兰德大学、米兰大学、悉尼大学、国立汉城大学、北京大学及武汉大学等，也包括国内一般重点大学，如安徽大学、黑龙江大学、吉林大学、兰州大学、四川大学、天津师范大学、华南师范大学及重庆大学等。有些大学还确立了研究生培养的知识管理研究方向，知识管理课程和毕业论文的增长证明知识管理已经在学术界有一席之地。专业学位教学计划和课程设置表明，知识管理已经满足作为一门学科的第三个条件。

（4）从知识体系来看，优秀研究成果的出版支持了知识管理知识体系的创立与发展，这种知识体系包括如下主题：①知识管理的理论构成——定义和理解知识、知识类型、哲学基础、知识管理本体论、历史基础、组织和咨询组织、人们的观点、知识管理模型。②知识管理过程——知识创造、知识发现、知识获取、知识分类、知识验证与确认、知识编码、知识校验、知识建模、知识综合、知识共享、知识分发、知识维护。③知识管理的组织和社会层面——知识传递、公司文化、激励、组织记忆、组织学习、跨部门知识、创新过程、社会资本、社会网络分析、基于社区的知识、组织结构。④知识管理的管理应用——知识管理战略和应用、知识管理系统分析与设计、知识管理系统管理与生命周期、人力资源管理。⑤知识管理的合法性——知识产权与知识资本、隐私问题、数字产权管理、知识管理系统的可靠性与可行性、伦理。⑥知识管理的技术层面——知识表示、知识组织与索引、元知识和元数据、存储与检索、表示与应用集成、知识管理的人工智能、计算机实验、知识管理的数据挖掘、影响知识管理的其他专门技术。⑦知识管理的具体应用——生物医学知识管理、商业与财务知识管理、工业知识管理、军事知识管理、政府知识管理、移动知识管理、关键安全系统、客户知识管理、数学知识管理、反恐怖主义中的知识管理、高等教育、工作流系统、工程设计、法律知识管理、社会福利组织、公民知识管理、软件维护知识。⑧知识管理系统和计划。由此看来，知识管理知识体系覆盖范围十分广泛，知识管理已经具备作为一门学科的第四个条件。

（5）从专业人员学术论文的传播来看，通过检索中国学术期刊网（CNKI）中的《中国学术期刊网络出版总库》《中国优秀硕士学位论文全文数据库》《中国博士学位论文全文数据库》和《中国重要会议论文全文数据库》2016年9月之前收录的文章进行检索：在 CNKI 的学术文献总库中选择上述四个数据库，在"输入目标文献内容特征"中选择"关键词"检索项，键入"知识管理"检索词，于 2016 年 9 月 20 日共检索到 1 300 多条记录。研究主要集中在如下关键领域：知识管理和组织记忆的认识理论；与知识创造、知识管理和组织记忆相联系的基本理论；语义网络、主题图、互联网、数字文献、XML、分类法、本体和实施知识管理系统的其他技术的使用；组织文化对知识管理的影响；促进知识转化与共享的信息与通信系统的设计；知识共享与知识传递行为的促进因素与阻碍；在新兴组织如虚拟组织内的知识转化与分享行为；知识管理和组织记忆系统的个案研究；知识管理和组织记忆系统的标准与绩效研究；中小型企业的知识管理；开发知识管理系统的方法与流程；知识管理和组织记忆的全球问题等。国家自然科学基金管理科学部将"企业知识管理问题研究"作为 2000 年鼓励研究领域，以此为标志，国内学术界关于知识管理的研究掀起了一个高潮，并波及企业界，引发了一个企业知识管理实践的高潮。虽然知识管理在国内起步较西方晚一些，发展显然是非常迅猛的。此为知识管理成为一门学科的第五个条件。

2. 知识管理的基本概念及学科特点

对于知识管理相关文献的研究可以反映知识管理界定的多样性。比如，阿拉维和兰德纳（Alavi and Leidner，1999）指出知识管理是"为了对员工拥有的隐性或显性知识进行获取、组织以及沟通的一个系统的过程，可供其他员工充分利用从而使得工作更为有效。"奥代尔等（O'Dell et al.，1998）将知识管理定义为："一种让适当的人在适当的时间获得适当的知识的一种战略，可帮助人们分享信息，运用信息进而提高组织绩效。"贝克曼（Beckman，1999）认为知识管理是"获取经验、知识、技术并使之正规化从而创造新的能力、实现更高绩效、鼓励创新并提升客户价值。"另一方面，马尔霍塔（Malhotra，2001）认为"知识管理关注组织为了应对不断变化的环境实现组织适应、生存和竞争之需涉及的关键问题。尤其体现了组织进行数据融合的能力以及信息处理能力和人员创新能力。"

根据以上界定，可以看出知识管理包含了一系列活动。它包含一系列用于保护、发展和开发知识资本的理论、模型、过程及技术。遁过对以明确或隐性形式存在的智力资本进行管理，知识管理增强了组织从环境进行学习并运用知识的能力。通过提高组织的效率、效果和竞争力来创造新的价值。笔者认为，知识管理是企业通过有计划、有目的地构建企业内部知识网络进行内部学习、构建企业外部知识网络进行外部学习，从而有效地实现显性知识和隐性知识的互相转换，并在转换过程中创造、运用、积累和扩散知识，最终提高企业的经营能力、学习能力、应变能力和创新能力的系统过程。

在信息时代里，知识已成为最主要的财富来源，而知识工作者就是最有生命力的资产，组织和个人的最重要任务就是对知识进行管理。知识管理将使组织和个人具有更强的竞争实力，并做出更好地决策。在 2000 年的里斯本欧洲理事会上，知识管理更是被上升到战略的层次："欧洲将用更好的工作和社会凝聚力推动经济发展，在 2010 年成为全球最具竞争力和最具活力的知识经济实体。"

知识管理是一个新兴的跨学科领域，包括知识创造、整理、共享、学习和创新，不仅涉及信息技术的利用，在更大程度上还包括人的组织文化和实践因素。知识管理学科是众多学科相互融合而发展起来的一门新兴多边缘性、交叉性社会学科，既可以看作是知识科学的分支学科，又可以看作管理科学的分支学科。知识管理涉及大量不同学科，如组织科学、认知科学、管理理论、伦理学、语言学和计算语言学、信息技术（如知识库系统、文档与信息管理、电子绩效支持系统、数据库技术、数据挖掘、数据仓库、智能代理、可视化、虚拟网络、建模与仿真）、图书馆与情报学、信息系统管理、科技写作与新闻学、人类学与社会学、故事叙述与传播学、合作技术（如计算机支持协同工作与群件、内联网、外联网、门户和其他 Web 技术）、系统理论、风险管理评估、教育与培训、研发管理、决策支持系统等。

管理学对知识管理理论影响最直接。知识管理是基于资源战略观（资源基础论）、企业能力理论和基于知识的战略观（知识基础论）的进一步深化。企业信息资源理论与企业信息管理是知识管理的管理学基础。知识资本理论是知识管理的经济学基础。知识资本概念的提出及其有关理论的形成是知识在企业发展中重要性不断提升的必然结果，也是人们对知识及知识活动认识不断深化的产物。组织文化、组织结构、组织行为理论是知识管理的社会学基础。组织文化不仅对组织成员产生价值导向、角色规范作用，而且对于巩固和加强组织内部成员之间的知识交流与共享、实现知识创新具有积极作用；组织结构理论可使知识管理与组织战略和目标紧密联系起来，建立知识组织行为理论可为知识管理提供创造力与创新管理、组织学习、组织记忆、动态能力的理论基础。知识管理学是知识学与管理学的交集，知识科学是知识管理学科形成的理论基础。

1.2.2　知识管理的发展

（1）20世纪70~80年代，开始出现一些超文本/群件应用系统，依赖人工智能和专家系统的知识管理系统（KMs），以及诸如"知识获取""知识工程""以知识为基础的系统"和"基于计算机的存在论"等观点。

（2）20世纪80年代中期，尽管古典经济学理论忽视了知识作为资产的价值，而且多数组织缺乏管理知识的战略和方法，知识（以及它以专业能力形式的表述）作为竞争性资产的重要性已经明确化。

（3）1989年，一个美国企业社团启动了"管理知识资产"的项目。

（4）1989年，有关知识管理的论文开始在《斯隆管理评论》、《组织科学》和《哈佛商业评论》以及其他刊物上出现。

（5）1989年，适于组织学习和知识管理的第一批专著也开始出版，如圣吉的《第五项修炼》和堺屋（Sakaiya）的《知识价值的革命》。

（6）1989年，国际知识管理网络（IKMN）在欧洲创办。

（7）1990年，许多管理咨询公司开始实施企业内部的知识管理项目，一些著名的美国、欧洲和日本企业建立了重点知识管理项目。

（8）1994年，IKMN又吸收了位于美国的"知识管理论坛"和其他与知识管理相关的团体和出版物，公布了对欧洲企业开展的知识管理调查的结果。

（9）1995年，欧共体开始通过ESPRIT计划为知识管理的相关项目提供资助。

如果说阶段和成熟反映了知识管理的生命特征，则迭代则反映了知识管理的周期特征。由于组织学习的存在，知识管理会不断更新，无论在技术上还是理念上，这表现为组织知识管理的代际区分。众多学者和实践团体对于知识管理区分了世代，分为"二代论""三代论"和"四代论"，如有学者以知识共享范围的不断扩大为视角，将知识管理分为强调组织内现有知识的共享的第一代知识管理，以知识共享和合作为中心的第二代知识管理以及以战略角度、整合人力资产、结构资产、客户资产而达到获利能力的第三代知识管理。有学者从知识管理技术出发，认为知识管理发展可划分为三个阶段，以知识库为导向的传统知识管理阶段；以小范围知识社区为导向的现存知识管理阶段；以社会计算、动态知识及其表现为导向的未来知识管理阶段。随着知识管理理论的发展和工具的创新，且明显表现为研究假设的阶段性特点和管理重点的相应转换，这种反映知识管理的结构性演变及趋势，或被解析为知识管理的迭代关系，包括分别以显性知识、隐性知识、知识资本为标志的第一代知识管理、第二代知识管理及第三代知识管理的既有迭代，以及在复杂网络环境下系统构建以协同增值为显著标志的全面共享模式和机制化内涵的第四代知识管理。

在知识管理的迭代问题上，最为广泛接受的是《知识管理白皮书：第二代知识管理》中的观点，即现行的知识管理及其使用的技术集中关注的知识范畴仅限于现存知识，注重已有知识的获取、编码、整合、共享。第二代知识管理理念关注知识整合的单一思维模式，用系统思考的方式导入过程的理念去关注知识的整个运动过程，从而揭示了知识是如何产生及整合的，为管理者展示了组织中知识产生及运动的机制，并将一些新的术语、概念和观点引入，如供应学派/需求学派知识管理、知识生命周期、组织学习和复杂性理论、知识结构、嵌套的知识域等，这些内容明显区别于第一代知识管理理论，并体现了其一定的深度和广泛的解释性。

1.2.3　知识管理的特征

1. 知识管理的生命力在于知识创新

在知识经济中，知识的获得需要成本。知识管理的任务就是将知识转化为生产力，并获得巨大的经济回报；而企业则将知识创新作为生存与发展的首要法则。

知识创新是企业发展的动力。知识经济改变了过去那种以资源、资本的总量及增量决定的模式，以创新优势来弥补资源和资本上的劣势。知识创新是企业发展的内在驱动力，加强知识创新，企业就可以在市场竞争中获得主动。在知识经济时代，企业的效率标准表现为知识的生产率。知识生产率的高低由知识创新的能力决定。知识创新的能力强，知识生产率就较高，反之则较低。

知识创新是企业知识管理的目标。有效管理知识资本就是为了运用集体的智慧提高企业的应变与创新能力。社会发展变化极其迅速，一个公司不具备应变能力就无法生存；缺乏创新能力就不能发展，甚至因为产品无法满足消费者日益变化的消费口味而最终招致企业倒闭。有了应变，有了创新，企业就能兴旺，就能通过不断地推陈出新而获得发展。微软的成功就是一个典型。从 Ms－Dos 发展到可视化操作系统 Windows 3.×系列，多任务操作系统 Windows 95，直至集成强大网络功能的 Windows 98，无一不体现着微软强大的市场应变与创新能力。因此，企业知识管理的目标是提高企业的知识创新能力，适应瞬息万变的市场变化，使自己获得最大利润而生存与发展。

企业知识管理的实现途径是知识创新。知识创新不仅是企业知识管理的目的，也是它的手段。知识管理实际上是一种企业知识资本存量与流量的管理。前者属于静态管理，是针对企业内现有知识的管理；而后者属于动态管理，是防止企业知识老化，降低知识资本消耗的有效手段。这种动态管理就是促进企业内外知识的高效流动，不断进行企业知识更新，使知识资产保值，从而最终实现知识资产增值的过程。

2. 人是企业知识管理的关键

在知识经济时代，知识生产力已经成为社会经济发展的关键性因素。知识将成为企业获取效益的主要手段，每一个知识型企业，都必须高度重视知识资源的开发和有效运用。而站在知识经济爆发性扩张背后的，是人。是本身具有相当丰富知识的人，是对新知识敏感而又善于学习、不断获取更新知识的人，是敢于和善于应用新的知识，将其物化为能满足人们需要的产品或服务的人，是善于将分散存在的知识融汇贯通、组合集成、创造出新的知识并付诸新的应用途径的人。因此，不难看出，这就不仅是知识，而且是一种驾驶知识的出众的能力，即知识管理。可以认为，知识只能通过人的能动创造性的发挥而产生，并依附于人而存在。人成为知识管理的核心。而知识管理对知识的传播、培养造就高素质的人才有极大的促进作用。

3. 信息技术是企业知识管理的工具

知识经济的迅速崛起是与数字化、网络化为特征的现代信息技术革命紧密相关的，是借助于现代信息技术革命之翼而飞扬升空，从而形成爆炸性增长和爆发性扩张的。不断革新的计算机与光纤网络通信、卫星远程通信相结合，将知识的编码、储存、传输、扩散速度极大地提高，方式极大地简单化，成本极大地降低，从而使数字化的多媒体网络通信成为一种普适性的大众技术，使不断更新的知识成为全球任何角落里的人群大都可以随时廉价获得。数字化网络化通信技术革命与现代市场经济制度相结合，与风险投资和现代风险企业体制相结合，极大地促进了新知识的实际使用，促进了知识创新的物化过程，也极大地加速了新知识的商品化、市场化、产业化进程。这是人类历史上从未有过的文明大传播和文化大普及。但是，信息技术绝不是企业生存与发展的唯一决定力量，仅仅是实现企业知识管理的必要条件。要想对企业的知识资本进行有效管理，还必须在观念上将知识作为一种经济资源、一种财富。企业必须充分利用信息技术提供的便利，充实企业信息库存，使固化的信息转化为活化的知识，提高企业知识创新的能力，实现企业知识管理的目的。

4. 知识产权保护是企业知识管理的重要内容

知识产权是基于个人的智力创造性劳动成果依法所产生的权力，为权利人所独占或垄断，具有专有性、排他性，保障社会知识创新、表达社会发展利益。知识产权保护与知识共享是知识管理的一对矛盾统一体，既相互促进又相互制约。一方面，知识经济的发展，促进了知识价值的升值，在激励知识创新的同时，扩大了维护、保障知识所有者权益的法制要求，对知识创新成果的社会公共传播与使用有所制约；另一方面，社会公众又要求知识无偿或低成本使用，限制知识专有，反对知识垄断。因此，要重视知识产权制度在知识经济活动中的重要作用，发明创造、技术创新是知识推动经济发展的原动力；要加强专利法、著作权法、计算机软件登记法、商标法等知识产权制度的立法与执行，这也是促进发明创造等新知识向社会公开传播的有效手段，从而推动知识创新成果早日走向市场，转化为直接的生产力，创造经济效益，促进社会经济的发展。而知识共享促进了知识的及时扩散和转移，加快了知识创新成果的物化过程，极大地提高了企业的知识创新效率。总之，在建立和完善知识产权制度中，一方面切实加强对产权人合法的保护，另一方面以有利于知识扩散、推动知识共享、扩大社会效益为出发点，使两方面相互促进、相辅相成。只有将知识产权融入企业的发展战略和经营活动中，才能使企业在剧烈的市场竞争中立于不败之地。

5. "知识主管"的设立是实行企业知识管理的组织保证

凭借因特网、企业内部网和外联网等信息技术的强有力的支持，企业可通过全球联网的电子贸易目录在全世界范围内展示自己，也可随时获得产品的生产或企业经销的有关情况。随着所获得的数据不断增加，对数据进行筛选、分享及利用的困难变得日渐尖锐。这样，在可口可乐、通用电气、日立等至少十多家世界著名公司就相继设立了一批高级经理职位，他们被冠以"知识主管"、"学习主管"、"智力资本主管"、"智力资产主管"等头衔。他们负责本公司的技术、学习、教育、市场分析等几乎所有方面的工作。知识主管就是保存、使用、集成、创造并转让知识（这些知识不仅仅是数据，而且包括深入人心并发表在著作中的智力资本）。他们的作用已经超出了信息技术的范围，进而包括诸如培训、奖励、发展战略等。知识主管把人力资源的不同方面、信息技术、市场分析乃至企业的发展战略等协调统一起来，共同为企业的发展服务，从而产生整体大于局部之和的管理效果，使企业获得持续发展的可能。

1.2.4   国内知识管理的研究发展

1. 国内知识管理发展阶段

（1）理念阶段（20世纪90年代末）。

此阶段知识管理这个词开始进入中国。随着美国前总统克林顿施政期间"知识经济/新经济"的盛兴，中国政府也开始逐渐重视"知识管理"这个舶来词。此阶段以高校、研究院学者为主导，重在理念讨论，尚谈不上企业及组织真正的应用。

（2）技术阶段（2000~2005年）。

由于国际顶级的服务商和软件开发商知识密集特征比较显著，人力资本和知识资本作用非常明显，加上信息技术掌握程度高、贴近客户等先天的优势，他们敏锐地捕捉到"技术"可以作为切入点，期望开拓未来业务新空间。此阶段以软件及服务商为主导，重在系统功能实现方面，国内一些领头羊企业（如联想、TCL、三九、移动等）开始尝试导入知识管理进行实践。

（3）内容阶段（2006年至今）。

在突破技术问题之后，国内的领头羊企业通过实践，逐渐加深对知识管理的认识，并结合本身的业务和需求，反思走过的路，认识到需要规划基于支撑企业战略的核心知识和资源。这相当于知识资源的原始积累阶段，欲了解自己核心的"Know How"并制定获取的行动方案，建立自己核心竞争优势是企业及组织所关注的问题。借鉴国外企业的经验，这个修炼内功的入门过程至少需要3~5年的时间。

（4）应用阶段。

一些通过上面入门修炼的企业才谈得上进入知识应用阶段。这个阶段应该回归到以员工为核心指导实践工作的本源，当企业已经有了大量可以重用的知识，伴随企业共享知识文化的形成，员工通过重用知识尝到甜头，节省时间、提高效率、降低成本、创造价值，这时候就是见效收获的时节。所以，知识管理既不是单纯的管理改进项目，也不是单纯的IT建设项目，知识管理本质上应该实现"管理"、"IT"及"人才"提升的相互融合，"管理"引导"IT"，"IT"固化"管理"，实现"人才"评价、"管理"内容和

"IT" 形式的统一。

2. 国内知识管理研究流派、代表人物及作品

国内学者们对知识管理的研究可以简单化为三个学派：技术学派、行为学派和综合学派。

（1）技术学派。

技术学派认为，"知识管理就是对信息的管理"。这个领域的研究者和专家们一般都有着计算机科学和信息科学的教育背景。他们被卷入到信息管理系统、人工智能、重组和群件等的设计、构建过程当中。他们认为，知识等于"对象"，并可以在信息系统当中被标识和处理。技术学派研究的角度包括：从知识组织的角度研究知识表示和知识库；从知识共享的角度研究团队通信与协作的技术；从技术实现的角度研究知识地图系统、知识分类系统、经验分享系统、统一知识门户技术等；从系统整合的角度研究知识管理系统与办公自动化（OA）系统、企业资源计划（ERP）等系统的整合，等等。

代表人物及其作品有：金吾伦：《知识管理：知识社会的新管理模式》；王德禄：《知识管理的 IT 实现：朴素的知识管理》；丁有骏：《知识管理与图书馆》；王广宇：《知识管理：冲击与改进战略研究》；夏火松：《知识管理：市场营销知识获取与共享模式》；叶茂林：《知识管理及信息化系统》《知识管理理论与运作》；奉继承：《知识管理：理论、技术与运营》等。

（2）行为学派。

行为学派认为，"知识管理就是对人的管理"。这个领域的研究者和专家们一般都有着哲学、心理学、社会学或商业管理的教育背景。他们经常卷入到对人类个体的技能或行为的评估、改变或改进过程当中。他们认为，知识等于"过程"，是一个对不断改变着的技能等的一系列复杂的、动态的安排。行为学派研究的角度包括：从组织结构的角度研究知识型组织；从企业文化的角度研究知识管理观念，如学习型组织；从企业战略角度研究企业知识管理战略；从人力资源的绩效考评和激励角度研究知识管理制度；从学习模式的角度研究个人学习、团队学习和组织学习；等等。

代表人物及其作品有：邓文彪：《企业核心利润源理论和方法》；薛彪：

《知识管理实施推进制度》；杨治华：《知识管理：用知识建设现代企业》；侯贵松：《知识管理与创新》；刘希宋：《知识管理与产品创新人才管理耦合机理与对策研究》；高大成：《知识管理：中国航空工业企业面向未来的战略选择》等。

（3）综合学派。

综合学派则认为，"知识管理不但要对信息和人进行管理，还要将信息和人连接起来进行管理；知识管理要将信息处理能力和人的创新能力相互结合，增强组织对环境的适应能力"。组成该学派的专家既对信息技术有很好的理解和把握，又有着丰富的经济学和管理学知识。他们推动着技术学派和行为学派互相交流、互相学习，从而融合为自己所属的综合学派。由于综合学派能用系统、全面的观点实施知识管理，所以能很快被企业界接受。大多数学者属于这一学派。综合学派强调知识管理是企业的一套整体解决方案，在这套解决方案里，第一是知识管理观念的问题，第二是知识管理战略的问题，第三是知识型的组织结构问题，第四是知识管理制度的问题，接下来还有知识管理模板比如规范的表格等问题。在此基础上，将知识管理制度流程化、信息化，将知识管理表格和模板界面化、程序化，将企业知识分类化、数据库化，在考虑与其他现有系统集成的基础上，开发或购买相应知识管理软件，建设企业的知识管理系统。

代表人物及其作品有：王方华：《知识管理论》；乌家培：《知识管理日趋重要》；汪大海：《新世纪的赢家：知识管理成为时代新支点》；郁义鸿：《知识管理与组织创新》；储节旺：《知识管理概论》；张福学：《知识管理导论》；翟丽：《企业知识创新管理》；董小英、左美云：《知识管理的理论与实践》；周海炜：《核心竞争力：知识管理战略与实践》；朱晓敏：《知识管理学》；夏敬华：《知识管理》；韩经纶：《知识管理》《执掌知识企业》《知识首脑 CKO》《知识共享与风险防范》；尤克强：《知识管理与企业创新》；樊治平：《知识管理研究》；钱军：《知识管理案例》；丁有骏：《知识管理与图书馆》；张润彤：《知识管理学》《知识管理导论》；林榕航：《知识管理原理》；邱均平：《知识管理学》等。

第 2 章

相关理论基础

2.1 知识的来源

2.1.1 知识的定义

如何对知识进行准确的定义一直是学术界争论的热门话题。一方面知识可以被看作对现实世界的描述；另一方面知识也可以看作个人认知与客观世界相互作用的产物。对这些不同观点的考察有助于了解知识认识的角度和相互间的联系。在经济全球化、信息化和知识化不断凸显，微体电子学、计算机、电信、人造材料、机器人学及生物科技等六项新兴科技领域不断改变人类生活的今天，知识本身开始作为独立的生产要素，直接参与经济的运营并得到大规模的生产和运用。正如管理大师彼得·德鲁克所说："知识是今天唯一有意义的资源。传统的生产要素——土地（即自然资源）、劳动力和资本——没有消失，但它们已成为次要的了。只要有知识，就能得到它们，而且能轻易地得到。""现在真正控制资源和绝对是决定性的'生产要素'既不是资本，也不是土地和劳动力，而是知识。"

由于知识自身的价值以及知识在不同历史发展时期所起的作用不同，人们对知识概念的界定也很不相同。很长一段时间以来，人们对知识的相关问题主要侧重于理论层面的不同论述，大部分是取得一些与"知识是什么"

这一问题有关的理论化和抽象化的认识。而随着人类实践活动的不断深入和复杂化，人们对实践性知识的需求越来越强烈，特别是实践操作中所需要的那些专业知识和技能，更引起了人们的关注和重视。于是，人们不仅关注知识功能中理论性的一面，也开始关注知识功能中实践性的一面，即与工作及现实有关的那一层面。特别是 20 世纪 80 年代以来，"在社会从工业化社会经由信息社会向着鼓励知识创新、以培养知识创新人才为己任的知识社会转型时，强调知识的建构性、社会性、情境性、复杂性和默会性的许多新颖的知识观正在成为创造知识生产与运用新范式的主要动因。"由此，人们对"什么是知识"的问题也产生了新的见解，并把知识看作是个人主动的建构与形塑、丰富与扩充经验的过程。

在知识经济凸显的今天，知识不但具有了商品化的特征，而且还在商品货币关系中逐步转化成为了知识资本，具有无形性、依附性、共享性、非竞争性、不可度量性和无限增值性等特征，由此使知识开始以商品价值的形式追求其使用的价值。然而，知识的使用价值与物质产品的使用价值有着根本的区别：物质产品的使用价值除极个别的特例之外（如古董），绝大多数在使用的过程中被"消费"掉了，而知识产品的使用价值既可以不变，也可以递增和递减，且常常表现为在使用的过程中逐步产生出更多的新知识。因为如此，知识作为生产要素的地位空前提高，知识需求不但成为人类实现其一切预期的前提，而且知识本身也开始成为正在复兴的古老追求和社会发展的内在动力。斯维拜（K. Sveiby）甚至将人类的知识资产称为"新组织财富"。如今，知识已经成为凌驾于土地、资金与劳力这些传统生产因素之上的另一核心要素。表 2－1 是根据资料梳理的关于知识的主要定义。

表 2－1　　　　　　　　　　　　知识的定义

学者或出处	定义内容
贝克曼（Beckman）	知识是人类对数据及信息的一种逻辑推理，强调知识的形成过程及行为用途
贝尔（Bell）	知识是对事实或思想所提出的合理判断或经验性结果
克拉克（Clarke）	知识是关于事物运作规律的理解
达文波特等（Davenport and Prusak）	知识是结构化经验、价值、系统信息及专家观点的综合体

学者或出处	定义内容
莱柏温兹（Liebowitz）	知识是一种情境、事实、例子、事件、规则、假设或模型，能够对某一领域增进理解力或绩效
麦克奎恩（McQueen）	知识是一种取用信息的能力
野中郁次郎（Nonaka and Takeuchi）	知识是一种验证的信念，可以增加个体行动的能力
帕莎默（Purser and Pasmore）	用以制定决策用的事实、模式、基模、概念、意见，即直觉的集合体
舒伯特（Schubert）	知识是一种心理上的认知，可从经验或者学习中获得
斯塔巴克（Starbuck）	知识为专业技能的存量
提斯（Teece）	知识是一种其占有性问题特别复杂的资源
韦格（Wiig）	知识包括一些事实、信念、观点、观念、判断、期望、方法论与实用知识等
沃森（Watson）	知识是一种可以影响行动或决策的能力
温特（Winter）	知识与企业能力密切相关
扎克（Zack）	数据是观察的结果或事实，信息是有意义的情境数据，知识是组织的有意义的信息，知识可以被视为一切过程
皮亚杰	知识是主体与客体相互交换而导致的知觉建构
彼得·德鲁克	知识是能够改变人或物的信息，既包括信息成为行动的基础的方式，也包括通过对信息的运用使某个个体有能力进行改变或进行更为有效的行为方式
朱祖平	知识是对信息的推理与验证基础上得出的经验与规律
《现代汉语词典》	知识是人们在实践中获得的认识与经验

根据世界银行《1998 年世界发展报告——知识促进发展》报告中的解释，知识是用于生产的信息（有意义的信息）。

1. 数据、信息、知识与智慧之间的区别

数据（data）是用符号来表示客观事物的，是对客观事物的数量、属性、位置及其相互关系进行的抽象表示，是用于表示客观事物的未经加工的原始素材，如图形符号、数字、字母等。也就是说，数据是通过物理观察所得来的事实和概念，是关于现实世界中的地方、事件、其他对象或概念的具体描述。数据具有以下特征：可复制性、可分解性和可加工性。其中可分解

性是"集合"所决定的，可复制性是"记录"所决定的，可加工性是"信息"本身所决定的。人对数据进行分解、加工，就可以提炼出所被记载的信息。

信息（information）又称作讯息和资讯，是一种消息，通常以文字、声音或图像的形式来表现，是数据按有意义的关联排列进行的结果，是以声音、语言、文字、图像、动画和气味等方式所表示出来的实际内容。从哲学角度看，信息是客观世界各种事物及其特征、内部联系的反映，是物质存在的方式和运动的规律与特点。客观世界中大量地存在、产生和传递着以这些方式表示出来的各种各样的信息。信息的目的是用来"消除不可靠的因素"。信息被认为是"成体系的、有组织的数据"，"成体系"意味着具有预测的能力，能基于系统对数据假设进行推测。信息具有以下特征：①可传递性；②可记录性；③可加工性。由于任何获取信息的手段都有一定误差，信息的传递也会带来一定的"噪声"，所以信息并不总是准确地反映了客观世界各种事物及其特征，而是总带有误差。

知识（knowledge），作为一个被广泛使用的词，其内涵和外延因使用者不同而不同。一般而言，知识被认为是可付诸行动的信息，与信息与数据相比，知识能帮助我们更有效地行动，让我们有更大能力预测未来。

知识的交流、共享是通过信息的形式来完成的。信息被记载为数据而被传播。人们通过数据来获取信息，通过信息来得到知识。三者是紧密联系在一起的。

智慧是指在特定环境下采取批判性或实践性行动的能力，它建立在个人信仰体系的道德判断的基础上。在一些著名的格言、谚语和俗语中常常可以发现智慧之光。

有学者认为数据向智慧的转化是一种金字塔式的转化，金字塔的每一个层面都代表着对知识的一种不同程度的理解，为了获取竞争优势，一个组织必须处于金字塔的知识层或智慧层。信息就是数据在有意义背景下的一种累积，解析性理解来源于对信息的分割与重组，可以让信息的价值得以延伸，而知识既可以从位于其下面的各个层面中产生，也可以从既有知识中创造。智慧则是对累积知识的一种有效利用（见图 2-1）。

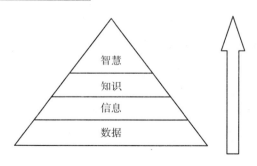

图 2 - 1   知识的逻辑结构

2.1.2   关于知识的哲学观点

有关知识的起源、本质及与知识有关的很多问题，早在柏拉图时代既已成为认识论探究的核心课题：什么是知识？知识意味着什么？知识在人类的工作及精神世界中扮演着什么样的角色？对这些思考，早在知识产生的初期，哲学家和宗教思想家就进行过抽象而针对性的辩论。但在当时，知识并不是管理领域争论的中心议题。西方哲学家对知识的最早论述可追溯至几千年前。而在东方，哲学家也存在同样的传统——他们都特别强调运用知识来指导人的精神生活和现实生活。知识作为人类对客观世界认识的反映，从人类社会存在的那一天起，就在人类的社会生活中作为一个重要元素存在着，并随着社会形态的不断变迁而发挥着越来越重要的作用。

早期希腊哲学研究的主要是宇宙的生成和自然的本原等问题，所以这个时期也被称为"自然哲学时期"。在这个时期已经开始对知识的问题进行探讨，代表人物是巴门尼德。他认为"存在"是唯一的、永恒的、不动的、完满的，作为思想对象的存在，为探寻确定的知识提供了理论基础。希腊哲学以获得关于自然的知识为最高的理想，但是它却仅局限于感性经验的领域。随着希腊哲学的发展，其研究对象和范围从作为整体的宇宙万物扩展到了人和社会，对知识的探索进一步深入也更加完整。这个时期的代表人物主要有苏格拉底、柏拉图和亚里士多德。

苏格拉底认为，人的心灵内部已经包含着一些与世界本原相符合的原则，主张首先在心灵中寻找这些内在原则，然后再依照这些原则规定外部世界。他认为这个内在于心灵的原则是德性，并把德性等同于知识，德性就指过好生活或做善事的艺术，是一切技艺中最高尚的技艺。

但是苏格拉底没有说明这些原则是如何产生的，以及人们如何探寻这些原则。作为苏格拉底的学生，柏拉图对上述问题进行了解决。他的基本观点是：理念是独立于可感事物的存在，否则就不会有确定的知识；灵魂属于永恒的理念序列，否则它就不可能预先具有潜在的、有待揭示的知识。在此基础上，他区分了可感和可知两个领域，对应两个领域的分别是感性知识和理性知识。

在认识的过程中，柏拉图的解释是人们通过幻想形成信念，抛却其中的可感事物就形成了低级知识，再抛去其中的不纯粹因素就形成了理性知识。理性知识是纯粹的知识，理智最终认识的本原就是统摄一切的原则——善。

亚里士多德是古希腊哲学的集大成者，他的知识观主要包括联系紧密的两大方面内容，其中之一为知识等级，即感觉、记忆、经验、技术到智慧的"五部曲"。所有动物生而具有感觉，有些能从感觉到记忆，有些则不能，因为记忆高于感觉。但动物很少有经验，只有人能从记忆中得到经验。经验形成技术，无经验则诉诸偶然，所以经验算是广义的知识。虽然在实际活动中经验和技术似乎无差别，但严格来说，二者很不相同：经验对应于特殊，技术才对应于普遍；有经验者只知道是什么却不知道原因，有技术者则知道原因，懂得为什么；技术能传授而经验不能，而知与不知的标志就在于能否传授。因此技术比经验更接近狭义的知识及科学。技术也有不同的种类和等级，有的技术为生活必需，有的只供消磨时间并无实用，这后一种技术更加智慧，因为智慧就是关于某些本原和原因的知识，"智慧"就是"哲学"。哲学作为最高的知识具有三个特征或条件：第一，因好奇而生；第二，因闲暇而生；第三，为自由而生。

亚里士多德的重要贡献是对知识进行了系统的分类。他以知识的目的为依据，将所有知识分为三类：理论（思辨）知识、实践知识和创制知识。以知识的对象为依据，将知识分为各门具体科学和哲学。在理论知识中，又以对象的不同再分为三种知识：研究运动而又可分离存在东西的是物理学（自然学）；研究不运动但也不分离存在东西的是数学；研究不运动又可分离存在的东西是第一哲学（即神学），也即所谓的"形而上学"。

希腊哲学的纷争不断，最终走向了瓦解，随之兴起的是基督教哲学。基督教哲学的代表人物奥古斯丁。奥古斯丁认为，上帝是真理自身和人类真理的来源。他按照柏拉图主义的思想，把知识对象和知识关系理解为由下到上的等级关系，有形事物、外感觉、内感觉和理性构成了一个由低到高的等级。有形事物被身体感觉所感知，身体感觉不能感知自身。内感觉不但可以感知被身体感觉所感知的有形事物，而且可以感知身体、感觉自身。理性却认识所有这一切，并认识自身。因此，理性拥有严格意义上的知识。所谓"严格意义上的知识"指确定的真理，包括数学命题、逻辑原则和哲学命题。作为基督教哲学的维护者，奥古斯丁把知识的来源归结为上帝，这是必然的，却因此而为后来的经院哲学留下了发展的空间。当时的学校大部分都在教堂附近或者修道院举办，而教师也多数由教士充当，神学依然是他们感兴趣的学科，基督教哲学因此逐渐发展到了经院哲学。

但是，在知识的来源上，经院哲学比早期的基督教哲学走得更远。经院哲学的代表人物托马斯承认知识开始于感觉，感觉是知识的一个来源，但不是唯一来源；人的灵魂的理智活动同样也是知识的一个来源。在感觉与理智关系的问题上，托马斯说，理智的抽象活动不需要一个外在的精神实体的推动，而是在感性活动内部自发产生的。在这个意义上，托马斯已经抛弃了上帝。他认为，在感性活动的想象阶段，事物某些性质在人的思想中与事物的形状相分离，重新组合在一起，这已经是一种抽象，并且这并不完全是感觉所能完成的活动，理智已经潜在地参与其中起作用。想象所抽象的产物虽然脱离了具体的质料，但不能脱离关于形状的印象，因此，想象所能达到的只是可感形式。理智抽象把可感形式中的质料因素，即一切与具体形状、大小有关的印象完全排除，达到对无形的、普遍的形式的认识。从想象的抽象到理智的抽象不仅是从可感形式到纯粹形式，也是理智由潜在到现实的发展过程。

在英国，经院哲学也得到了蓬勃的发展。英国经院哲学的代表人物罗吉尔·培根认为知识的来源有三个：权威、理性和经验。虽然培根承认权威，不过他认为对于权威只能信仰，而不能通过它们来了解事物。在这个意义上，他实际上抛弃了权威作为知识来源的可能。因此，他明确提出："获取认识的两种方法，即通过推理和通过实验。"至于经验，他认为有两种：外部经验、内部经验。他关于理性与经验之间关系的阐述是，一方面，认识只有推理是不够的，还要有经验才充分，"没有经验，任何东西都不可能充分被认识"。另一方面，自然的经验是不完善的经验，科学家必须掌握进行实验的本领，即以特定的目的和手段进行的科学实验。他认为这种本领高于一切思辨知识和艺术。

随着自然科学的蓬勃发展，经院哲学中因为先天不足而遭到淘汰。因为在知识来源问题上认识迥然不同，各个派别冲突不断加剧，逐渐形成了强调经验的经验论和强调理性的唯理论两大派。

早期经验论的代表人物英国的费兰西斯·培根。他是近代哲学第一个提出经验论的基本原则的哲学家，主张一切知识都来源于经验，同时也看到了感觉经验的局限性，主张将经验与理性结合起来。培根也是第一个自觉地把知识和方法问题当作哲学研究对象的哲学家，经验归纳法的制定为知识的发展提供了方法论。

霍布斯是培根的后继者。在认识论思想的问题上，他一方面继承了培根的经验论原则；另一方面也受了笛卡尔唯理论的影响。霍布斯比较重视理性认识的作用，在他看来，一切知识起源于感觉经验，但是认识它们为什么存在，或者根据什么原因而产生，却是推理的工作。他把理性认识划分为三步：第一步，给概念所表示的事物命名并恰当地使用名称；第二步，把一个名称和另一个名称连接起来组成断言和命题；第三步，把一个命题另一个命题连接起来进行推论，直到得出有关问题所属命题的全部结论，这就是科学知识。在他的方法论中包括了分析和综合、归纳和演绎。然而，他毕竟深受经验论的影响，没有认识到理性认识的本质，没有把感性认识和理性认识相结合，他在认识论上陷入了唯理论和经验论的矛盾中。

近代哲学的奠基者和唯理论的创始人是笛卡儿。他要求对一切知识采取怀疑的态度，只接受被理性明确认识到真的东西，而且确定了真理的标准，那就是清楚明白、无可置疑。他明确指出，哲学作为一切知识的基础，必须是从一个清楚明白、无可置疑的基本原理推演出来的严密的科学体系，演绎法是哲学的根本方法。哲学的基本原理必须满足两个条件：第一，它们必须是明白清晰的，人心在注意思考它们时，一定不能怀疑它们的真理；第二，我们关于别的事物方面所有的知识一定是完全依靠那些原理的，我们虽然可以离开依靠于它们的事物，单独了解那些原理，可是离开那些原理，我们就一定不能知道依靠于它们的那些事物。笛卡尔称这些基本原理为"天赋观念"。"天赋观念"是笛卡尔哲学乃至唯理论哲学的基础。根据观念的来源不同，笛卡尔把观念分为三类：第一类是天赋就有的；第二类是从外面来的；第一类是自己制造出来的。对应着三种心理功能，外来的观念依靠感觉；虚构的观念借助想象；而天赋的观念则出于纯粹理智。天赋观念的特点是：首先，它不能来自感官或想象，而是存在于理智中，凭理解得来；其次，它必须是清楚明白、无可置疑的；最后，它是普遍有效的，是对事物的本质的认识，是永恒的真理。总之，所有一切不是来自于感觉经验，不是来自主观的虚构，而只能来自纯粹的理性思维的东西，这些东西都是天赋的。运用普遍怀疑的方法，笛卡儿找到清楚明白、无可置疑的知识作为哲学的基础和出发点，也就是"我思故我在"。

斯宾诺莎是荷兰著名的唯理论的代表，他把知识分为四类：①"传闻知识"，即由传闻或者由某种任意提出的名称或符号得来的知识；②"泛泛的经验"，即尚未由理智所规定的经验知识；③"推论"，这是由于一件事物的本质从另一件事物推出而得来的知识，这种知识并不必然正确，因为推论有可能出错；④"直观"，即纯粹从一件事物的本质来考察一件事物。在后来的著作中，他又将这四类知识归结为三种：第一种是"意见或想象"，包括这种知识是没有确定性的，更不能使我们洞见事物的本质；第二种是"理性知识"，即由推论而得来的知识；第三种是"直观知识"，这是由神的某一属性的客观本质的正确观念出发，进而达到对事物本质的正确知识。唯理论者认识到感性认识的局限性，认为科学知识不可能从感性认识获得，要求在理性自身中寻找认识的基本原则和概念，并且坚持这些原则和概念是天赋的。斯宾诺莎继承和发展了笛卡尔的天赋观念，提出了"真观念"的理论。他认为真观念不是与生俱来的，而是经过直观的认识活动而获得的。在"直观"和"推理"的能力是天赋的，我们由此而获得真观念，并且以真观念为前提进而获得了其他的真理。

在唯理论逐渐占据上风的时候，经验论的代表洛克又使得经验论重新与唯理论相抗衡。他是第一个使经验论的认识论理论化、体系化的哲学家。洛克批判了"天赋观念论"，他认为用不着假设天赋观念，实际上，"人们单凭运用他们的自然能力，不必借助于任何天赋的印象，就能够获得他们所拥有的全部知识；他们不必有任何这样一种原始的概念或原则，就可以得到可靠的知识"。在认识的过程上，洛克解决的办法就是"白板说"。他说："能力是天赋的，知识是后得的。" 人类具有接受感觉、形成观念和知识的"天赋能力"，就可以说明我们知识的来源。假定人的心灵就如同一块"白板"上面原本没有任何标记，后来通过经验便在上面印上了印痕、形成了观念和知识。这也是洛克哲学的基本原则，即"心灵是一张白纸"，"知识源于经验"。

　　洛克对观念进行了分类。他将观念分为简单观念和复杂观念，简单观念就是由外部事物及其属性直接作用于感官而产生的感觉观念，和心灵对自身心理活动的直接反省而产生的反省观念。复杂观念就是由几个简单的观念所组成的观念。复杂观念又分为三类：样式、实体和关系。在他看来，知识就是理智对于两个观念的契合或矛盾的一种知觉，亦即对于两个观念之间关系的认识。洛克对观念之间的关系、知识的等级、知识的实在性和范围进行了深入的考察。他认为观念之间的关系有四类：①同和异。理智在认识时的第一个活动就是知觉它的观念，并且在知觉的范围内来认识各个观念的同一性和差异性，这种活动是必需的，没有它就没有知识和思想。②关系。即理智对于任何两个观念间关系的知觉。每个观念都是与自身同一而与其他观念相互排斥的。如果理智不能比较各个观念，知觉它们之间的关系，发现其契合或矛盾，我们就不可能形成任何肯定的知识。③共存或必然联系。这是关于实体观念的，指的是我们在同一实体中知觉到的共存性或不共存性。④实在的存在。即理智对于观念符合于现实的实在的认识。洛克认为，知识有三个等级，它们从高到低排列为直观的知识、证明的知识和感觉的知识。在知识的实在性上，洛克强调实在性的标准是观念与事物真相的契合。他认为一切简单观念都是与事物符合一致的，除了实体观念之外，一切复杂观念都是与自身相契合的。通过观念之间的四种关系，洛克判定了知识的范围包括四类：同或异、共存或必然的联系、关系、实在的知识。这样一来，不仅在知识与事物之间隔着观念的帷幕，而且从经验到观念再到知识，认识的范围越来越窄。这就使洛克走向了不可知论。

　　休谟继承和发展了洛克的学说，成为不可知论的典型代表。他从洛克哲学出发，称"观念"为"知觉"。他认为，知觉是知识的基本要素，包括感觉、情感、情绪、思维等所有意识活动。

知识分为两类，一类是"印象"，另一类是"观念"。两者的差别在于：当它们刺激心灵，进入我们的思维和意志时，它们的强烈程度和生动程度各不相同。进入心灵时最猛的那些知觉，我们称为印象，它包含了所有初次出现的于灵魂中的我们的一切感觉情感和情绪。至于观念，是指我们的感觉情感和情绪在思维和推理中微弱的意象。休谟认为两者只是量的差别。在来源问题上，休谟认为感觉究竟从何而来是不可知的，因而也不再去追究了。休谟认为人类理智的对象可以自然划分为两种，即"观念的关系"和"实际的事情"。与此对应，知识也分为两大类"关于观念的知识"和"关于事实的知识"。关于观念的东西包括几何、代数、三角等数学知识。这类知识只关系到观念自身的关系而于外部事物无关，只要与自身相符合就是真理，因而是必然知识。"关于事实的知识"是或然的知识。这类知识是建立在经验的基础之上的，而经验归根结底是或然的。休谟的怀疑论思想不仅使经验论的理想破灭了，而且也使唯理论的理想陷入了困境。

综上所述，西方哲学史上各派别哲学家对知识都进行了不同层次的研究和探讨。对"什么是知识？如何能够获得知识？如何对知识进行分类等等"问题进行了详尽的研究，取得了丰硕的成果。虽然他们使用的方法不一，结论不同，但是都有着严谨的态度、一以贯之的理论体系。他们的很多观点在现在看来有些过时，但是时至今日，他们的研究思想和方法还在散发着智慧的光芒。他们对待真理的渴求和对自我的严格要求，依然是我们学习的楷模和榜样。

2.1.3　知识的分类

知识的概念是一个涉及哲学、经济学、管理学，甚至心理学等不同学科领域的词语。在对知识分类上，各学科也有很大区别，但在管理学研究中，对知识最常用的分类是将其分为隐性知识和显性知识两类。很多学者对知识从不同角度进行了分类，主要有以下几种。

1. 根据知识专业化程度进行划分

奎因、安德森和芬克尔斯坦因（Quinn，Anderson and Finkelstein，1996）

将知识依其专业化程度，把知识划分为四类。

（1）实证知识（know-what）：是专业人员经过广泛而深入的训练和实际经验，可以掌握特定领域事实的基本知识。

（2）高级技能（know-how）：从书本上习得的知识，或通过实际操作转化为有效的执行而创造出实用价值的知识。

（3）系统认知（know-why）：基于受过高度训练之直觉，对特定专业领域的因果关系深入了解，进而在执行中习得知识，解决更多更复杂问题，以创造更大的价值。

（4）自我创造的激励（care-why）：包含追求成功的意志、动机与调适能力，此种知识可以使专业人员，在面临外在环境快速变迁时，拥有更强的适应能力；或是为了取得专家意见，而与特定群体建立关系（know-who）的社会化能力。

2. 从认知心理的角度进行划分

认知心理学家迪克霍夫（Diekhoff，1983）和乔纳森（Jonassen，2003）将知识划分为三类：

（1）陈述性知识（declarative knowledge）：指个人具有有意识地提取线索，因而能直接陈述的知识。是关于"是什么""为什么"的知识，即有关事物及其关系的知识，包括各种事实、概念、原则和理论等。陈述性知识一般是通过记忆获得的，也可以称为记忆性知识或语义知识。

（2）程序性知识（procedural knowledge）：是关于"如何做"的知识，即有关完成某项任务的行为或操作步骤的知识，包括一切为了进行信息转换活动而采取的具体操作程序和从事这种活动所需的技能。它是可以进行操作和实践的知识，主要用来解决做什么和怎么做的问题，也称步骤性知识或者是过程性知识。

（3）结构性知识（structural knowledge）：就是指以社会存在为客观结构模型，并以这种社会结构模型为人类文明的重要结构特征，而且可以通过教育手段来传递并内化为教育对象主体心理人格的知识系统。

3. 根据知识在知识转移过程的阶段进行划分

哈里姆、凡·克罗赫、卢斯（Harem，Von Krogh and Roos，1996）根据

知识在知识转移过程的阶段把知识划分为四类：

（1）了解缺乏的知识（scare knowledge）：了解与认知到缺乏知识的知识。

（2）知道他人知识的知识（knowledge about others' knowledge）：知道他人的知识，可以协助缺乏知识的人寻求正确的人请求协助的知识。

（3）行为表现的知识（behavioral knowledge）：了解如何以行为表现的知识，行为上的选择由行为上的知识所决定，包括形式构面（了解组织结构、策略、公司远景等正式知识）以及社会—个体构面（有些属于个体的行为知识，有些则属于许多人共同的行为知识）。

（4）工作导向的知识（task-oriented knowledge）：这类知识与技术问题关系较大，即关心如何解决工作上的问题。工作导向的知识定义十分广泛，可能与前三类有重叠部分，且每一个人对工作导向知识的认知可能都有所不同。

4. 根据知识的表达程度进行划分

按照知识的表达程度，可以把知识分为显性知识（explicit knowledge）和隐性知识（tacit knowledge）两种。显性知识和隐性知识的概念最早是由英国的科学家、哲学家波兰尼伊在 1950 年提出来的。他对隐性知识作了经典的比喻："我们能在成千上万张脸中认出某一个人的脸，但是，在通常情况下，我们却说不出我们是怎样认出这张脸的"。波兰尼研究了知识的属性并认为，"我们所知道的多于我们所能说出的"，进而提出显性知识的概念。后来，该分类方式被农卡（Nonaka）用于表达学习型组织的理论，并强调了隐性知识和显性知识之间的相互转化。

（1）显性知识（explicit knowledge）：即能以书面文字、图表和数学公式加以表述的知识，能够组合、储存、再次寻找以及通过不同的机制，转化到相关的实践中，具有规范化、系统化的特点，这类知识易于沟通和共享。与第一种分类方式相对应，know what 和 know why 的知识基本属于显性知识。

（2）隐性知识（tacit knowledge）：是深植于个体及其心智模式、难以编码及沟通的知识，属于技巧性的、由情景限定的、个人独自体验但"知而不能言者众"的知识，具有高度个人化、难以规范化的特点，其共享只能源于需求者对隐性知识拥有者的模仿或双方之间的共同探讨、交流与实践。

隐性知识可以分为两个不同的部分。第一个部分是技术维度，包括非正式和难以描述的，体现在"诀窍"这个词上的机能或技艺。源自亲身体验、高度主观和个人的洞察力、知觉、预感及灵感均属于这个层面。第二个部分是认知维度。这个维度是由心理图式、心智模型、信念和知觉构成的，这些内容往往都融会在我们的骨子里，被认为是理所当然的东西。认知因素是隐性知识的核心，它相对应的是第一种分类中关于 know how 和 know who 的知识。"如果说显性知识是'冰山的尖端'，那么，隐性知识则是隐藏在水面以下的大部分，它们虽然比显性知识难发觉，却是社会财富的最主要源泉。"显性知识与隐性知识是一体之两面，对个人来讲是同等的重要。尤其是隐性知识，它对个体行为的价值有着难以估量的价值。

在当前知识管理文献中，对知识概念的一般见解基于吉尔伯特·赖尔和迈克尔·波兰尼的逻辑行为主义概念。从这个视角来看，知识在隐性知识与显性知识间连续流动。具体区别可（见表 2-2）。

表 2-2　　　　　　　　　　显性知识与隐性知识的区别

	显性知识	隐性知识
定义	是能用文字和数字表达出来的，容易以数据的形式交流和共享，并且经编辑整理的程序或者普遍原则	是高度个性而且难于格式化的知识，包括主观的理解、直觉和预感
特点	存在于文档中	存在于人的头脑中
	可编码的（codified）	不可编码的（uncodified）
	容易用文字的形式记录	很难用文字的形式记录
	容易转移	难于转移

根据 Delphi Group 的调查显示，企业中的最大部分知识（42%）是存在于员工头脑中的隐性知识；但是几种不同种类（电子的和纸制的）的显性知识总和却又大于隐性知识。可见，隐性知识和显性知识在企业中的分布是相对平衡的，所以两种知识都必须得到相同的重视。

史密斯（Smith，2001）的研究发现，人们拥有不同形式的显性与隐性知识，在运用他们的知识时也有各自独特的方式。显性知识与隐性知识的运用也存在着矛盾，特别是当企业生产从标准化的流水线过程向着非标准化的或网络式的生产方式转变时，所产生的矛盾有时难以克服。处理这方面矛盾比较成功的企业一般是发挥各自知识类型的优势，如在一般性的工作中更多地运用隐性知识，而在工作环境可控、工作任务已有较好组织的过程中运用显性知识。

显性知识与隐性知识是可以相互转化和相互促进的，在常规的传递机制和渠道中，显性知识传递损失较小，而隐性知识的传递损失较大，隐性知识以及与情景相关的知识是企业内最难以传递的知识。知识在传递过程中存在着障碍，克服这些障碍既需要技术方面的努力，也需要管理的、包括文化、激励等方面的措施。另外，知识的获取渠道包括对人员的雇佣、在员工中建立非正式的网络、加强同学术机构的合作；个人知识与组织知识是相互依赖的，组织可以使用个人知识，但组织不能够占有个人知识；组织性质的不同，对知识管理的要求也不一样。

5. 根据知识的共享程度分类

按知识的共享程度可将知识分成：个人知识和组织共享知识。个人知识（personal knowledge），指个人拥有的大量的、复杂的、来源于各种渠道所获取的知识，不仅包括个人学习的专业知识、还包括工作经验、工作技巧、诀窍及个人专利。组织共享知识（organizational-sharig knowledge），包括企业内的规章制度、生产流程、作业指导书及产品知识等。组织共享知识常常被定义为在组织内工作的个体的知识集合体，因为"多数的知识是共同产生并为集体所共同拥有"（Barton，1998）。组织的知识是群体的动态能力的集合体，它依赖于不同相关个体所拥有的不同的知识，并且解释了群体相互合作的原因。野中郁次郎（Nonaka，1994）把组织知识的创造看作一个动态的过程—个体所拥有的知识被扩大化和内在化并转化为组织知识库的一部分。当个体的知识为组织内其他成员所共享，即发生了知识创造（Nonaka and Takeuchi，1995）。

2.1.4 知识的特性

知识有动态性、资本性、情境性、可复制性、生长性、导向性、增值性等特征，它能直接指导人类的行动，知识可以通过复制转移到其他场所并进行再利用，并且可以通过不断学习、交流而无限延伸发展。具体来说，知识具有以下几个方面的特征：

（1）知识的隐含性。从本质上讲，知识处作为认识主体的人对客观事物的认识，这种认识是难以模仿的、难以交流的，储存于个人的头脑中。知识的隐含性主要体现在知识主体和知识客体之间的不可分割忄。

（2）知识的共享性。知识不具独占性，不在共享中具有潜在的竞争性与冲突性。这是因为，拥有知识的主体将其知识与他人分享后，还将继续拥有该知识；同时，知识复制后还可以再利用，不会因为分享而消耗，反而还可能因为互动而充实、延展、增加和丰富。

（3）知识的资源性。米勒和沙姆希（Miller and Shamsie）将资源分为四类，而知识是其中重要的一项。斯特沃特、邦蒂斯、布鲁金、埃德文森和苏利文（Stewart，Bontis，Brooking，Edvinsson and Sullivan）认为知识是一种资本，包括人力资本、结构资本、关系资本。在知识经济时代，知识作为一种独特的生产要素在经济增长中的作用能够得到充分体现，成为关键的核心要素，且占有的比重与创造的价值正呈现上升趋势。

（4）知识的"二相性"。通常来讲，知识被个人所拥有，知识的积累需要个人的努力，知识的识别、储存等问题是基于知识的实体性。此外，在对知识进行创造、应用的过程中，知识具有了实体性质；在知识的共享、创造、学习与运用中，知识成为一个动态变化的，作为实体知识和作为过程知识的辩证统一，构成了知识的"二相性"。

2.2　知识管理的理论基础

2.2.1　知识管理的哲学基础

哲学是一切学科的基础，其中认识论（epistemology）和方法论（methodology）对知识管理的理论与实践的发展起到关键作用。

1. 认识论

认识论是关于认识及其发展规律的理论。"认识论"一词来自希腊文，由"知识"和"学说"组成，意即关于知识的学说。目前，人们之所以对知识管理有多种定义与不同认识，是因为缺少统一的知识定义。事实上，这种一致性的缺失主要源于有关知识的不同的认识论观点。此部分内容已在2.1.2 节详细回顾。之后，马克思（Karl Marx）反驳了黑格尔的抽象与唯心哲学，指出知觉是知者（主体）与被知物（客体）之间的相互作用过程；知识是认识活动的结果，是精神对现实的把握；人正是通过知识，从理论上掌握客体、观念上改造客体的；人之所以需要知识，是为了利用它创造满足自己需要的物质条件和精神条件。

2. 方法论

方法论是关于认识世界和改造世界的方法的理论系统。知识管理深受方法论的影响，其中哲学方法论、思维科学方法论、智能科学方法论、数学方法论、系统科学方法论对知识管理的产生与发展起着举足轻重的作用。

哲学方法论所提供的方法系统是关于自然、社会、思维的最一般的运动规律的认识方法，如唯物辩证法。由于知识管理中包含着许多矛盾的辩证统一体，如隐性知识与显性知识、专用知识与通用知识、信息管理与知识管理的辩证统一等，因此，唯物辩证法是知识管理的另一种哲学基础。知识管理的研究对象是知识与知识资源，既要管理显性知识，也要管理隐性知识。显性知识与隐性知识在知识管理活动中是辩证统一、相互依赖的。显性知识根植于隐性知识，也就是实践，没有隐性知识就没有显性知识；而隐性知识的丰富与提高有赖于个人对显性知识的消化吸收及其所掌握的显性知识的广度与深度。而且，显性知识与隐性知识通过相互转化可实现知识螺旋与知识创新。因此，利用唯物辩证法思想，知识管理者可以在实践中更好地管理隐性知识与显性知识，并促进两者的相互转化。

思维科学方法论是关于各种思维的活动形式及其规律性的方法系统的理论，其中包括逻辑思维方法、形象思维方法和直觉思维方法。逻辑思维方法是知识管理最常用的一种方法与工具，因为知识管理的执行者是人，而人是具有理性的动物，理性的根本就在于逻辑思维。概念、判断、推理、论证等逻辑思维理论与规则常常被广泛运用于知识管理实践中，可以说没有逻辑思维就不可能实施知识管理。形象思维方法和直觉思维方法在知识管理活动中也有独特的作用。形象思维方法以意象等形式反映事物，可用来促进隐性知识与显性知识的相互转化和创意的产生。直觉思维方法根据对事物的生动知觉印象，迅速地对问题答案做出合理猜测、设想或突然领悟，被广泛运用于知识管理实践，它是人们进行知识创新不可或缺的重要手段。

智能科学方法是研制和运用计算机、人工智能、知识工程等的方法。知识管理之所以在最近 15 年得到快速发展，是因为它得到了以计算机、人工智能、知识工程等为核心的信息技术的强大支持。信息技术大大改进了人类知识获取、知识交流的途径与手段，扩大了知识获取与知识共享的范围，促进了信息向知识的转化。例如，群件可以为工作团队的协同工作提供支持和服务，成为一种创造知识、分享知识、传播知识、操作知识的平台；知识仓库不仅可以储存知识条目、知识的使用记录与来源线索，而且可以建立知识间的关联，实现知识和信息的有序化、企业的协作与沟通以及对客户知识的有效管理。智能科学方法的研究与运用促进了知识管理从理念走向现实。

数学方法论是关于数量和空间关系的研究与运用的方法系统。它可以为测评知识管理提供定量分析的工具与手段。目前，已经建立的各种知识管理绩效评价模型，如卓越模型、平衡记分卡、斯堪的亚导航器、无形资产监测器等都是基于数学方法的，其中"斯堪的亚导航器"使用了 91 项新的智力资本测量指标与 73 项传统指标来测量财务、客户、流程、更新与发展、人力资本五方面内容。"无形资产监控器"把市场价值分为有形净账面价值和无形资产两部分，其中无形资产分为外部结构指标、内部结构指标和个人能力指标三部分，并根据增长、更新、效率、稳定性/风险标准来评价无形资产。其他知识管理测评工具，如"知识管理价值评估"（KVA）、"知识管理绩效指标"（KMPI）、"知识管理评估工具"（KMAT），也都利用可量化的各类指标来测评知识管理实践。此外，多种定量分析方法，如层次分析法、模糊综合评价法、主成分分析法、数据包络分析、密切值分析、B-P 神经网络分析等，均基于证据推理，都被用来进行知识管理绩效数据处理与分析。

系统科学方法论是一门系统地研究和处理有关对象的整体联系的一般科学方法论。具体地说，就是从系统的观点出发，始终从整体与部分、部分与部分、整体与环境的相互联系、相互作用中综合地精确地考察对象，以达到最佳目标的一种方法。借鉴系统方法论思想，可以把知识管理看作是一个庞大的系统工程，它是由多种要素（如人员、技术、知识、设备设施、管理、组织）相互联系、相互作用而形成的一个有机整体。知识管理实践也只有贯彻系统科学方法论的内容整体性原则、相互联系性原则、有序性原则和动态性原则，才能保证获得成功，并使之真正成为提升组织核心竞争力的利器。系统科学方法论中的硬系统方法论，如运筹学、系统分析、系统工程和管理控制论，可以指导知识管理者从系统外部对系统进行客观的分析，发现系统内各部分间的相互作用规律，并以此为基础实现对系统运行的预测和控制。系统科学方法论中的软系统方法论，如社会系统设计、可行系统诊断、互动式计划管理、软系统方法、战略假设浮现及测试、关键系统启发、全面系统干预等，可广泛运用于组织知识的子系统并指导知识管理实践，这包括知识的识别、预察、编码、分享、传播、指挥、保护、宣传以及激励等。

2.2.2 知识管理的经济学基础

知识经济的崛起是知识管理得以备受关注的时代背景，换句话说，知识管理的产生与发展有其内在的经济学基础。知识可以成为商品，具有使用价值和价值，能够产生经济效益，相对于资本、劳动力和土地等经济推动因素而言，体现于人力资本和技术中的知识价值在不断上升，知识成为生产过程中最为重要的资源。知识管理的经济学基础主要体现在经济增长理论与知识资本理论两个方面。

1. 经济增长理论

在经济学领域，人们对知识的认识始于新古典经济学理论。20 世纪 50 年代，索洛（Solow，国内有时译为索罗）提出了著名的新古典经济增长模型，基本理论为经济增长率不但取决于资本和劳动力的增长率，而且还取决于资本和劳动对产量增长相对作用的权数，取决于技术进步。尔后，丹尼森等人的经济增长实证分析进一步证实了索洛的观点，并获得一个新的重大发现：资本和劳动投入对总增长率的贡献逐步减少，技术进步等因素已成为经济增长的主要源泉。这种技术进步论强调了技术因素对经济增长的关键作用，使人们开始重视包括技术在内的各种知识的管理。

为了进一步阐明"索洛技术进步余数"是如何发生的，罗默（Paul M.

Romer）从技术变化角度提出了新的经济增长模型。在此模型中，罗默把知识作为最主要的投入要素，知识又分为各企业拥有的专门知识和公共知识。前者可以产生内在的效应，给个别企业带来垄断利润，又为企业提供研究与开发基金；后者可能产生外在的经济效应，使所有企业都获得规模效益。罗默认为，好的想法（ideas）和技术发明是经济发展的推动力量，知识的传播及它的变化是经济增长的关键，这是因为技术可以提高投资的收益，投资能使技术更有价值，这种良性循环可以长期稳定地提高经济增长率。

卢卡斯（Robert E. Lucas）从人力资本积累角度提出了新的经济增长模型，该模型把人力资本分为社会生产中的一般性、基础性的知识与劳动者个人所特有的技能，即专业化的人力资本。现有人力资本水平和人力资本建设时间长短决定了技术进步的速度以及经济增长速度，也就是说，人力资本是经济持续增长的源泉。

不管是索洛的新古典经济增长模型，还是以罗默和卢卡斯为典型代表的新经济增长模型，它们实质上都是研究知识对经济增长的贡献，仅是在切入点——技术、知识存量或是人力资本不同而已。阿瑟·刘易斯（W. Arthur Lewis）在《经济增长理论》中指出，促使经济增长的近因是：努力节约、知识积累和资本积累；经济的增长既取决于有关事物的技术知识，也取决于有关人和人际关系的社会知识。由此看来，知识管理的产生与发展具有坚实的经济增长理论基础。

2. 知识资本理论

知识资本思想在古典经济学理论的形成与发展过程中开始萌芽。英国古典经济学家亚当·斯密（Adam Smith）认为，经过学习所增进的熟练程度和才能，可和便利劳动、节省劳动的机器和工具同样被看作是社会上的固定资本。德国经济学家弗里德里希·李斯特（Friedrich List）不仅认为人脑所隐含的知识是资本，而且开始关注明示化的知识的资本属性，首次提出了"物质资本"和"精神资本"的概念。知识资本概念第一次出现在美国经济学家加尔布雷思（John K. Calbraith）1956 年致波兰经济学家卡莱茨基（Michael Kalecki）的一封信中。20 世纪 80 年代以后，随着人力资本理论的进一步发展、知识存量的急剧增长和知识对经济增长作用的日益显著，掀起了研究知识商品的资本属性的热潮。

知识资本是那些能够转化为利润的知识，它包括公司创意、发明、技术、常识、计算机程序、设计、数据技术、流程、创造力以及出版物等。它不仅是技术创新或现有法律标识的各种知识产权（如专利、商标、商业秘密），而且包括公司多年来开发和积累的所有有形与无形方面的智力信息。知识资本通常被划分为三类：人力资本、结构资本和关系资本。其中人力资本是通过一定的投资形成的，存在于人体中的能力和知识的资本形式；关系资本是指组织与利益相关者为实现其目标而建立、维持和发展关系并对此进行投资而形成的资本；结构资本是某一时间点存储在组织内的知识存量，如企业专利、管理体系、企业文化、组织惯例、战略、流程手册、数据库、IT基础设施、组织结构等。组织通过组织知识资本价值链管理——定义公司智力资本管理任务、审计公司智力资本、开发公司智力资本、从公司智力资本萃取价值、保护公司智力资本、测评公司智力资本，可以提升组织竞争力和获取竞争优势。这些知识资本理论加深了人们对知识及其相关活动的了解，不仅使人们认识到知识商品的资本属性，而且从人力资本、关系资本、结构资本等角度阐释如何管理与运营知识和知识资本，为知识管理的产生与发展提供了有力的理论支持。

2.2.3　知识管理的管理学基础

作为一种新的管理理念与管理思想，知识管理对传统管理理论进行了扬弃。管理学中的科学管理、组织行为理论、战略管理、人力资源管理、信息资源管理奠定了知识管理的管理学基础。

1. 科学管理理论

泰勒（Frederick W. Taylor）提出的科学管理理论是用五原则——用科学（系统化的知识）代替单凭经验的方法、用集体活动的协调代替不和、用彼此合作代替混乱的个人主义、用最高的产量取代有限的产量、发挥每个人最高的效率来实现最大的富裕，来实施有效管理的一种方式。

对于如何管理知识，科学管理虽然没有作出完整回答，但是它所包含的"人本观""知识观""学习观""激励观"部分地回答了该问题。从"人本观"角度来看，泰勒指出：管理人员的一个责任是细致研究每一个工人的性格、脾气和工作表现，找出他们的能力，使工人在雇用他的公司里，能够让他担任对他来说最高、最有兴趣、最有利、最适合他的能力的工作。从"知识观"角度来看，泰勒强调必须用科学知识来代替个人的见解或个人的经验知识，否则，就谈不上科学管理。从"学习观"角度来看，泰勒认为，管理人员要主动承担的第二项责任，就是科学地选择和不断地培训工人，发现每一个工人发展的潜能，并且逐步地系统地训练、帮助和指导每一个工人，为他们提供上进的机会。从"激励观"角度来看，泰勒认为，为了调动工人的积极性，既要考虑工人物质方面的需要，实行刺激性的工资制度，也要考虑工人心理方面的需要，真心实意地关心工人的福利待遇。

因此，科学管理虽然没有明确提出知识管理概念，但实质上是在发现了知识的基础上，对企业知识进行了有效的控制，使知识发挥了作用。因而，科学管理是知识管理的理论基础。

2. 组织行为理论

组织行为理论在国外又称为组织行为学，它是系统地研究人在组织中所表现的行为和态度的学科。也有学者认为，组织行为学是指获得知识以及研究行为的过程。早期组织理论中的科学管理理论、行政管理理论、结构化理论、人际关系理论都为组织行为学奠定了基础与舞台。组织行为学的本质是将科学的方法应用于实际管理问题中，从个体、群体和组织三个层次研究组织中的行为。当代组织行为学中的组织结构与组织设计、组织文化、组织行为从不同方面影响了知识管理的产生与发展。

（1）组织结构与组织设计。

组织结构是指如何根据所执行的任务安排个人和团体，而组织设计是指以最有效的方式协调这些结构要素的过程。组织行为理论提出了多种组织结构模式，如职能组织、产品组织、矩阵组织、团队组织、组合式组织、虚拟组织。知识管理借鉴这些组织结构理论，开发一些新思想来改进对它们的理解，如组织设计的强制目标搜寻，并基于这些理论构建新的组织形式，如知识型组织。知识型组织主要依赖于企业员工的无形知识资产而非半熟练工作者，从而与传统组织结构形式有明显的不同，具有扁平化、柔性化、网络化、虚拟化的特征，包含多种不同形式，如知识团队组织、倒置组织、超文本组织、网络组织。建立知识型组织为组织成功实施知识管理提供了组织保障。

（2）组织文化。

组织文化是组织成员共有的信念、价值观、惯例、生活方式与行为准则的总称。组织文化是组织成员在其组织中行动的方针，也是人们把握组织实际运行的重要根据。对于知识管理而言，组织文化是其关键成功因素之一。管理者往往想方设法在组织内建立一种"知识文化"来促进知识管理的实施。这种"知识文化"理解与重视知识管理，实质上是一种知识创新文化、知识共享文化、知识激励文化，高层管理者承诺并支持知识管理，能够有效测评与激励知识管理活动，并且尊重学习与创造力，让员工拥有内化、思考和表述知识的时间，通过减少苛刻的官僚制结构、增加非正式交流、促进信任与合作，提高组织创新与创造力。这种"知识文化"是对传统组织文化的革新，成为孕育知识管理的肥沃土壤。

（3）组织行为。

组织行为理论可以从个人、群体与组织三个层次支持组织知识管理活动，主要包括知识领导、知识获取、知识创造、知识共享等。

知识领导是指促进有效知识管理发生的各种行为。它可以通过鼓舞、指导、举例、促进信任与尊重、营造一致的组织文化、建立愿景、倾听、学习、教导、知识共享等多种活动对组织知识管理起到催化作用。由于知识领导是与情境、竞争力、文化、社区、共同语言、交流、培训相关的问题，所以组织行为理论中的领导行为理论、领导权变理论都是实施知识领导的理论依据。

知识获取是指从组织外部环境中获得知识并使之能够为组织成员今后使用的过程。获信任与尊重、营造一致的组织文化、建立愿景、倾听、学习、教导、知识共享等多种活动对组织知识管理起到催化作用。由于知识领导是与情境、竞争力、文化、社区、共同语言、交流、培训相关的问题，所以组织行为理论中的领导行为理论、领导权变理论都是实施知识领导的理论依据。

知识获取是指从组织外部环境中获得知识并使之能够为组织成员今后使用的过程。获取组织中的知识不是纯技术问题。事实上，许多组织发现，在确保信息对有需要的人可利用方面，信息技术只起到小小的作用，更多地取决于业务类型、文化以及人们解决问题的方式。为更好地获取隐性知识，组织需要基于个人、群体和组织需求采取多种多样的形式，比如，邀请嘉宾（或专家）演讲，举行头脑风暴法会议，现场观察专家或师傅的操作，采访，开展行动学习、标杆学习、分析学习、经验学习、综合学习、交互学习等。

知识创造是在组织现有知识资源基础上开发、导出、产生新知识的过程。人们通过知识发现、知识推导与知识转化来进行知识创造。个人的能力、人格、学习、情绪、态度等个体行为因素，团队成员结构、有效的团队管理、人际交流、领导关系等群体行为因素以及组织结构与组织文化等组织行为因素对知识创造活动有明显的影响。

知识共享是知识提供者通过一定的传递渠道，将知识传递给知识接受者且被接受者吸收的过程。然而，知识共享不管是在个人之间、群体之间，还是在个人与群体、个人与组织以及群体与组织之间，都会面临多种障碍，其中某些障碍可能来自于个人，如知识私有的价值观、认知障碍（知识需求者没有意识到自身所欠缺的知识）、心理障碍（如因循守旧、畏惧创新、迷信权威），也可能来自于群体，如害怕部门丧失竞争优势、缺少部门间的协作，还有可能来自于组织，如组织流程不健全、缺少知识共享文化等。这时，组织行为理论可为克服这些知识共享障碍提供理论指导，比如通过采取合适的知识激励打破知识私有观的束缚。

3. 战略管理理论

战略管理理论也是知识管理的管理学基础。自 20 世纪 80 年代中后期，资源基础论走上历史舞台，随后核心竞争力理论、动态能力论、知识基础论相继问世，这些战略管理思想对知识管理起到推波助澜的作用。

（1）资源基础论。

资源基础论认为：①企业是一系列独特资源的组合。这些资源大体可以分为三类：有形资源，如厂房和资本金；无形资源，如专利和商标；有关产品和工艺的知识资源，主要存在于个人本身、文件、计算机或类似的存储和交流媒介中。②在企业竞争实践中，每个企业的资源和能力是不同的。那些具有异质性、不完全流动性的资源构成企业战略资源，企业战略资源和运用这种资源的能力方面的差异，就成为企业竞争优势的源泉。③企业战略管理的主要工作就是最大限度地培育和发展企业独特的战略资源以及优化配置这种战略资源的独特能力，这种能力的形成需要企业不断地积累战略制定所需的各种资源，需要企业不断地学习、超越和创新。然而，任何组织资源尤其是知识资源都是有限的。所以，开展知识管理的动因之一是发现个人或者组织不足的知识资源，弥补不同知识资源的缺口，从其他组织获取更多的知识，从而克服知识资源的有限性。知识资源的有限性并非知识本身而是知识的获取和利用能力，因此必须研究知识的转移、共享与利用，也就是要开展知识管理。

（2）核心竞争力理论。

核心竞争力理论认为：核心竞争力本质上是组织独特的知识与技能的组合而非单项具体的技能或技术，企业只有依靠核心竞争力才能获取竞争优势。而企业培育与维持核心竞争力的出发点就是必须学会如何管理知识，这包括：通过系统化知识审计识别企业核心竞争力，通过知识价值链活动（如知识获取、知识创造、知识共享、知识应用、知识领导、知识组织、知识控制）培育企业核心竞争力，通过加强技术创新、组织学习、人力资本管理等提升企业核心竞争力。因此，核心竞争力理论成为知识管理的理论依据之一。

（3）知识基础论。

知识基础论认为：①企业所扮演的主要角色是将存在于许多个人中的专业知识进行整合，然后将整合的知识转化成商品和劳务，而管理的主要任务是建立知识整合所必需的协调机制，企业作为整合知识的机构而存在。②企业的垂直和水平边界可由知识利用的相对效率加以说明。③企业的异质性起因于企业知识的差异性。因此，正是企业知识、知识结构和认知能力的异质性决定了企业的异质性。企业的知识存量决定了企业配置资源等创新活动的能力，从而最终在企业产品与市场较量中体现出竞争优势；又由于知识具有难以模仿性和路径依赖性，知识积累可以延续与扩展企业的竞争优势；而由企业知识决定的企业认知学习能力成为企业开发新的竞争优势的不竭源泉。由此看来，知识基础论十分重视知识对建立与维持组织竞争优势的作用，从而为组织实施知识管理吹响了号角。

4. 人力资源管理理论

人力资源管理理论是以人性假设理论（如 X 理论、Y 理论）、激励理论、人力资本理论为基础，运用系统动力及优化原理、能级对应原理、互补增值原理、弹性冗余原理、激励强化原理、利益相容原理、公平竞争原理，科学合理地管理、开发与应用各种人力资源。尽管直到 20 世纪 80 年代末"人力资源"与"人力资源管理"才开始广泛传播，但随着资本主义的产生、"雇佣关系"的建立，人力资源管理就已经萌芽。在现代组织中，人力资源是组织知识中比较特殊的一部分，如何发掘个人的潜力及其隐性知识是如今人力资源管理的重要内容，也是知识管理的核心工作之一。因此，人力资源管理是组织知识管理的核心主题。人力资源战略可以配合组织总体战略，从人力资源规划、人力资源需求与供给预测，为组织知识管理战略的选择与制定提供依据；人力资源管理中有关"激励""薪酬"的制度、方法与实践也可应用于知识管理实践之中，帮助组织建立健全知识激励机制；人力资源管理中的绩效评估方法，如平衡计分卡，也可移植到知识管理绩效测评之中，人力资源开发方法，如行动学习、拓展训练、职业生涯规划，都可用来提高组织成员的知识水平与工作满意度，使知识管理成为员工自觉的行为。这样看来，人力资源管理对如何管理人——知识管理的主体和客体，提供了强有力的支持。

5. 信息资源管理理论

信息资源管理产生于 20 世纪中期的美国，成熟于 20 世纪 80 年代中后期和 90 年代。信息资源管理学是围绕人类的信息资源管理活动而形成的知识体系。之所以说信息资源管理（学）是知识管理的理论基础是因为：①知识管理是站在信息资源管理"巨人肩膀"之上的。知识管理是信息资源管理的高一级发展阶段，在此阶段，管理知识资源已成为所有管理层次所采纳的管理哲学的基本部分。而从图书情报科学的发展历史来看，信息资源管理也是知识管理的先期阶段。②信息资源管理技术与方法直接为知识管理提供基础。一方面，构成信息资源管理系统的基本技术，包括数据库、文件管理系统、人工智能、专家系统、群件技术的开发应用既是信息资源管理的重要内容，也是实现有效的知识管理的技术基础。另一方面，信息资源管理实践的经验和教训，对知识管理理念的产生起到了促进作用，可以说知识管理是在信息资源管理基础上趋利避害的结果。

2.3　知识管理研究模型综述

2.3.1　国外学者的知识管理模型框架

知识管理的模型框架是描述知识管理的解决方案。知识管理包括了知识创造、取得、共享、更新、再造等多种功能，这些功能通常都是相辅相成的，要实现这些功能的紧密连接和良性互动，就需要有合适的知识管理模型框架，将这些功能组织起来。知识管理模型框架的研究，也展现了知识管理不断深入发展的过程。下面介绍几种国外学者研究的知识管理模型框架：野中郁次郎的 SECI 模型、德马雷斯特（Demerest）的知识管理模型、斯坦考斯基和巴尔丹扎（Stankosky and Baldanza）的知识管理框架以及科格特和赞德（Kogut and Zander）的知识管理模型。

1. 野中郁次郎的 SECI 模型（SECI Model）

（1）野中郁次郎简介。

野中郁次郎（Ikujiro Nonaka）是知识管理领域被引述最多的学者，被誉为"知识管理理论之父"、"知识管理的拓荒者"。1935 年出生，1958 年毕业于日本早稻田大学电机系，随后进入日本富士电机制造公司服务。之后负笈美国加州大学伯克利分校深造，前后共花了 5 年半时间取得商科硕士与博士学位。30 多年来，野中跟踪观察日本制造企业由弱到强的变化规律，发现一个重要的共同特征，即一个组织之所以比其他组织更优秀或更具竞争力，是因为它能够"有组织地"充分调动蕴藏在成员内心深处的个人知识。这也就是著名的西蒙"信息处理"范式。

一方面，他关注的知识管理和知识创造是最时髦最前沿的领域；另一方面，野中的日本式思考和模糊处理方法却是最传统最古老的手法。一方面，他气壮山河地批驳欧美管理名家，显示不出一点日本式的谦卑；另一方面，他又高度赞扬推崇日本企业的特色，处处表现出日本式的自豪。在知识管理领域，从学术深度和广度来说，野中在理论的透彻程度和思想的清晰程度上比不上德鲁克。德鲁克对管理的贡献是全方位的，而野中则"心无旁骛"，把自己的精力集中在知识创造这一焦点上。如果德鲁克关心的是人类前途，那么，野中关心的则是学术地位。所以，从知识管理的角度看，野中具有代表性。

20 世纪 90 年代中期，《知识创新公司》一书的出版为野中赢得了国际声誉，被称为"日本有史以来最重要的管理学著作"。书中，野中深入研究了日本企业的知识创新经验，系统地提出了隐性知识与显性知识之间的相互转换模式。隐性知识指难以用语言描述的知识，源自个人的体验，与个人信念、视角及价值观等精神层面密切相关。显性知识指可以用语言表述的，包括文字陈述、数学方程、技术说明书和手册等。野中认为，企业需要更加重视由隐性知识所引发的知识创造，以形成创新的原动力。

（2）SECI 模型。

野中认为，企业的形式由商业策略的需要决定。接下来，影响策略的是革新与创造可持续优势的能力，影响革新的是创造及运用知识的能力，创造及运用知识的能力又直接受企业组织形式的影响。由此看来，成功的管理需要理解和控制这些流程和动力的能力。野中和竹内弘高在 1995 年提出一个包含隐性知识和显性知识的知识管理模型 SECI。

SECI 模型存在一个基本的前提，即不管是人的学习成长，还是知识的创新，都是处在社会交往的群体与情境中来实现和完成的。正是社会的存在，才有文化的传承活动，任何人的成长、任何思想的创新都不可能脱离社会的群体、集体的智慧。因此，关于"隐性知识"与"显性知识"相互转化 SECI 模型的"社会化（socialization）、外在化（externalization）、组合化（combination）、内隐化（internalization）过程，完成一次螺旋上升的每一个阶段都有一个"场（ba）"存在。相应于知识转化四个过程阶段的"场（ba）"，分别为"创始场（originating ba）、对话场（interacting/dialoguing ba）、系统化场（cyber/systemizing ba）、练习场（exercising ba）"。

隐性知识包括信仰、隐喻、直觉、思维模式和所谓的"诀窍"，相反，显性知识是那些能清楚表达，可通过写、画、编程及其他形式加以阐述的知识，也称为可文本化知识。野中郁次郎提出，在企业创新活动过程中隐性知识和显性知识二者之间互相作用、互相转化，他认为知识转化的过程实际上就是知识创造的过程，可分为四个模式（见图2-2）。

图 2-2 SECI 模型

　　第一种模式——"潜移默化"（社会化），指的是隐性知识向隐性知识的转化。它是一个通过共享经历建立隐性知识的过程，获取隐性知识的关键是通过观察、模仿和实践，而不是语言。此过程主要是通过共同活动和个人之间的观察、模仿和亲身实践等活动而得以实现的。从古流传至今的师傅带徒弟的形式就是典型的社会化过程。在具体的商务环境中进行的所谓"在职培训"基本上应用的就是这种原理。例如，公司与供应商及顾客直接交往及互动，因而获得了知识；勤于在公司内部各处所走动及视察，因而获得隐性知识。通常在公司内部各个实际职场皆可搜集到最新的资讯。社会化也包括隐性知识的散布。将一个人现存的想法或意念直接传达或移转给他的同仁或部属，强调"大我"的精神，愿意让人分享他个人的知识，因而创造了一个共有的知识转化之场所（ba）。知识社会化的关键是共同的体验，"如果没有形成共有的体验的话，个体极难使自己置身于他人的思考过程之中"。

　　第二种模式——"外部明示"（外化），指隐性知识向显性知识的转化。它是一个将隐性知识用显性化的概念和语言清晰表达的过程，其转化手法有隐喻、类比、概念和模型等。这是知识创造过程中至关重要的环节。在商业实务方面，外化须有下列两项要素之协助，一是将隐性知识转化成显性知识，这会涉及一些表达的技术，以便将一个人的想法或心意利用文字、概念、比喻性文字与图片或影片等视觉教育器材等，以交谈或对话等方式加以清楚地表达出来。二是将顾客或专家们高度个人化或高度专业化的隐性知识转变成可以理解之形式。这会涉及演绎或推论技巧，因而须善用创造性推论。

第三种模式——"汇总组合"（组合化），指的是显性知识和显性知识的组合。它是一个通过各种媒体产生的语言或数字符号，将各种显性概念组合化和系统化的过程。

在商业实务方面，组合阶段包括以下三项程序：

①从公司内部或外部搜集已公开的资料等外表化知识，然后加以整合成新的显性知识。

②利用报告或开会等方式将这种新知识传播给组织成员。

③将显性知识重新加以汇整及处理，使之变成公司的计划、报告或市场资料，以方便使用。公司成员在组合阶段透过会商可达成共识或协议，以便采行更具体之步骤。

第四种模式——"内部升华"（内化），即显性知识到隐性知识的转化。它是一个将显性知识形象化和具体化的过程，通过"汇总组合"产生新的显性知识被组织内部员工吸收、消化，并升华成他们自己的隐性知识。

在商业实务方面，内化包括以下两个层面：

①需将显性知识变成具体措施而付之行动。换言之，在将显性知识的内化过程中，就可针对策略、行动方案、创新或改善等方面拟订出实际的构想或实施办法。例如，在较大型组织所实施的教育训练计划可帮助学员了解整个组织及全体学员的情况。

②可利用模拟和实验等方式，帮助学员在虚拟情况下通过实习过程来学习新观念或新方法。

以上四种不同的知识转化模式是一个有机的整体，它们都是组织知识创造过程中不可或缺的组成部分。总体来说，知识创造的动态过程可以被概括为：高度个人化的隐性知识通过共享化、概念化和系统化，并在整个组织内部进行传播，才能被组织内部所有员工吸收和升华。

波兰尼著名的认识论命题指出："我们所认识的多于我们能告诉的。"通常来说，隐性知识比显性知识更完善，更能创造价值，挖掘隐性知识的能力，是组织成功的关键。隐性知识是知识创新的源泉，其自身也需要不断改进。知识向隐性知识的转化过程是知识得以持续发展的基础，这个转化必须及时高效，否则由于时效性的缘故，其价值会大打折扣。显性知识与隐性知识的转化，没有严格意义上的起点和终点，是周而复始的循环过程。在这个过程中，组织的生产效率和经济效益会不断提高。

到目前为止，野中郁次郎的 SECI 模型堪称是对企业知识生产过程进行的最深入的探究，其对知识转化过程的描述也是最详尽的。SECI 知识转化模型的理论价值主要在于：

①准确地揭示了知识生产的起点与终点，即始自高度个人化的隐性知识，通过共享化、概念化和系统化，最终升华成为组织所有成员的隐性知识。

②清晰地辨识了知识生产模式的常规类别，即"隐性—隐性"、"隐性—显性"、"显性—显性"和"显性—隐性"，并相应地描述了每种类别所对应的具体过程和方法。

③创造了一个全面评估企业知识管理绩效的工具。

尽管 SECI 模型有着较强的解释力，但它并没有揭示知识转化与组织内在效率差异的关系，并且忽视了来自组织外部的社会知识对组织知识管理的影响。

野中郁次郎的 SECI 模式是知识创造和发展的生命循环周期的一种表示形式。知识创新动态过程适用于不同的创新实体层面，包括个人、小组、组织等。

苏兰斯基（Szulanski，1996）指出，知识传递渠道的选择要受被传递知识的性质的影响。隐性知识以及与情景相关的知识、模糊知识是企业内最难以传递的知识。这意味着在常规的传递机制和渠道中，显性知识传递损失较小，而隐性知识的传递损失较大。因此，在传递隐性知识时要采用较为丰富的交流媒介。

巴特（Bhatt，2002）研究了个人知识和组织知识的不同作用方式。他认为个人知识与组织知识是不同的，但又是相互依赖的。在解决复杂的问题时，组织可以使用个人的专门知识，但组织不能占有个人的知识。相反，由于个人的流动性和专业特长，使组织具有一定的脆弱性。因此，即使雇佣了许多的专门人才，在解决组织范围内复杂的问题时，组织也不一定能够发挥其应有的潜能。在解决复杂问题时，知识的共享本质上讲取决于专业人员的合作和协调。

巴特（2002）以组织内人们之间的相互作用为一个维度（相互依赖—独立），以组织工作的性质为一个维度（常规的、可详细说明的—非常规的、不能详细说明的），表示个人知识与组织知识的相互关系。

2. 德马雷斯特（Demerest）的知识管理模型

德马雷斯特（1999）的知识管理模型强调组织内部的知识构造，知识构造不仅需要科学性的投入，还包括知识的社会性构造。这些结构性知识通过显性的程序和社会化交换承载于组织内部，然后在整个组织内部扩散，最后作用于组织绩效。组织绩效包括经营收益和员工发展两方面。知识管理应当支持和认同组织的所有利益相关者，因此，员工发展和经营收益一样重要，两者为互补关系。模型中的实线箭头表示知识最初的产生，而虚线箭头表示反馈过程（见图 2 - 3）。

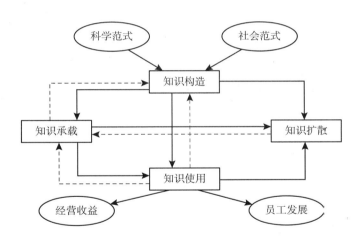

图 2 - 3　德马雷斯特的知识管理模型

3. 斯坦考斯基和巴尔丹扎的知识管理框架

斯坦考斯基和巴尔丹扎（2001）构建的知识管理框架引入了学习、文化、领导和技术等绩效因子。该框架提出知识管理涉及认知科学、沟通、个体和组织行为、心理、金融、经济、人力资源、管理、战略规划、系统思维、流程再造、系统工程、计算机技术及软件和图书馆学等学科，如图 2 - 4 所示。

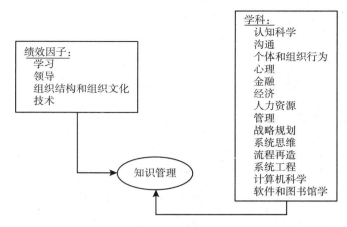

图 2 - 4　知识管理基础学科及绩效因子

组织知识管理的四大基础分别为领导、组织结构、技术设备以及学习。第一，领导负责推动战略规划和系统思维方法、充分利用资源、培育鼓励公开对话和团队学习的文化、鼓励并奖励风险承担、学习和知识分享。第二，组织结构应为人员互动提供便利并为组织团体掌握隐性和显性知识提供支持。组织结构的关键在于过程、程序、绩效管理制度及沟通。第三，技术设备使得非正式的信息交换成为可能。技术设备可以提高隐性和显性知识掌握的效率和效果。第四个支柱——学习，重在运用知识。学习的一大作用是通过信息管理来建立企业范围的知识并运用知识实现组织学习、变革和绩效改进。

4. 科格特和赞德的知识管理模型

科格特和赞德在 1993 年得出如下结论：①知识创造和知识转移使得企业效率更高；②企业内部个人和群体的反复合作可以将知识从理念转化为生产力的观点已获得广泛认同；③企业的绩效取决于借鉴其他企业经验教训的效果；④企业的边界根据知识创造者和运用者之间掌握的知识和运用能力的差异进行体现（见图 2 - 5）。

以上知识管理模型在以下方面可供我们借鉴：①智力资本是组织的关键资本，为了实现组织绩效应当有效管理；②野中郁次郎的 SECI 模型将知识分为隐性知识和显性知识，通过不同的转化模式可以实现组织知识管理绩

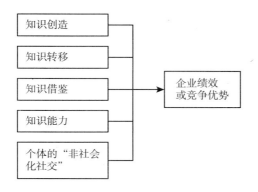

图 2 - 5　科格特和赞德的知识管理模型

效；③德马雷斯特的模型将组织的社会和学习过程有机联系在一起；④斯坦考斯基和巴尔丹扎的知识管理框架认为领导、组织结构、技术设备及学习是组织知识管理的重要基础；⑤科格特和赞德强调知识作为竞争优势来源的战略重要性。

2.3.2　国内学者的知识管理模型框架

1. 基于组织网络理论的模型

国内学者王慧颖（2006）基于组织网络理论，并结合组织学习理论，研究企业动态能力的提升途径问题，构建了网络视角下的动态能力分析框架，并对动态能力所包含的三个维度，即知识创造能力、网络能力以及匹配能力进行了分析（见图 2 - 6）。

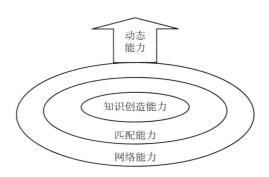

图 2 - 6　网络视角的企业动态能力分析框架

2. 基于组织生态视角的知识管理模型

高展明、郭东强（2015）在对中小企业组织生态型知识管理模式的组成要素和演变路径分析的基础上，提取知识管理能力、知识转移情境和知识管理绩效三类关键指标，构建了分析中小企业组织生态型的知识管理模式，具体如图 2 – 7 所示。

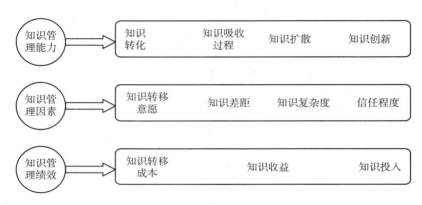

图 2 – 7　组织生态型知识管理模式理论框架

3. 基于价值链（组织绩效）的知识管理模型

以考察知识管理绩效、提高组织整体绩效作为知识管理的目标，注重知识管理与支持资源（管理资源与技术资源）的相互作用，熊学兵（2009）提出基于价值链的企业知识管理系统模型。企业知识与业务流程具有内在的相关性，企业知识贯穿于各个业务流程中，形成知识碎片，要让知识更好地为企业服务，必须把企业的知识与具体的业务流程紧密结合起来，对知识进行系统化的管理，实现知识的共享和应用，以提高企业的绩效。迈克尔·波特把企业各业务流程的价值活动综合起来构建了企业的价值链模型。那么如果把企业的核心资源——知识进行综合的战略分析，就构成了知识价值链。

建立基于价值链的知识管理系统模型，首先要深刻认识到知识管理的系统性以及其系统内在的运行机理。也就是说，必须考虑企业知识管理的全过程（知识获取、知识转移、知识共享、知识创新和知识应用）相关因素（愿景、战略、组织、文化，人力资源、技术、社会关系等）以及它们之间的相互作用（见图 2-8）。

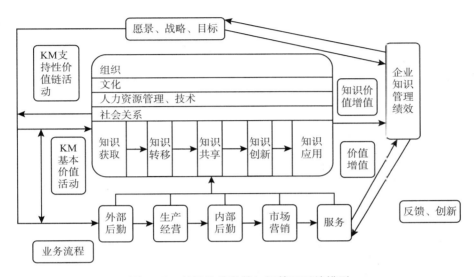

图 2-8 基于价值链的知识管理系统模型

4. 基于组织战略的知识管理模型

沈丽宁（2009）以战略目标和战略思维为整个知识管理的目标导向和实践指导，认为知识管理是现代企业战略的核心组成，通过战略管理来推动企业管理的各个层面的升级和改造。随着现代企业技术创新越来越依赖集体的技术创新，依赖知识的集成，特别是隐性知识的集成，因此有必要把基于协同的战略思想引入到企业知识管理中去。其主要特点为从企业组织整体的战略角度出发，把企业内部各个部门或人员连接起来，并实现和企业的战略目标有效结合。具体包括人力协同、技术协同、资源协同和流程协同四个要素，围绕企业协同知识管理的战略目标构建战略四边形，推动知识管理的良性循环。其中人员、技术、资源和流程分别是协同知识管理的主体、手段、对象和过程（见图 2-9）。

图 2 - 9　企业协同知识管理框架

5. 基于情境的知识管理模型

主要特点：知识就是情境中的信息，正是情境的存在，知识才有了各式各样的关系和意义。知识管理最关键的问题是能否为使用者提供理解信息的语境，以及信息之间的联系。陈发祥（2008）提出了一个含有多层次结构的组织知识管理的概念模型。从这个模型中可以看出，知识管理是由三个层面的基本要素构成：组织知识流、组织文化和组织信息技术基础。第一层面知识流是其核心，知识开发和创新是组织知识流的一个环节，是实现知识螺旋式上升的关键环节，也是组织获得核心竞争力的决定要素。第二层面组织文化则是改变员工价值信念，在全公司范围实现尊重知识的和谐组织文化，是文化和作业流程的完美结合，推动知识流在组织内顺畅运行。第三层面信息技术基础则是采用先进科技为知识管理和知识创新提供各种可能，比如复杂的知识描述和分类即知识本体、知识库、操作规程、实时的信息交流技术以及其他信息技术基础。在组织实施知识管理过程中，知识流、文化和信息技术既有相对独立的一面，又有相互依存不可分割的一面。只有三者在组织内实现有效的融合，知识管理才能取得预期的成功（见图 2 - 10）。

2.3.3　企业知识管理综合分析框架构建

本研究在前人的研究基础上，提出知识管理是企业通过有计划构建企业内部知识网络进行内部学习、构建企业外部知识网络进行外部学习，从而有效地实现显性知识和隐性知识的互相转换，并在转换过程中创造、运用、积

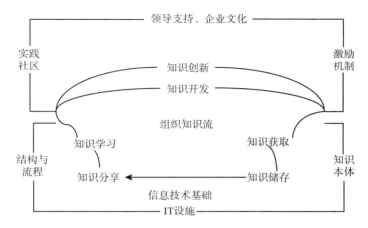

图2-10 组织知识管理概念模型

累和扩散知识，从而最终提高企业的经营能力、学习能力、应变能力和创新
能力的系统过程（见图2-11）。

此框架模型将知识管理过程细分为九个阶段，包括知识产生、知识获
取、知识选择、知识转换、知识整合、知识存储、知识分享、知识利用以及
知识创新。这九个阶段是个循环过程，实线弧形箭头表示知识过程，而虚线
弧形箭头则表示反馈过程，即知识的逆向影响。

知识的产生与传递是通过组织学习来实现并内化于组织学习的过程。

1. *知识发现*

为了更快地获取知识、更好地创造知识、更有效地利用知识变得尤为重
要。作为组织与环境交互的入口，知识发现是在辨识组织内部现有知识的基
础上，获取外部环境中包括客户、供应商、合作伙伴、克争对手的相关知
识，是知识链管理的逻辑起点。为了使组织能够适应环境的变化或保持相应
的应变能力，必须保持组织知识的动态更新。知识发现的来源包括非数字化
的知识、数字化知识等。此外，组织从外界吸收或获取的知识在很大程度上
取决于其与组织已有知识的关联程度。通常来讲，知识发现根据制定知识发
现目标、信息收集、信息加工、知识分析等步骤；根据预见性原则、针对性
原则、积累性原则、系统性原则进行。

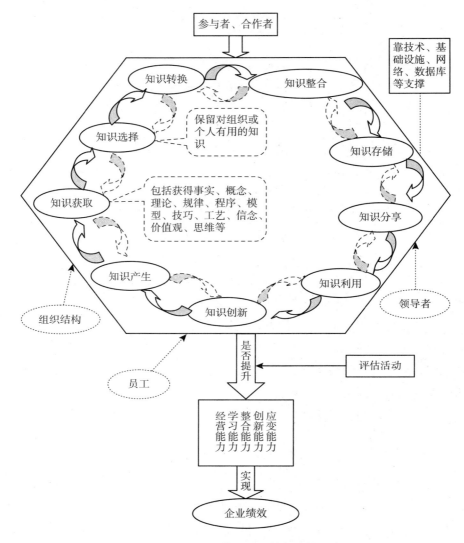

图 2−11　知识管理过程的框架模型

2. 知识存储

知识存储是将原来无序的、零散的而不系统的知识逻辑化、显性化、标准化和规范化，进行编码并以不同形式保存于知识符理系统中。它能为员工间的知识学习、交流与共享提供便利，并为使用者提供方便、快速浏览、检索和使用知识的方式。在这一过程中要运用类比、假设、模型等一系列方法。数据库、数据仓序、知识库、知识仓库是知识存储的有效方法。数据库是计算机应用系统中的一种专门管理数据资源的系统；数据仓库是集成的、面向主题的、变化的数据集合；知识库是结构化、品操作、揭利用、全面、有组织的知识集群；随着数据库和网络技术的进一步发展，知识仓库将会根据使用者的要求，将人们的隐性知识以恰当的方式提供给需求者使用。

数据库是面向应用的，数据仓库侧重于数据分析；数据库是独立的，数据仓库是集成的；数据库是实时更新的，数据仓库是相对稳定的；数据库记载的是相对短期的数据，而数据仓库蕴含历史信息。知识库是组织用计算机的相关知识、经验、文件和专业技能等，且这些知识是经过整合、分类、加工、提炼的，是一种特殊的数据库，不仅存储显性表达的事实，还包括启发式知识；数据库更新可由一般人员完成，知识库更新需要知识专家来实现；知识仓库是知识库和数据仓库的有机合成。知识管理系统要满足人的需要，必须充分利用不同存储体来发挥作用，以实现科学、完备、全面的存储。

3. 知识共享

吉姆博特金（JimBotkin）认为，知识共享就是沟通，是管理模式的核心。维吉霍文（Wijnhoven）认为，知识共享是通过一定媒介进行的知识转移，是新知识、旧知识的互动过程。林东清认为，知识共享的目的在于通过知识交流，扩大其价值。本研究认为，知识共享是知识拥有者通过一定的传递方式，有意识地、自觉地、自愿地向其所在组织的其他人提供、分享、交换知识的过程。共享主体是知识提供者和知识接收者，共享对象是知识，共享目的是对知识的共有、共用和共创。其中，编码由知识提供者完成，而接收、解释则由知识的接收者完成，知识共享是知识管理成功与否的关键。知识共享具有以下基本特征：资源交换性、受特定环境的控制和影响、是一种自愿的行为、共享的结果不是知识的消失，而是知识被更多的人占有并且不断得到丰富、扩充。

知识的传递、应用和共享可以引发新一轮的知识上升运动。知识共享过程包括知识表达、编码、解释、反馈等。具体来说至少包括三个方面：提供过程、传递过程和吸收过程。提供过程由知识提供者执行，由知识执行者发送显性或隐性知识表达，受知识提供者的动机、主观因素等影响，其前提条件是知识提供者具有知识共享的愿望。要根据接收者的情况，借助一定的渠道，把所要传递的知识信息转变成可以发送的模式，才能把要共享的知识准确无误地发出，并被接收者适时地接收，完成知识提供过程。传递过程要尽可能准确地、以不同的形式传递提供者所要表达的知识信息，整个过程的完成质量受传递介质的影响。吸收过程是知识接收者经过分析理解，对收到的知识、信息进行加工以形成自己的知识表达，同时向提供者反馈相应信息的行为，其执行者是知识接收者，过程质量受接收者的动机等主观因素影响。

4. 知识转移

提斯（Teece）最早提出了知识转移的思想。霍瑟姆（Holtham）认为，知识转移是一种沟通的过程，必须具备应有知识和重建的行为，才能完成转移。达尔和库特兹伯格（Darr and Kurtzberg）认为，知识转移的前提条件是知识接收者使用了知识贡献者所分享的知识。由此可见，知识转移是接收方经过与知识源的大量互动，获得自己所需要的知识并加以吸收、利用、创新的过程。知识转移是有计划、有目的的知识共享活动；是双方交换知识的过程，由知识传输和知识吸收组成。

知识的价值在于流动，将组织外部的知识流引入组织，是组织吸收能力的重要体现。组织的知识管理从实际出发，获取、储存、应用知识，并将其保留在组织中。组织知识管理的重要目标之一是把个人知识转化为组织知识。当个体知识从知识库中被获取，再落实到组织日常实践中，即转化为组织知识；外部知识流中的隐性知识，通常被专家直接获取，知识只有通过共享和转移，其价值才得以体现及增长。

由于知识特性各异，知识转移过程不同，知识的转化一般包括：①社会化，团队成员间共同分享经验，个体之间转移隐性知识的过程。②知识外化，通过类比或隐喻来帮助团队成员理解不易沟通与类化的隐性知识，将来自主观经验的隐性知识转化成显性知识的过程。③结合化，借助于外部知识对现在知识进行分类、重组以产生新知识；将思想系统化形成知识体系的过程。④内化，显性知识变为隐性知识，知识从组织转移到个体的过程。

知识共享与知识转移关系密切，互有交错，但重点不同。知识转移是指知识在不同主体之间的传播，是实现知识并享的途径；知识共享的内涵更广，不仅仅包括知识转移，还包括知识吸收、知识共享等。知识转移是研究如何畅通、拓展知识共享的渠道，研究重点在于建立有效的知识转移模式，提高知识的吸收率，而知识共享的研究重点是促进知识主体的知识共享意愿、构述知识共享激励机制。

5. 知识整合

亨德森和克拉克（Henderson and Clark）首先提出知识整合的概念。王晓耘等认为知识整合是对内部知识的重新整理，将组织内知识有机融合起来，使之具有系统性的过程。知识整合是运用不同学科方法对不同层次、不同内容的知识实施再构建，是一种协调相关资源、专家与系统，提升局部的、片面的、分散的知识以形成新的、完整的知识体系的过程。知识整合是基于组织成员的充分交流沟通，是在组织层次上进行的，其主要对象是既有知识，实质是"知识的联结"。知识整合要结合组织知识特点，从组织内知识关联、跨组织知识关联以及应用三个维度对其进行整合，分为知识发现与收集、知识整理与摒弃、知识有序与融合的整合过程。

其中，知识发现与收集是知识整合的基础；知识整理与摒弃是对知识的加工，是比较新知识与原组织知识系统，摒弃重复知识以及冗余知识，使知识精炼化，是去粗取精、去伪存真的过程；知识融合就是将整理后的新知识按照三维结构中的每个维度进行分类，将新产生的知识融合到旧的知识系统中去，并整合为新的知识系统。知识整合技术包括知识加工手段，也包括现代的数据挖掘技术、人工智能技术等。

6. 知识创新

凡·克罗赫（Von Krogh）认为知识创新是通过创造知识，将知识转化为产品、服务等具体形式，并获得核心竞争能力的过程。本研究认为，知识创新是组织以满足顾客需求为目标，持续不断地创造知识并将知识转化为产品、服务等形式，推进新知识的产生、演化、交流、应用，以促使企业获得成功、从而为企业获得核心竞争能力，在竞争中赢得优势的过程。知识创新内容丰富，或是指初次发现、发明、创造和应用新知识，或是指首次引入知识要素和知识载体的一种新组合；是经过创新主体的吸收创造出新知识或新技术；知识创新并不仅是产品性能的改进和流程改造、变革管理，而且是实现创新者竞争地位的根本性问题。

总的来说，知识发现是知识链的逻辑起点，知识储存是知识链的关键环节，知识转移是实现知识管理的重要渠道，知识共享是基本保障，知识整合起着承前启后的作用，知识创新是知识链的终极目标。

知识产生并被获取，获取到的知识既包括清楚的事实、概念、理论、规律、程序、模型等，也包括模糊的技巧、工艺、信念、价值观、思维等，这些知识并不会被全部接受，而是通过有选择性地保留，剩下对组织或个人有价值的知识，这部分知识既包括隐性知识也包括显性知识，通过知识转换可以将隐性知识转换为显性知识，从而再进行知识整合及存储等活动。知识存储要靠组织的技术、基础设备、网络和数据库等的承载和支撑。知识管理的参与者和合作者共同完成整个知识管理链。企业实施知识管理后，通过指标评估来判断企业的应变能力、创新能力、整合能力、学习能力以及经营能力是否得到提升，从而评估知识管理带来的企业绩效。

这个框架的特色在于将知识管理更加细分，并强调了知识管理过程的逆向反馈作用。此外，提出组织文化、组织结构、组织的领导者及员工共同促进知识管理绩效的提升。

"知识管理"的提出，体现了软性知识活动与传统多个硬性职能之间的协同和协作、和谐创造价值的前景。围绕知识的采集、整合、存储、分享和利用过程，需要支持知识分享和知识运用的组织文化和相应的组织结构的配合，需要组织领导的支持和所有员工的参与。知识管理的目标是提升知识管理实施效果，实现组织经营绩效。

2.4 绩效评价理论评述

2.4.1 绩效概述

从管理学的角度看，绩效是组织期望的结果，是组织为实现其目标而展现在不同层面上的有效输出，它包括个人绩效和组织绩效两个方面。组织绩效实现应在个人绩效实现的基础上，但是个人绩效的实现并不一定保证组织是有绩效的。如果组织的绩效按一定的逻辑关系被层层分解到每一个工作岗位以及每一个人的时候，只要每一个人达成了组织的要求，组织的绩效就实现了。

具体而言，绩效是一个组织或个人在一定时期内的投入产出情况，投入指的是人力、物力、时间等物质资源，或个人的情感、情绪等精神资源，产出指的是工作任务在数量、质量及效率方面的完成情况。由此衍生出了绩效管理的概念。

影响绩效的主要因素有员工技能、外部环境、内部条件以及激励效应。

员工技能是指员工具备的核心能力，是内在的因素，经过培训和开发是可以提高的；外部环境是指组织和个人面临的不为组织所左右的因素，是完全不能控制的客观因素；内部条件是指组织和个人开展工作所需的各种资源，也是客观因素，在一定程度上能改变内部条件的制约；激励效应是指组织和个人为达成目标而工作的主动性、积极性，激励效应是主观因素。

在影响绩效的四个因素中，只有激励效应是最具有主动性、能动性的因素，人的主动性积极性提高了，组织和员工会尽力争取内部资源的支持，同时组织和员工技能水平将会逐渐得到提高。因此绩效管理就是通过适当的激励机制激发人的主动性、积极性，激发组织和员工争取内部条件的改善，提升技能水平进而提升个人和组织绩效。

影响绩效的关键因素主要有以下五个方面：

①工作者本身的态度、工作技能、掌握的知识、IQ、EQ 等；

②工作本身的目标、计划、资源需求、过程控制等；

③包括流程、协调、组织内部的工作方法；

④工作环境，包括文化氛围、自然环境以及工作环境；

⑤管理机制，包括计划、组织、指挥、监督、控制、激励、反馈等。

其中每一个具体因素和细节都可能对绩效产生很大的影响。控制了这些因素就等于也同时控制了绩效。管理者的管理目标实质上也就是这些影响绩效的因素。

绩效评估的是结果的好坏，绩效管理需要探求产生结果的原因，逆向追踪绩效因素。根据对结果的影响作用，不同的因素有不同的影响力。当其他因素都很稳定时，管理者需要关注于某一个特定的因素，因为这个因素的变化会对绩效产生直接的重大影响。哪些因素容易变化，对绩效的影响作用大，管理者就需要关注和考核哪些因素。

但要注意的是，过分注重绩效会使员工也只关注绩效而不关注其他东西，这样的坏处是短期内公司会得到大利益但不利于可持续发展，要有大教堂思维的人才能做成大事。

2.4.2 组织绩效

组织绩效就是用来衡量管理者利用资源满足消费者或服务对象的需要并实现组织目标的效率和效益的尺度。组织绩效一般包含三个层次的绩效，即HR绩效、运营绩效及财务绩效，三者之间逐级支持、逐层推动。一般而言，在员工个人的绩效水平一定的情况下，组织绩效水平越高，组织的整体绩效水平也越高；相反，组织绩效水平越低，组织的整体绩效水平也越低。组织中的一切活动的最终目的在于提高组织绩效以创造利润。组织绩效的高低与否代表着一个组织的经营管理成功与否，所以组织绩效的衡量一直是组织经营管理者关注的焦点。一般可以把组织绩效分为短期绩效和长期绩效两种，短期绩效是指组织在短期内就可看出来的绩效表现，长期绩效是指组织在长期内才能看出来的绩效表现。

2.4.3 绩效评价的内涵及相关理论基础

绩效评价是指组织依照预先确定的标准和一定的评价程序，运用科学的评价方法、按照评价的内容和标准对评价对象的工作能力、工作业绩进行定期和不定期的考核和评价。

绩效评价是对企业行为结果的综合考核，必须在相关理论的指导下进行科学设计评价指标体系，运用合理的评价方法，进而获得正确的评价结果。而作为对企业综合绩效的评价系统来说，需要借鉴管理学理论、经济学理论和社会学理论的研究成果，才能为科学评价提供方法论的指导。

1. 利益相关者理论

利益相关者理论是 20 世纪 60 年代由美国学者提出的。1965 年，美国学者安索夫（Ansoff）最早将该词引入管理学界和经济学界，认为"要指定一个理想的企业目标，必须综合平衡考虑企业的诸多利益相关者之间相互冲突的索取权，他们可能包括管理人员、股东、工人、供应商及分销商"。进入 80 年代以后，利益相关者理论的影响开始扩大，并促进了企业管理理念和管理模式的转变。1984 年，弗里曼（Freeman）在《战略管理：利益相关者管理的分析方法》一书中明确提出了利益相关者管理理论，认为"利益相关者是能够影响一个组织目标的实现，或者受到一个组织的目标过程影响的人"。这一概念不仅包括股东、债权人、雇员、供应商和顾客，还包括公众、地区、环境媒体等个人或团体，强调了企业的发展是与各种利益相关者的参与是密不可分的。

利益相关者理论作为企业经济绩效评价的基础理论，最大的贡献就是进一步明确了企业绩效评价的目的性，指明了评价的方向。因此，在利益相关者理论的指导下，企业综合绩效评价必须把各利益相关者纳入评价主体，设计出能够衡量不同利益相关者的需要是否得到满足或平衡的企业经营综合绩效评价体系。

2. 目标管理理论

目标管理理论是彼得·德鲁克于 1954 年在其著作《管理的实践》中提出的。目标管理是以目标为导向，以人为中心，以成果为标准，工作中强调"自我控制"，自下而上地保证目标实现的一种管理办法。成果是衡量工作绩效的标准，因而目标管理也叫做成果管理，俗称责任制。从这个意义上说，绩效评价实际上是一种目标管理。

目标管理的实施分为三个阶段：第一阶段是制定工作目标。此阶段共有五个步骤：首先是做好准备工作；第二是高层领导制定战略性目标；第三是各级管理阶层制定试探性策略目标；第四是各级管理人员提出建议，相互讨论并修改；第五是高层领导与各级管理阶层就各项目标和评价标准达成协议。第二阶段是实现目标。此阶段是在一般监督下为实现目标而实施的过程管理，主要是职工进行自我管理和自我控制，上级只对例外发生的重大问题进行指导和控制。第三阶段是对成果进行检查和评价，即把实现的成果与原来制定的目标相比较。

因此，目标管理就是围绕目标制定和执行实行评价和考核的一种管理活动，目标始终贯穿于企业的整个经营管理过程。

3. 战略管理理论

战略管理理论起源于 20 世纪 20 年代，60 年代开始形成，现在已经成为现代企业在管理主要运用的理论和方法。战略管理就是运用战略思想对企业进行全面和宏观的管理活动，主要包括战略的制定、实施、控制和评价四个阶段，而战略是决定企业长期表现的一系列重大管理决策和行动。随着科技的迅猛的发展（尤其是信息技术的发展）和市场全球化的形成，企业间的竞争越来越激烈，战略管理理论受到了管理者的重视，对指导企业发展起到了重要作用。经过多年的发展，目前企业战略管理理论已经呈现多种范式并存的阶段，主要有资源论、钻石模型、平衡计分卡、竞合论、超强竞争论等战略理论。其中，平衡计分卡理论对绩效评价具有重要的指导价值。

平衡计分卡是 1992 年由罗伯特·卡普兰（Robert Kaplan）和戴维·诺顿（David Norton）提出的一种新型绩效管理体系，它是基于企业绩效评价的战略理论，属于企业内部管理制度的战略理论。该理论提出了五项平衡内容体系，即财务指标和非财务指标的平衡、企业的长期目标和短期目标的平衡、结果性指标与动因性指标之间的平衡、企业组织内部群体与外部群体的平衡、领先指标与滞后指标之间的平衡。而在财务指标和非财务指标的平衡中，平衡计分卡构建了由财务（financial）、客户（customer）、内部运营（internal business processes）、学习与成长（learning and growth）组成的评价指标体系，用于评价企业的绩效，其意义在于弥补了传统单纯的财务指标评价不能全面反映企业绩效的缺陷。

4. 系统管理理论

系统管理理论是卡斯特（F. E. Kast）、罗森茨威克（J. E. Rosenzweig）和约翰逊（R. A. Johnson）等美国管理学家在一般系统论的基础上建立起来的。该理论的基本思想是把研究对象作为一个系统，认为企业是一个由许多子系统组成的、开放的社会技术系统。企业是社会这个大系统中的一个子系统，它受到周围环境（顾客、竞争者、供货者、政府等）的影响，也同时影响环境，只有在与环境的相互影响中才能达到动态平衡。系统管理理论的基础是普通系统论，主要思想有：系统是由相互联系的要素构成的，系统具有整体性和层次性等特点。

该理论的借鉴意义在于，企业绩效评价系统是企业管理系统的子系统，它所包含的各要素也是有机地联系在一起的。因此，在设计企业绩效综合评价指标体系及其权重时，要把它作为一个系统来看，构建的评价指标体系考虑不同绩效指标之间的关系，尽量能反映企业绩效的全貌；同时在对各指标权重赋值时，要考虑各指标对企业整体的贡献大小。

5. 委托代理理论

制度经济学中委托代理理论论述了企业绩效评价的动因问题。代理理论是契约理论的核心问题之一，它是由 20 世纪 60 年代末至 70 年代初的一些经济学家从研究企业内部信息不对称与激励问题中得以发展的。该理论认为，由于委托人与代理人的效用函数不同，委托人追求的是自己的财富更大，而代理人追求自己的工资津贴收入、奢侈消费和闲暇时间最大化，这必然导致两者的利益冲突，因而在没有有效的制度安排下代理人的行为很可能最终损害委托人的利益。因此，委托代理理论的中心任务是研究在利益相冲突和信息不对称的环境下，委托人如何设计最优契约激励代理人，探索和讨论委托人是怎样用最少的成本却能够设计出一种契约或机制，从而使得代理人努力地为其更好的工作，最大限度地增加委托人的效用。

委托代理理论是企业绩效评价的核心理论之一。企业绩效评价的动因在于，由于企业所有者与经营者两个角色的分离，资产的所有者将资产委托给经营者去经营管理，形成了委托代理关系，但是所有者需要设计一系列评价指标对企业绩效进行定期或者不定期地考核，以反映和评价企业的绩效，并作为奖惩经营者和完善激励约束机制的依据。

6. 社会共生理论

社会学的共生理论对指导企业绩效评价也具有重要的借鉴作用。"共生"一词的概念源于生物学，是由德国生物学家德贝里（Anton de Bary）于 1879 年提出的，原本是指动植物互相利用对方的特性和自己的特性一同生活相依为命的现象，后来演绎为共生单元之间在一定的共生环境中按某种共生模式形成的关系，包括共生单元、共生模式和共生环境。共生理论和方法在 20 世纪 50 年代以来开始应用于社会学、经济学、管理学、建筑学甚至政治学的领域。"共生理论"认为，共生是自然界、人类社会的普遍现象；共生的本质是协商与合作，协同是自然与人类社会发展的基本动力之一；互惠共生是自然与人类社会共生现象的必然趋势，等等。

对于企业的绩效评价研究来说，共生理论的研究是从社会学视角诠释了企业价值的创造和可持续发展，离不开它与社会与环境之间的相互影响。也就是说，企业、社会和环境是一个共生体，共生单元之间是相互作用、相互制衡的，并促进企业、社会和环境这个共生系统协同发展。因此，作为评价企业经营管理活动的综合绩效体系来说，必须考虑企业对社会与环境的影响。

2.4.4　绩效评价的研究领域

纵观企业绩效评价的大量研究成果可以发现，目前的研究主要集中在绩效评价指标的选取、绩效评价体系和绩效评价的构建过程三个方面。

1. 企业绩效评价指标的选取

组织的绩效可以用以下四类指标进行综合判断：

（1）效益型指标。效益型指标用以判断组织的最直接产出成果的价值，即组织向其业主的交付物（dehverables）满足业主要求的程度。所谓交付物是指任何可衡量的、有形的、可证实的产出、结果或项目。每一个组织均有其业主，他们是组织成果的使用者和所有者。

效益型指标是判断组织在多大程度上做了正确的事。要量化效益型指标，关键在于能够明确定义组织任务的根本目的，当目的能够明确定义时，根据该定义中的关键词，我们将能够得出该类指标的量化方法。人们常常有一个误解，即硬性任务（如销售）的绩效标准较易量化，而软性任务的绩效标准则难以、甚至不可能量化。事实上，困难不在于如何量化，而在于如何定义任务的目的，即定义交付物的目的。在此过程中，尤其要避免将为得到交付物而采取的过程或任务活动的工作量等误认为交付物本身。有人认为

"评估"就意味着数学形式，其实并非如此。只要能够得到有关组织结果指标的数据，帮助组织的利益相关者认清情况，该指标就是有用的。

（2）效率型指标。效率型指标是指组织为获得其效益所付出的成本，也即业主为获得满足而付出的直接代价与组织所产出的价值之间的比例。对组织的利益相关者来说，投入和产出是不可分割的。业主要获得组织的成果、使其要求得到满足，只能是在合理的投入范畴之内；对组织的成员来说也同样如此。尽管这种合理范畴的大小因人而异，但为此付出的代价却一定是有其承受限度的。效率型指标是为了判断组织以什么代价将该做的事做对了。相对其他类型的绩效指标，效率型指标是比较容易量化的，要注意的是在该类指标的量化过程中，关键在于定义清楚利益相关者为获得各自的满足而付出的直接代价。

（3）递延型指标。组织可以是动态的、临时的，它们会在将交付物提交后结束或在此之前由于效率等原因被迫终止。然而，这种动态的组织对组织业主的影响却可能是长远的，对组织成员的影响也可能是长远的。组织的交付物对业主、发起人/投资者的作用生命期越长、组织工作对组织成员的正面的、有益的影响越久，组织越成功。简单来说，递延型指标是指该组织的交付物及组织运作对业主、发起人/投资者未来影响的程度及对组织成员未来发展的影响程度。这是一种面向未来的指标，量化的出发点是要定义清楚什么会对组织利益相关者的发展产生影响。

递延型指标是一种个性化指标，它可以不包含在组织的绩效协议中，但每个组织的利益相关者都可以从这种指标中判断出组织对其真正价值，从而可以为未来决策提供参考依据。效益型指标判断组织的交付物对业主的直接价值，而递延型指标则用以判断这种组织运作的结果或过程对于各个组织的利益相关者未来的价值。

（4）风险型指标。由于组织承担的是创造性工作，能否取得成功充满着不确定性。风险是组织的影子，每个组织都存在风险因子，即在组织运行及组织交付物中存在着"做好了不一定给组织带来益处、但做差了则会给组织带来损失"的因素。所谓风险型指标是指判断这些风险因子的数量和对组织成员及组织交付物的危害程度的指标。可以看出，这是一种惩罚性指标，这种指标的分值越大，组织越容易受到惩罚。

尽管组织的绩效契约是结果导向的，在以上四类指标中，对效益型、效率型、递延型指标的评价均为事后评价，即根据组织在一个考评周期内的结果与基准值进行比较来评价。风险型指标则不然，它是一种运作过程判断指标，也即对绩效契约中所规定的"达到目标的原则、方针和行为的限度"等遵循程度的评价。组织的风险识别、风险分析的目的是采取风险对应措施，提高组织实现目标的可靠程度。由于该指标的存在，具体体现了组织的绩效契约实质上是一个仿契约。该类指标的量化过程实际上是一个风险识别和风险分析过程。

关于评价指标的选取，理论界和实践界经过艰苦的探索和激烈的争论已逐步达成共识：业绩效评价指标选取的演进方向是从单一财务指标向包含非财务指标的综合指标发展、从单一指标向多维指标的方向发展。但是企业绩效评价是一项复杂的系统工程，简单的指标组合并不能正确反映企业的绩效水平，必须采用合理的体系构架。长期以来，各国学者从不同的研究角度建立了不同的企业绩效评价体系的框架模型，著名的有"SinkamdTuule"模型、绩效改进度量方法模型、"评价指标家族"模型、"平衡计分卡"模型等。各种评价体系尽管分类不同，但本质上没有太大差别，其共同特点是尽可能体现评价的完整性和有效性。

2. 企业绩效评价和绩效评价体系的构建原则

除了评价指标的选取之外，绩效评价体系和绩效评价的构建过程也是保障评价体系合理性的关键之一，许多学者从这个角度对企业绩效评价做了研究，如：博姆（Boume）认为，建立和实施一个完整的绩效评价体系应分以下四个步骤：绩效评价指标设计（包括判断关键目标和设计评价指标）、评价指标的选取（分为初选、校对、分类/分析和分配四个步骤）、评价体系的应用（评价、反馈和采取纠偏行动）和战略假设的验证（反馈）。

（1）指标的设计原则。

在识别了系统的影响动因之后，就应该选择适当的量化方法将其转换为可以衡量的指标。指标设计和量化的工作应该遵循以下原则：

①与企业战略相一致：绩效评价本质上是战略实现方法，因此它必须考虑能否使得评价客体做出与企业战略相符的决策。

②数据的可靠性：指标的设计应该能够保证误差和噪声最小，只随定义的概念作用范围的改变才改变，并且在一个持续的时期内可以计量。

③数据收集的经济性：当按照一定的周期进行量化时，数据收集需要的成本不应该大于它带来的收益。

④指标的有效性：量化指标是否有效地量化了管理者所期望的概念，而不是其他的概念。

⑤指标的平衡性：将所有指标作为一组来考虑时，是否在几个重要的维度上达到平衡。包括长期与短期目标，财务指标与非财务指标以及利益相关者之间的平衡。

（2）指标设计的数据基础。

评价指标的定量分析需要大量的历史数据，数据按照来源可以分为两类：内部数据和外部数据。内部数据主要包括量化目标、会计数据和根据历史数据资料整理的统计数据；外部数据则包括行业数据、竞争对手和顾客的数据。当然这些数据之间可能存在交叉部分，如顾客数据中可能是内部统计数据。数据的收集工作是指标量化过程的关键一步，它的准确性和经济性将直接影响到所选指标的质量。

（3）指标设计流程。

遵循着上面指标设计原则，量化流程由多个子过程组成，每个子过程负责完成不同的任务。当数据不能满足相应的需求时，流程就会重新开始，重新选择数据来源或者数据量化方法，从而保证指标的设计完全满足设计原则。最后的无量纲处理和赋权也是评价指标体系构建过程的重要环节。在绩效评价指标体系中，各指标的经济意义彼此不同，表现形式也不一样，有的是绝对数指标，有的是相对指标，还有的是平均指标；对评价对象的作用趋向也不一致，有的是越大越好，有的是越小越好，因此各个指标之间不具有可比性，另外各个指标在企业中的重要性也有所不同，所以在对企业综合评价之前需要进行无量纲处理和赋权处理。

（4）设计指标应该注意的问题。

正确处理指标量化中存在的"悖论"。指标量化过程中的"悖论"是指：一方面管理者大力推崇顾客关系、经营效率等非财务指标；另一方面大多数公司却不能建立起一套有效的相关指标体系来支持其战略。尽管大多数管理者高度重视并期望得到这些信息，但却很难提高信息的质量，尤其是对于"非财务领域"的量化指标，人们更加缺乏信心。另外，一方面评价指标存在着重要性与度量的差异，原因是管理者认为某些评价指标重要，但难以定量分析，如企业的制度与企业文化；另一方面评价指标存在着度量与使用的差异，原因是管理者认为某些指标重要，也可以度量，但确难以形成相应的目标并作为决策的基础，如员工满意度指标。

寻找这种悖论的原因时，管理者能够找到的理由往往是"概念过于抽象，难于量化或者转化为相应的目标"，事实上，这表面现象中隐藏着深刻的战略性问题。

第 3 章

数据处理方式

3.1 定性研究与定量研究

3.1.1 概述

在社会科学领域，存在两种基本的研究方法，量的研究与性的研究。这两种方法又被称为定性研究与定量研究，其中定性研究用于构建理论，定量研究则用来检验理论的正确性。

定性研究是一种探索性研究方法，根据社会现象或事物所具有的属性和在运动中的矛盾变化，从事物的内在规定性来研究事物的一种方法或角度。它以普遍承认的公理、一套演绎逻辑和大量的历史事实为分析基础，从事物的矛盾性出发，描述、阐释所研究的事物。进行定性研究，要依据一定的理论与经验，直接抓住事物特征的主要方面，将同质性在数量上的差异暂时略去。定性研究主要是通过焦点小组、深度访谈等方式完成，其最鲜明的特点主要体现在：①对特定问题的研究具有相当的深度；②信息要求真实、生动且详尽，尤其是人们的主观性信息（如偏爱、要求、满意、评价或习惯等）；③可以发现和界定未知或模糊的问题和现象。自 60 年前美国人蒙顿博士和拉扎斯费尔德首次应用"焦点人群座谈会"的研究方法以来，定性研究正呈现快速发展的趋势。

定量研究是研究者事先建立假设并确定具有因果关系的各种变量，然后使用某些检测工具对这些变量进行测量和分析，从而验证研究者预定的假设。定量研究方法的基本理论基础来自于实证主义和科学主义，其目的在于检验、预测和控制。在这种方法中，通过对相关环境变量的影响，考察研究变量间的内在因果关系。定量研究方法的完整定义至少包括以下几个元素或步骤：①建立理论假设；②收集相关数据；③用统计模型检验自变量与因变量之间的相关性；④得出自变量与因变量是否相关，在多大程度上相关的结论，进而推广其因果关系。可知定量研究方法的本质是用统计模型测试自变量与因变量之间的相关性，从而验证理论假设是否正确并推论事物间的因果关系。在定量研究中，信息都是用某种数字来表示的。在对这些数字进行处理、分析时，首先要明确这些信息资料是依据何种尺度进行测定、加工的，史蒂文斯（S. S. Stevens）将尺度分为四种类型，即名义尺度、顺序尺度、间距尺度和比例尺度。

3.1.2　定性研究与定量研究的区别

定性研究（qualitative research）和定量研究（quantitative research）的根本性区别有以下三点：

第一，两种方法所依赖的哲学体系（philosophy of reality）有所不同。作为定量研究，其对象是客观的、独立于研究者之外的某种客观存在物；而作为定性研究，其研究对象与研究者之间的关系十分密切，研究对象被研究者赋予主观色彩，成为研究过程的有机组成部分。定量研究者认为，其研究对象可以像解剖麻雀一样被分成几个部分，通过这些组成部分的观察可以获得整体的认识。而定性研究者则认为，研究对象是不可分的有机整体，因而他们检视的是全部和整个过程。

第二，两种研究方法在对人本身的认识上有所差异。量化研究者认为，所有人基本上都是相似的；而定性研究者则强调人的个性和人与人之间的差异，进而认为很难将人类简单地划归为几个类别。

第三，定量研究者的目的在于发现人类行为的一般规律，并对各种环境中的事物做出带有普遍性的解释；与此相反，定性研究则试图对特定情况或事物做特别的解释。换言之，定量研究致力于拓展广度，而定性研究则试图发掘深度。

3.2　德尔菲法

1. 概述

德尔菲法（Delphi method），是采用背对背的通信方式征询专家小组成员的预测意见，经过几轮征询，使专家小组的预测意见趋于集中，最后做出符合市场未来发展趋势的预测结论。德尔菲法又名专家意见法或专家函询调查法，是依据系统的程序，采用匿名发表意见的方式，即团队成员之间不得互相讨论，不发生横向联系，只能与调查人员发生关系，以反复的填写问卷，以集结问卷填写人的共识及搜集各方意见，可用来构造团队沟通流程，应对复杂任务难题的管理技术。

德尔菲法是在20世纪40年代由赫尔默（Helmer）和戈登（Gcrdon）首创，1946年，美国兰德公司为避免集体讨论存在的屈从于权威或盲目服从多数的缺陷，首次用这种方法用来进行定性预测，后来该方法被迅速广泛采用。20世纪中期，当美国政府执意发动朝鲜战争的时候，兰德公司又提交了一份预测报告，预告这场战争必败。政府完全没有采纳，结果一败涂地。从此，德尔菲法得到广泛认可。

德尔菲是古希腊地名。相传太阳神阿波罗（Apollo）在德尔菲杀死了一条巨蟒，成了德尔菲主人。在德尔菲有座阿波罗神殿，是一个预卜未来的神谕之地，于是人们就借用此名，作为这种方法的名字。

2. 基本特点

德尔菲法本质上是一种反馈匿名函询法。其大致流程是：在对所要预测的问题征得专家的意见之后，进行整理、归纳、统计，再匿名反馈给各专家，再次征求意见，再集中，再反馈，直至得到一致的意见。其过程可简单表示如下：

匿名征求专家意见—归纳、统计—匿名反馈—归纳、统计……若干轮后停止。

由此可见，德尔菲法是一种利用函询形式进行的集体匿名思想交流过程。它有三个明显区别于其他专家预测方法的特点，即匿名性、多次反馈、小组的统计回答。

（1）匿名性。

因为采用这种方法时所有专家组成员不直接见面，只是通过函件交流，这样就可以消除权威的影响。这是该方法的主要特征。匿名是德尔菲法的极其重要的特点，从事预测的专家彼此互不知道其他有哪些人参加预测，他们是在完全匿名的情况下交流思想的。后来改进的德尔菲法允许专家开会进行专题讨论。

（2）反馈性。

该方法需要经过 3 ~ 4 轮的信息反馈，在每次反馈中使调查组和专家组都可以进行深入研究，使得最终结果基本能够反映专家的基本想法和对信息的认识，所以结果较为客观、可信。小组成员的交流是通过回答组织者的问题来实现的，一般要经过若干轮反馈才能完成预测。

（3）统计性。

最典型的小组预测结果是反映多数人的观点，少数派的观点至多概括地提及一下，但是这并没有表示出小组的不同意见的状况。而统计回答却不是这样，它报告 1 个中位数和 2 个四分点，其中一半落在 2 个四分点之内，一半落在 2 个四分点之外。这样，每种观点都包括在这样的统计中，避免了专家会议法只反映多数人观点的缺点。

3. 工作流程

在德尔菲法的实施过程中，始终有两个方面的人在活动，一是预测的组织者；二是被选出来的专家。首先应注意的是德尔菲法中的调查表与通常的调查表有所不同，它除了有通常调查表向被调查者提出问题并要求回答的内容外，还兼有向被调查者提供信息的责任，它是专家们交流思想的工具。德尔菲法的工作流程大致可以分为四个步骤，在每一步中，组织者与专家都有各自不同的任务。

（1）开放式的首轮调研。

①由组织者发给专家的第一轮调查表是开放式的，不带任何框框，只提出预测问题，请专家围绕预测问题提出预测事件。因为，如果限制太多，会漏掉一些重要事件。

②组织者汇总整理专家调查表，归并同类事件，排除次要事件，用准确术语提出一个预测事件一览表，并作为第二步的调查表发给专家。

（2）评价式的第二轮调研。

①专家对第二步调查表所列的每个事件作出评价。例如，说明事件发生的时间、争论问题和事件或迟或早发生的理由。

②组织者统计处理第二步专家意见，整理出第三张调查表。第三张调查表包括事件、事件发生的中位数和上下四分点，以及事件发生时间在四分点外侧的理由。

（3）重审式的第三轮调研。

①发放第三张调查表，请专家重审争论。

②对上下四分点外的对立意见做一个评价。

③给出自己新的评价（尤其是在上下四分点外的专家，应重述自己的理由）。

④如果修正自己的观点，也应叙述改变理由。

⑤组织者回收专家们的新评论和新争论，与第二步类似地统计中位数和上下四分点。

⑥总结专家观点，形成第四张调查表。其重点在争论双方的意见。

（4）复核式的第四轮调研。

①发放第四张调查表，专家再次评价和权衡，作出新的预测。是否要求作出新的论证与评价，取决于组织者的要求。

②回收第四张调查表，计算每个事件的中位数和上下四分点，归纳总结各种意见的理由以及争论点。

值得注意的是，并不是所有被预测的事件都要经过四步。有的事件可能在第二步就达到统一，而不必在第三步中出现；有的事件可能在第四步结束后，专家对各事件的预测也不一定都是达到统一。不统一也可以用中位数与上下四分点来做结论。事实上，总会有许多事件的预测结果是不统一。

4. 特征

（1）吸收专家参与预测，充分利用专家的经验和学识；

（2）采用匿名或背靠背的方式，能使每一位专家独立自由地作出自己的判断；

（3）预测过程几轮反馈，使专家的意见逐渐趋同。

（4）资源利用的充分性。由于吸收不同的专家与预测，充分利用了专家的经验和学识；最终结论的可靠性。由于采用匿名或背靠背的方式，能使每一位专家独立地做出自己的判断，不会受到其他繁杂因素的影响；最终结论的统一性。预测过程必须经过几轮的反馈，使专家的意见逐渐趋同。

正是由于德尔菲法具有以上这些特点，使它在诸多判断预测或决策手段中脱颖而出，成为一种最为有效的判断预测法。

这种方法的优点主要是简便易行，具有一定科学性和实用性，可以避免会议讨论时产生的害怕权威随声附和，或固执己见，或因顾虑情面不愿与他人意见冲突等弊病；同时也可以使大家发表的意见较快收集，参加者也易接受结论，具有一定程度综合意见的客观性。

3.3 层次分析法

1. 层次分析法简述

层次分析法是美国匹茨堡大学教授萨蒂提出的一种层次权重决策分析方法。该方法将决策问题按"总目标"、"分目标"、"评价准则"等顺序分解为不同的层次结构，然后建立判断矩阵，求解其特征向量，得出每个元素对上一层次某元素的优先权重，最后再用加权和的方法得出备择方案对总目标的最终权重，最终权重最大者即为最优方案。这里的优先权重是一种相对量度，它表明备择方案在某一特点的评价准则或子目标，标下优越程度的相对量度，以及各子目标对上一层目标重要程度的相对量度。层次分析较适合于复杂的、具有层次性的评价指标系统，其用法是构造判断矩阵，求出其最大特征值及其特征向量，归一化后，即为某一层次指标对于上一层次某相关指标的相对重要性权值。

2. 层次分析法操作过程

层次分析法有以下几个重要环节：

（1）建立递阶层次结构模型。应用层次分析法的核心是，以递阶层次的结构模型的方式，条理化、层次化问题，即把复杂的问题分解成由诸多元素组成的、有隶属关系的不同层级。

在递阶层次结构中，最高层的元素表示决策者在分析过程中想要达到的最终目标，称之为目标层；中间层用来衡量能否实现该目标的判断准则或指标，称之为准则层；最底层表示在这些准则下所要解决问题的各种方案与措施，称之为方案层。这里，同一层的诸元素从属于上一层的元素或对上一层的元素有影响，同时，又支配下一层的元素或受到下一层元素的作用。

（2）构造出各层次中的所存判断矩阵。建立递阶层次结构模型之后，为了得到每一层元素相对于上一层的重要程度，需要对该元素进行两两比较，从而构造出判断矩阵。构造的方法是：首先将重要程度进行标度，一般采用 1~5（或 1~9）比较尺度法。

其次对同受上一层元素支配的下层所有元素（设为 n 个元素）进行两两比较，按照：重要性的高低得到不同的标度值 a_{ij}。

最后，将这些标度值组合形成判断矩阵 $A = (a_{ij})_{n \times n}$。该判断矩阵满足 $a_{ij} > 0$，$a_{ij} = 1$（当 $i = j$ 时），$a_{ij} = 1/a_{ji}$（当 $i \neq j$ 时）。最后需要指出，一般作 $n(n-1)/2$ 次两两判断是必要的。有人认为"把所有元素都和某个元素比较，即只做（$n-1$）次比较就可以了"。

这种做法的弊端在于，任何一个判断的失误均可导致不合理的排序，而个别判断的失误对于难以定量的系统往往是难以避免的。进行 $n(n-1)/2$ 次比较可以提供更多的信息，通过各种不同角度的反复比较，从而得出一个合理的排序。

（3）层次单排序权及一致性检验。判断矩阵的构造让决策者的判断变得更为理性、科学，同时也简化了问题的分析过程，使得复杂的社会、经济及管理领域的问题的定最分析成为可能。然而，这很容易出现一个问题，即专家在判断各个指标相对重要性的过程中，很容易出现出现思维的不一致。通常，不一致的存在非常普遍，这与问题的复杂性、专家知识的全面性及思维的多样性都有关联。因此，为了得到更加合理、准确的判断结果，有必要对判断矩阵进行一致性检验。

这通常采取判断矩阵最大特征根的形式。在计算过程中，可以首先进行层次的单排序，然后计算一致性指标值来检验该排序是否合理。层次单排序即是计算某一层元素相对于上一层某一元素的相对重要性权值的过程。一般采用和法计算该权重，以分目标层对总目标层（A – Bi）权重确定为例，其步骤如下：

①将比较矩阵 A 按列归一化，即

$$b_{ij} = \frac{a_{ij}}{\sum_{i=1}^{n} a_{ij}} \tag{1}$$

得矩阵 B。

②将矩阵 B 按行求和得到矩阵 V。

③把矩阵 V 归一化得矩阵 W，即为 A 的特征向量。

$$根据 \quad \lambda_{max} = \sum_{i=1}^{n} \frac{(AW)_i}{n \cdot W_i} \tag{2}$$

求得 A 的最大特征根 λ_{max}。式中（AW）$_i$ 表示 AW 的第 i 个元素。

④一致性检验：计算一致性指标

$$CI = \frac{\lambda_{max} - n}{n - 1} \tag{3}$$

计算一致性比例 $\quad CR = \dfrac{CI}{RI}$（RI 可以通过查表获得）$\tag{4}$

当 CR < 0.1 时，判断矩阵有满意的一致性，否则需要重新调整判断矩阵，使之具有满意的一致性。

对于 1~9 阶矩阵，平均随机一致性指标 RI 为：

矩阵阶数	1	2	3	4	5	6	7	8	9
RI	0.00	0.00	0.58	0.90	1.12	1.24	1.32	1.41	1.45

（4）层次总排序权重确定。上面得到的是分目标层对总目标的权重向量，最终要得到最低层中各方案（对象层）对于总目标层的排序权重，从而进行整体评估和方案选择，因此需要分别计算各低级层次测评指标对上一级层次测评指标的权重向量，通过一致性检验后将权重自上而下地进行合成。

3.4　模糊综合评价法

1. 简介

模糊综合评价法（fuzzy comprehensive evaluation method）是模糊数学中最基本的数学方法之一，该方法是以隶属度来描述模糊界限的。

由于评价因素的复杂性、评价对象的层次性、评价标准中存在的模糊性以及评价影响因素的模糊性或不确定性、定性指标难以定量化等一系列问题，使得人们难以用绝对的"非此即彼"来准确地描述客观现实，经常存在着"亦此亦彼"的模糊现象，其描述也多用自然语言来表达，而自然语言最大的特点是它的模糊性，而这种模糊性很难用经典数学模型加以统一量度。因此，建立在模糊集合基础上的模糊综合评判方法，从多个指标对被评价事物隶属等级状况进行综合性评判，它把被评判事物的变化区间做出划分，一方面可以顾及对象的层次性，使得评价标准、影响因素的模糊性得以体现；另一方面在评价中又可以充分发挥人的经验，使评价结果更客观，符合实际情况。模糊综合评判可以做到定性和定量因素相结合，扩大信息量，使评价数度得以提高，评价结论可信。

模糊评价法奠基于模糊数学。模糊数学诞生于 1965 年，其创始人是美国自动控制专家扎德赫（L. A. Zadeh）。20 世纪 80 年代后期，日本将模糊技术应用于机器人、过程控制、地铁机车、交通管理、故障诊断、医疗诊断、声音识别、图像处理、市场预测等众多领域。模糊理论及模糊法在日本的应用和巨大的市场前景，给西方企业界很大震动，在学术界也得到了普遍的认同。国内对于模糊数学及模糊综合评价法的研究起步相对较晚，但在近些年各领域（如医学、建筑业、环境质量监督、水利等）的应用也已初显成效。

2. 相关术语

为了便于描述，依据模糊数学的基本概念，对模糊综合评价法中的有关术语定义如下：

（1）评价因素（F）：系指对招标项目评议的具体内容（例如，价格、各种指标、参数、规范、性能、状况等）。

为便于权重分配和评议，可以按评价因素的属性将评价因素分成若干类（例如，商务、技术、价格、伴随服务等），把每一类都视为单一评价因素，并称之为第一级评价因素（F1）。第一级评价因素可以设置下属的第二级评价因素（例如，第一级评价因素"商务"可以有下属的第二级评价因素：交货期、付款条件和付款方式等）。第二级评价因素可以设置下属的第三级评价因素（F3）。以此类推。

（2）评价因素值（Fv）：系指评价因素的具体值。例如，某投标人的某技术参数为120，那么，该投标人的该评价因素值为120。

（3）评价值（E）：系指评价因素的优劣程度。评价因素最优的评价值为1（采用百分制时为100分）；欠优的评价因素，依据欠优的程度，其评价值大于或等于零、小于或等于1（采用百分制时为100分），即 $0 \leqslant E \leqslant 1$（采用百分制时 $0 \leqslant E \leqslant 100$）。

（4）平均评价值（Ep）：系指评标委员会成员对某评价因素评价的平均值。

平均评价值（Ep）= 全体评标委员会成员的评价值之和÷评委数

（5）权重（W）：系指评价因素的地位和重要程度。

第一级评价因素的权重之和为1；每一个评价因素的下一级评价因素的权重之和为1。

（6）加权平均评价值（Epw）：系指加权后的平均评价值。

加权平均评价值（Epw）= 平均评价值（Ep）× 权重（W）。

（7）综合评价值（Ez）：系指同一级评价因素的加权平均评价值（Epw）之和。综合评价值也是对应的上一级评价。

3. 具体步骤

（1）模糊综合评价指标的构建。

模糊综合评价指标体系是进行综合评价的基础，评价指标的选取是否适宜，将直接影响综合评价的准确性。进行评价指标的构建应广泛涉猎与该评价指标系统行业资料或者相关的法律法规。

（2）采用构建好权重向量。

通过专家经验法或者 AHP 层次分析法构建好权重向量。

（3）构建评价矩阵。

建立适合的隶属函数从而构建好评价矩阵。

（4）评价矩阵和权重的合成。

采用适合的合成因子对其进行合成，并对结果向量进行解释。

3.5　多元回归分析

1. 概述

在市场的经济活动中，经常会遇到某一市场现象的发展和变化取决于几个影响因素的情况，也就是一个因变量和几个自变量有依存关系的情况。而且有时几个影响因素主次难以区分，或者有的因素虽属次要，但也不能略去其作用。例如，某一商品的销售量既与人口的增长变化有关，也与商品价格变化有关。这时采用一元回归分析预测法进行预测是难以奏效的，需要采用多元回归分析预测法。

多元回归分析预测法，是指通过对两个或两个以上的自变量与一个因变量的相关分析，建立预测模型进行预测的方法。当自变量与因变量之间存在线性关系时，称为多元线性回归分析。多元回归分析是研究多个变量之间关系的回归分析方法，按因变量和自变量的数量对应关系可划分为一个因变量对多个自变量的回归分析（简称"一对多"回归分析）及多个因变量对多个自变量的回归分析（简称"多对多"回归分析），按回归模型类型可划分为线性回归分析和非线性回归分析。

2. 多元线性回归的计算模型

一元线性回归是一个主要影响因素作为自变量来解释因变量的变化，在现实问题研究中，因变量的变化往往受几个重要因素的影响，此时就需要用两个或两个以上的影响因素作为自变量来解释因变量的变化，这就是多元回归亦称多重回归。当多个自变量与因变量之间是线性关系时，所进行的回归分析就是多元线性回归。

设 y 为因变量，x_1，x_2，$\cdots$，x_k 为自变量，并且自变量与因变量之间为线性关系时，则多元线性回归模型为：

$$y = b_0 + b_1 x_1 + b_2 x_2 + \cdots + b_k x_k + e$$

其中，b_0 为常数项，b_1，b_2，$\cdots b_k$ 为回归系数，b_1 为 x_2，x_3，$\cdots$，x_k 固定时，x_1 每增加一个单位对 y 的效应，即 x_1 对 y 的偏回归系数；同理 b_2 为 x_1，x_k 固定时，x_2 每增加一个单位对 y 的效应，即，x_2 对 y 的偏回归系数，等等。如果两个自变量 x_1，x_2 同一个因变量 y 呈线相关时，可用二元线性回归模型描述为：

$$y = b_0 + b_1 x_1 + b_2 x_2 + e$$

3.6 主成分分析法

主成分分析也称主分量分析，旨在利用降维的思想，把多指标转化为少数几个综合指标。

在统计学中，主成分分析（principal components analysis，PCA）是一种简化数据集的技术。它是一个线性变换。这个变换把数据变换到一个新的坐标系统中，使得任何数据投影的第一大方差在第一个坐标（称为第一主成分）上，第二大方差在第二个坐标（第二主成分）上，依次类推。主成分分析经常用减少数据集的维数，同时保持数据集的对方差贡献最大的特征。这是通过保留低阶主成分，忽略高阶主成分做到的。这样低阶成分往往能够保留住数据的最重要方面。但是，这也不是一定的，要视具体应用而定。

1. 基本思想

在实证问题研究中，为了全面、系统地分析问题，我们必须考虑众多影响因素。这些涉及的因素一般称为指标，在多元统计分析中也称为变量。因为每个变量都在不同程度上反映了所研究问题的某些信息，并且指标之间彼此有一定的相关性，因而所得的统计数据反映的信息在一定程度上有重叠。在用统计方法研究多变量问题时，变量太多会增加计算量和增加分析问题的复杂性，人们希望在进行定量分析的过程中，涉及的变量较少，得到的信息量较多。主成分分析正是适应这一要求产生的，是解决这类题的理想工具。

同样，在科普效果评估的过程中也存在着这样的问题。科普效果是很难具体量化的。在实际评估工作中，我们常常会选用几个有代表性的综合指标，采用打分的方法来进行评估，故综合指标的选取是重点和难点。如上所述，主成分分析法正是解决这一问题的理想工具。因为评估所涉及的众多变量之间既然有一定的相关性，就必然存在着起支配作用的因素。根据这一点，通过对原始变量相关矩阵内部结构的关系研究，找出影响科普效果某一要素的几个综合指标，使综合指标为原来变量的线性拟合。这样，综合指标不仅保留了原始变量的主要信息，且彼此间不相关，又比原始变量具有某些更优越的性质，就使我们在研究复杂的科普效果评估问题时，容易抓住主要矛盾。

例如，在对科普产品开发和利用这一要素的评估中，涉及科普创作人数百万人、科普作品发行量百万人、科普产业化（科普示范基地数百万人）等多项指标。经过主成分分析计算，最后确定个或个主成分作为综合评价科普产品利用和开发的综合指标，变量数减少，并达到一定的可信度，就容易进行科普效果的评估。

2. 主成分分析法的基本原理

主成分分析法是一种降维的统计方法，它借助于一个正交变换，将其分量相关的原随机向量转化成其分量不相关的新随机向量，这在代数上表现为将原随机向量的协方差阵变换成对角形矩阵，在几何上表现为将原坐标系变换成新的正交坐标系，使之指向样本点散布最开的 p 个正交方向，然后对多维变量系统进行降维处理，使之能以一个较高的精度转换成低维变量系统，再通过构造适当的价值函数，进一步把低维系统转化成一维系统。

主成分分析的原理是设法将原来变量重新组合成一组新的相互无关的几个综合变量，同时根据实际需要从中可以取出几个较少的变量，主成分分析是设法将原来众多具有一定相关性（比如 P 个指标），重新组合成一组新的互相无关的综合指标来代替原来的指标。通常数学上的处理就是将原来 P 个指标作线性组合，作为新的综合指标。最经典的做法就是用 F1（选取的第一个线性组合，即第一个综合指标）的方差来表达，即 $Va(rF1)$ 越大，表示 F1 包含的信息越多。因此在所有的线性组合中选取的 F1 应该是方差最大的，故称 F1 为第一主成分。如果第一主成分不足以代表原来 P 个指标的信息，再考虑选取 F2 即选第二个线性组合，为了有效地反映原来信息，F1 已有的信息就不需要再出现在 F2 中，用数学语言表达就是要求 $Cov(F1, F2) = 0$，则称 F2 为第二主成分，以此类推可以构造出第三、第四……第 P 个主成分。

3.7 结构方程模型

1. 概述

结构方程模型（structural equation modeling，SEM）是一种融合了因素分析和路径分析的多元统计技术。它的强势在于对多变量间交互关系的定量研究。在近 30 年内，SEM 大量地应用于社会科学及行为科学的领域里，并在近几年开始逐渐应用于市场研究中。

SEM 以研究因果关系为背景，是一种包罗万象的量化和理论检验的工具。在市场研究界可应用于多种研究，如满意度研究、品牌研究、产品研究等。因此对品牌管理具有很好的帮助作用。

从宏观角度出发，SEM 构建的模型有助于对品牌的宏观掌控。这种 SEM 模型一般都比较简洁，着重于宏观的、归纳性的目的，模型结构在较长的时间里不会发生变化。

2. **优点**

（1）同时处理多个因变量。

结构方程分析可同时考虑并处理多个因变量。在回归分析或路径分析中，就算统计结果的图表中展示多个因变量，其实在计算回归系数或路径系数时，仍是对每个因变量逐一计算。所以图表看似对多个因变量同时考虑，但在计算对某一个因变量的影响或关系时，都忽略了其他因变量的存在及其影响。

（2）容许自变量和因变量含测量误差。

态度、行为等变量，往往含有误差，也不能简单地用单一指标测量。结构方程分析容许自变量和因变量均含测量误差。变量也可用多个指标测量。用传统方法计算的潜变量间相关系数，与用结构方程分析计算的潜变量间相关系数，可能相差很大。

（3）同时估计因子结构和因子关系。

假设要了解潜变量之间的相关，每个潜变量者用多个指标或题目测量，一个常用的做法是对每个潜变量先用因子分析计算潜变量（即因子）与题目的关系（即因子负荷），进而得到因子得分，作为潜变量的观测值，然后再计算因子得分，作为潜变量之间的相关系数。这是两个独立的步骤。在结构方程中，这两步同时进行，即因子与题目之间的关系和因子与因子之间的关系同时考虑。

（4）容许更大弹性的测量模型。

传统上，只容许每一题目（指标）从属于单一因子，但结构方程分析容许更加复杂的模型。例如，用英语书写的数学试题，去测量学生的数学能力，则测验得分（指标）既从属于数学因子，也从属于英语因子（因为得分也反映英语能力）。传统因子分析难以处理一个指标从属多个因子或者考虑高阶因子等有比较复杂的从属关系的模型。

（5）估计整个模型的拟合程度。

在传统路径分析中，我们只估计每一路径（变量间关系）的强弱。在结构方程分析中，除了上述参数的估计外，还可以计算不同模型对同一个样本数据的整体拟合程度，从而判断哪一个模型更接近数据所呈现的关系。

3. 与其他数据处理方式的对比

（1）线性相关分析：线性相关分析指出两个随机变量之间的统计联系。两个变量地位平等，没有因变量和自变量之分。因此相关系数不能反映单指标与总体之间的因果关系。

（2）线性回归分析：线性回归是比线性相关更复杂的方法，它在模型中定义了因变量和自变量。但它只能提供变量间的直接效应而不能显示可能存在的间接效应。而且会因为共线性的原因，导致出现单项指标与总体出现负相关等无法解释的数据分析结果。

（3）结构方程模型分析：结构方程模型是一种建立、估计和检验因果关系模型的方法。模型中既包含有可观测的显在变量，也可能包含无法直接观测的潜在变量。结构方程模型可以替代多重回归、通径分析、因子分析、协方差分析等方法，清晰分析单项指标对总体的作用和单项指标间的相互关系。

简单而言，与传统的回归分析不同，结构方程分析能同时处理多个因变量，并可比较及评价不同的理论模型。与传统的探索性因子分析不同，在结构方程模型中，可以提出一个特定的因子结构，并检验它是否吻合数据。通过结构方程多组分析，可以了解不同组别内各变量的关系是否保持不变，各因子的均值是否有显著差异。

目前，已经有多种软件可以处理 SEM，包括 LISREL、AMOS、EQS 和 Mplus 等。

第4章

文 献 综 述

"不能衡量就不能管理"一方面表明了绩效管理的重要性，同时也是知识管理必不可少的必备环节。企业的知识管理绩效管理应当是以知识管理的实施为手段，以培养企业的核心能力为导向，以企业的价值创造/增加为目标，通过运用知识管理的有效管理方法、技术、机制，有效提升企业的竞争力。已有的研究工作表明，知识管理能够有效地提高企业的绩效（Cohen&Levinthal，1990；DavenPort&Prusak，1998；Nonaka&Takeuehi，1995）。知识管理绩效评价是指运用一定的技术方法，根据组织知识管理系统的特性和运行机理及影响组织知识管理绩效的因素建立的评价模型，依据一定的评价标准，按照一定的程序，通过定性与定量对比分析，对组织的知识管理系统是否实现了知识获取、转移、共享、创新及利用，从而使知识增值，做出客观、标准的综合评判，以提高组织的核心竞争力。知识管理绩效评价是一项复杂的系统工程。一方面，此评价工作具备了系统的基本特性，即功能性、结构性、关系性、反馈性及环境适应性；另一方面，系统理论可以帮助我们全面认识组织知识管理绩效评价，可以采用系统分析方法建立对特定组织知识管理绩效评价的描述。而知识管理系统的功能之一，就是系统具有一定的环境适应能力，包括从环境获取信息的感知能力，对环境信息的分析、判断、决策能力，对决策的执行能力，对自身行为效果与行为目标的比较能力，对差异的反馈能力等。

知识管理绩效主要取决于系统各要素在相互作用下对组织知识管理系统功能的实现能力。其中基本知识价值活动（知识获取、整合转移、共享能力、创新和利用）的能力更为重要，是知识管理系统的核心所在。一个知识管理系统可能拥有较多的知识资源投入，但这并不意味着该组织将会成为高效的知识管理系统。知识管理系统的绩效可能是长期保持，也可能是变动的。知识管理系统可以通过疏通人和知识的流动渠道，使系统的资源得到合理配置，保持或提高系统的运行绩效。人是知识管理的最终实现者，是知识管理系统中最重要的要素，应给予足够的重视。

本章通过国内外知识管理及其绩效评价相关文献整理，比较系统地进行文献综评，以反映知识管理绩效评价研究的问题及趋势。

4.1　知识管理文献综述

4.1.1　知识管理能力

只有正确有效地运用知识才能提升企业的竞争优势。知识管理效果取决于知识管理能力。所谓知识管理能力是指通过融合各种资源和企业知识管理活动创造和运用知识实现企业竞争优势的能力。以往对知识管理能力的研究包含两方面：

1. 基于资源的知识管理能力

该观点认为知识管理能力来源于各种各样的资源：拥有不同资源的企业的知识管理能力不同。起先，研究者认为企业资源是指土地、建筑物及各种设备等有形资产，后来的研究提出诸如组织结构、组织文化等无形资产是导致企业与其他企业区别的关键因素，也是使得企业获得长期竞争优势的重要因素，企业资源应包括组织结构、组织文化等无形资产。相关研究提出影响企业知识管理能力的因素包括如下：

（1）技术。技术是指有助于企业进行内部联系和有效利用信息的基本信息技术系统，包括组织内外的数据库和网络系统的硬件和软件两方面（Gold，2001）。技术能力通过两种途径影响知识管理效果。第一，适当的技术有助于提高知识管理绩效。第二，技术有助于实现能够提升知识管理效果的扁平化组织结构。

（2）组织结构。组织结构是指企业内部正式和非正式的命令结构。包括激励制度、工作设计、管理支持政策和规则、监管和程序等可能影响知识管理过程和组织领导关系的因素。有利于提升知识管理能力的结构应当是组织层级最小化和促进知识获取的结构。反映知识管理能力的潜在指标包括知识获取、知识分享和采集的能力（Peachey，2006）。

（3）组织文化。组织文化是指影响知识管理效果的组织氛围。包括知识分享、知识合作、知识产生等方面的文化。恰当的组织文化是有效知识管理的先决条件。若组织文化不利于变革，再好的知识管理方案也将归于失败。有利于知识管理的潜在文化指标包括众所周知的组织宗旨、认同、态度、合作及创新等（Peachey，2006）。

（4）人员。主要指人际关系。在清晰各自职责的基础上进行的良性互动对知识管理的有效性也有重要影响（Somnuk，2010）。知识管理应确保恰当的知识被需要的人获得，尤其是内含于个人的隐性知识的传递和接受。

2. 基于知识的知识管理能力

该观点强调无形资产（如知识、专长等）的重要性，知识管理过程及对两类不同知识（隐性知识和显性知识）的管理等。认为内含于人员本身的知识可以通过知识创造、知识开发、知识转化和知识运用等知识管理过程发展成企业的知识，可以通过提高知识管理效果实现企业绩效。影响知识管理能力的知识因素包含如下：

（1）专长。指源于经验、实践和合作而形成的能够以恰当的方式承担某事的能力。任何掌握专长或竞争力的人员都是组织的知识专家，对组织的知识发展非常重要。在企业知识转化或知识分享中举足轻重。具有某种知识优势的专家对外界知识比较敏感，从而提升其自身的隐性知识，同时也可能提高其将隐性知识转化为显性知识的能力（Freeze，2006）。有利于知识管理能力的专长指标包括搜寻知识的能力、使用信息技术和语言的技能、建立知识网络的能力、分享和转化知识的能力以及开发创新的动力等。

（2）学习能力。学习能力是指个人在各种环境下工作时获取知识的能力。课程学习是知识管理常用的方式，充分利用课程学习可以提高学习效果并有助于知识产生、知识创新和知识转化（Freeze，2006）。利用知识网络有利于各种课程学习获取企业内外部知识。有利于知识管理能力的学习指标包括通过课程、实践、经验和工作过程进行学习的能力。

（3）信息能力。信息能力是指充分利用来自于经验、收集和整理各种数据库的信息的能力。信息是数据输入过程的产品，信息包括存在于组织中的数据、信息和知识文献。通过分析和拟合过程信息可以得到充分利用，转化成知识（Freeze，2006）。知识包括储存的信息、技能、经验和人员记忆等，因此，数据库非常重要。反映知识管理能力的信息能力指标包括评价和扫描信息价值的现代化程度、可利用程度、多样性和更新能力等。

无论是基于资源的能力视角还是基于知识的能力视角都旨在研究影响企业绩效和知识管理效果的关键组织因素。以上研究为开发衡量知识管理绩效指标体系提供了思路。

4.1.2 知识管理过程

知识是企业建构竞争优势的重要资源，有效的知识管理和知识运用对企业十分必要。要想实现知识管理效果就需对知识管理过程有所理解。知识管理过程基本可以分成以下四个方面：

（1）知识产生。知识产生是知识管理过程第一步，强调企业中个人知识能力的重要性。那些具有某种专长的专家对知识产生比较敏感，并且知识产生对组织非常有利，因此，可以通过制定宗旨、战略和知识需求方向即知识识别来确保获取的知识有用并与组织需求相关。获取和收集的知识既包括来自于内部有关工作实践、报告和各种知识文件的内部知识，也包括来自于外部的环境数据、顾客数据、竞争者数据及其他外部知识。有效的数据库将有利于提高知识产生能力（Freeze，2006）。对知识产生能够提供支持的组织资源包括信息技术、组织结构、领导风格及当前组织文化等。此外，充分利用课程学习也有助于提升知识产生和知识吸收的效果（Peachey，2006）。

（2）知识储存。创造的知识需要进行系统分类和有效储存以便检索和传播。经过整理的知识储存对企业更有价值。由于储存的知识既包括内含于个体的隐性知识，也包括来自于不同媒介的显性知识，就需要专门的知识专家帮助进行知识储存以便知识检索和运用。个人的学习能力及通过课程学习或过去经验进行学习的能力将会影响企业知识储存和检索的方式方法。企业成员应知道并会使用企业现有的数据库。企业现有的设备和系统决定数据库的丰富性和检索的便捷性。强调知识的重要性和知识产生及实践运用的组织文化有助于提高知识储存的效果（Peachey，2006）。激励运用储存的知识进行实际运用的组织结构也会提高储存的效果。

（3）知识分享和创造。知识创造是指因个体拥有的动机、直觉、专长及思想而产生的新知识。是隐性知识和显性知识的相互作用，尤其是那些具备某种专长或竞争力的人员可将其拥有的有价值的隐性知识转化为显性知识，也可以从企业内外部数据库整合显性知识。可以通过鼓励知识分享的活动（如实践、经验、培训、论坛、会议及团队合作等）进行知识创造。此外，充分有效的信息技术、灵活的组织结构、良好的政策和激励制度、鼓励团队和合作的组织文化等企业资源均会对企业的知识分享和创造产生积极影响（Gold et al.，2001）。

（4）知识运用。知识运用有助于实现知识管理绩效，充分运用知识有利于实现产品创新。影响知识运用的企业因素包括企业的信息技术能力、组织结构和组织文化。提高知识运用的效果要求企业具备能够帮助企业分析解决问题及确定经营方向的充分有效的数据库和信息（Gold et al.，2001）。

总之，知识管理过程包含有利于实现组织目标和战略的知识管理的一系列行为。知识管理过程是一个动态、循环的网络过程，包括知识产生、知识创造、知识储存和知识运用四个过程。技术、组织结构、组织文化等资源能力因素和专长、学习和信息等知识能力因素均可能从质和量上影响知识管理效率和效果。

以上对知识管理过程和知识管理能力进行了讨论。知识管理过程包括知识产生、知识创造、知识储存和知识运用四个过程。影响知识管理能力的因素既包括技术、结构和文化等资源因素，也包括专家能力、学习能力和信息能力等知识因素。

4.2　国外知识管理绩效评价综述

国外知识管理绩效评价研究较为丰富，比较有代表性的如下：

安妮·布鲁金在《智力资本——第三资源的应用与管理》一书中指出，组织的智力资本应从评估组织的市场资产、知识产权资产、基础结构资产及人才资产四个方面开展。

巴鲁克结合新旧标准，把知识资本与账面资本相加，以经营绩效为基础，提出"综合价值"的概念，制定了第一个知识资本记分板，专门用于衡量知识资本投资的经济效益。

埃德文森主持设计的斯堪的亚模型是目前对知识资本最具影响力的模型，该模型从财务状况、顾客满意、流程、知识更新与开发、人力资源管理因素五个方面采用111个指标对知识资本进行了分析与评估，在一定程度上克服了传统的财务报表只注重当期财务结果的弊端，强化了组织对内部运作过程的控制，使得该模型不仅具有反映现实经营成果的功能，而且具有预测发展趋势的功能。

埃德文森在平衡计分卡的基础上，提出了一个导航器模型，它以顾客、财务、更新与发展、人力因素、流程五个方面为重点，建立了较为完善的知识资本理论体系和包含30个指标的指标体系，包括财务性与非财务性的层面，对知识资本进行评估与管理。

美国的安德森在其知识管理评价工具（knowledge management assessment tool，KMAT）中运用领导、文化、评估、技术与学习五个维度来评估企业知识管理的成效。

宋浩于等人基于企业资源观和组织能力理论，从组织、技术以及管理三个方面总结了一些发展知识管理能力的关键因素，组织学习导向、交流、有目的的知识分享、组织结构的灵活性、知识管理系统的质量与功能、高层管理者的支持、知识管理的激励系统、知识管理的团队行为，并考虑不同知识管理阶段的影响，来探讨这些因素与知识管理绩效之间的关系。

在知识评估领域，由唐纳·克柏屈格从项目进行的过程和产生的结果两个方面创建的四个等级知识评估模式是一种非常有影响力的评估方法，即等级1反应：衡量那些参与知识管理方案的人如何反应；等级2学习：衡量那些参与知识管理方案的人在何种程度上改变了自己的信念和增长了知识及技能；等级3行为：用以衡量在何种程度上因参与了学习方案而使行为反过来改变了工作；等级4结果：衡量个人行为变化对组织业务影响的量化指标。

每年一度的 MAKE（most admired knowledge enterprise，最受推崇的知识型企业）评比自 1998 年以来，已被认为是发现"最能适应知识经济挑战企业"的一种国际性标准。该评比考察的八个方面是：①公司在创建适应需要的知识型文化环境方面的努力；②公司高层管理人员对知识管理的支持与认可程度；③公司开发和提供知识型产品或服务的能力；④最大限度发挥公司智力资本价值的努力；⑤公司创建促进知识共享环境的措施能力；⑥公司是否已形成了一种能不断进行持续学习的文化；⑦公司能否管理好客户知识从而提高了客户忠诚度，并最终创造价值；⑧公司通过实施知识管理使股东获益的能力。

毕马威公司从企业的 18 个方面提出了一套企业知识诊断的测试方案：形成业务单位、结构功能准则、创建高效率团队、对知识进行分类、识别知识、寻找知识片断、建立运作过程、强调公司过程、设计战略步骤、定义核心能力、创建团队能力、开发个人能力、鼓励自我发展、强调个人能力、鼓励联合作业、提供深层工作、提供富有挑战性的机会、对增值业绩的奖励等。测试的每个方面都有两个以上问题，每个问题的选择都有"是"和"否"两种，完成后会对应一个分数。通过这个诊断，可以对企业战略、组织及成员等方面所需采取的措施有更清楚地理解，以使企业最终成为一个能适应市场变化的学习型组织。

范·布仁（VanBuren，1999）通过建立知识资本的管理模型将知识管理与组织绩效相结合，以组织的财务目标和知识资本存量的变化来评价组织的知识管理。模型的提出将组织的知识管理从最初的对知识本质、特性、流转机制的研究扩展到整个组织的管理中。不仅仅是研究知识资本的构成，将现有智力资本存量作为输入变量，通过组织管理各因素的作用如部门职能、组织结构、领导、企业文化、人力资源等，提高原有智力资本存量和组织的财政绩效。该模型的核心是管理作为一种杠杆对组织智力资本存量的改变，更重要的是为组织形成以知识为基础的核心能力。

在知识资本测度方法方面，布克曼（Bucbnan）实验室是最早的少数几个认识到评估知识资本必要性的组织之一。在总结多年实践经验的基础上，其将年利润的 3.5% 作为企业内部知识管理的成本，而将年利润都计入知识管理的利润，以此度量知识资本的投入产出。

目前，对知识资本具有影响力的评估模型，当属埃德文森在 Skandian 公司主持设计的 Skandian 模型。Skandian 模型采用了 111 个指标从财务、顾客、流程、更新和开发、人力因素五个方面对知识资本进行了分析和评估，在一定程度上克服了传统的财务报表仅注重当期财务结果的弊端，强化了对组织内部过程的监测，从而使得该模型不仅具有反映经营成果的功能，而且具有预警的功能。

4.3 国内知识管理绩效评价综述

4.3.1 数据获取

本研究选取中国学术期刊网（CNKI）中的《中国学术期刊网络出版总库》、《中国优秀硕士学位论文全文数据库》、《中国博士学位论文全文数据库》和《中国重要会议论文全文数据库》2016 年 9 月之前收录的文章进行检索：在 CNKI 的学术文献总库中选择上述四个数据库，在"输入目标文献内容特征"中选择"关键词"检索项，键入"知识管理 + 绩效"检索词，于 2016 年 9 月 8 日共检索到 236 条记录。其中，《中国学术期刊网络出版总库》收录文献 159 篇，《中国优秀硕士学位论文全文数据库》收录文献 53 篇，《中国博士学位论文全文数据库》收录文献 8 篇，《中国重要会议论文全文数据库》收录文献 6 篇。图 4 – 1 反映了 2002～2016 年这 15 年间各年度发表论文的数量，同时可以把我国知识管理绩效研究大致划分为三个阶段：第一阶段起步探索期（2002～2005 年）、第二阶段持续增长期（2006～2009 年）和第三阶段（2010～2016 年）研究成果逐年减少。

4.3.2 文献来源

1. 期刊论文来源

如表 4 – 1 和表 4 – 2 所示，在 159 篇期刊论文中，中国社会科学研究评价中心（南京大学）2014 年 2 月 8 日公布的《中文社会科学引文索引（CSSCI）

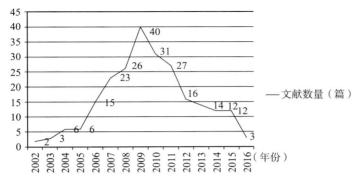

图 4 - 1　知识管理绩效评价研究文献年代分布表（2002～2016 年）

2014～2015 年来源期刊目录》所收录的有 70 篇文献（其中管理学 36 篇，图书馆、情报与文献学 29 篇）；《中文社会科学引文索引（CSSCI）2014～2015 年扩展版来源期刊目录》所收录的有 15 篇文献（其中图书馆、情报与文献学 5 篇，经济学 5 篇）。

表 4 - 1　　　　　　　知识管理绩效研究文献 CSSCI 来源期刊分布

序号	期刊所属学科	期刊	载文数量（篇）	占总期刊论文数量比例（%）
1	管理学	科技进步与对策	9	12.86
2		科技管理研究	7	10.00
3		科学管理研究	3	4.27
4		管理世界	2	2.86
5		科学学与科学技术管理	2	2.86
6		中国科技论坛	2	2.86
7		经济管理	2	2.86
8		科学学研究	2	2.86
9		研究与发展管理	1	1.43
10		管理工程学报	1	1.43
11		科技管理研究	1	1.43
12		科研管理	1	1.43
13		华东经济管理	1	1.43
14		管理学报	1	1.43
15		管理科学	1	1.43

续表

序号	期刊所属学科	期刊	载文数量（篇）	占总期刊论文数量比例（%）
16	图书馆、情报与文献学	情报理论与实践	4	5.71
17		情报科学	3	4.27
18		图书馆建设	1	1.43
19		情报杂志	16	22.86
20		图书馆工作与研究	1	1.44
21		图书馆学研究	1	1.44
22		图书情报工作	3	4.27
23	高校综合性学报	四川大学学报（哲学社会科学版）	1	1.43
24	综合性社科	浙江学刊	1	1.43
25	统计学	决策与统计	1	1.43
26	经济学	经济经纬	1	1.43
27	社会学	人口与经济	1	1.43
总计			70	100.00

表4-2　　　　　　　知识管理绩效研究文献 CSSCI 来源期刊（扩展版）分布

序号	期刊所属学科	期刊	载文数量（篇）	占总期刊论文数量比例（%）
1	图书馆、情报与文献学	现代情报	4	25
2		情报理论与实践	1	6.25
		高校图书馆工作	1	6.25
3	经济学	技术经济	3	18.75
4		国际经济合作	1	6.25
5		商业研究	1	6.25
6		技术经济与管理研究	1	6.25
7	教育学	高教发展与评估	1	6.25
8	综合性社科	广西社会科学	2	12.5
9		晋阳学刊	1	6.25
总计			16	100.00

在知识管理绩效评价研究领域，CSSCI 及其扩展版来源期刊共载文 86 篇，占该领域期刊文献总量（159 篇）的 54.1%。从期刊所属学科来看，

主要集中在管理学类和图书馆、情报与文献学两大领域。总体来看，该领域的期刊文献质量整体偏高，国内学术界权威学者对此研究领域持续深度关注。

2. 学位论文来源

研究生作为学科研究中的一支活跃力量，其学位论文内容新颖多样，研究方法异彩纷呈，在一定程度上反映出某一学科发展的特点与前沿动态。表 4-3 列举了本研究领域全部 61 篇研究生论文（53 篇硕士学位论文、8 篇博士学位论文）39 个学位授予单位及其载文数量，以及各自的比例分布。

表 4-3　　　　　知识管理绩效研究文献研究生学位论文来源分布

序号	学位授予单位	载文数量（篇）	占总学位论文数量比例（%）
1	北京交通大学	5	9.34
2	吉林大学	4	6.56
3	武汉理工大学	3	6.57
4	天津大学	3	4.92
5	哈尔滨工程大学	3	4.92
6	合肥工业大学	3	4.92
7	中南大学	3	4.92
8	兰州大学	2	4.92
9	华东大学	2	4.92
10	南京航空航天大学	2	4.92
11	安徽大学	2	4.92
12	华中师范大学	2	4.92
13	浙江大学	1	1.64
14	湖南大学	1	1.64
15	北京工业大学	1	1.64
16	中北大学	1	1.64
17	太原理工大学	1	1.64
18	安徽农业大学	1	1.64
19	南京师范大学	1	1.64

序号	学位授予单位	载文数量（篇）	占总学位论文数量比例（%）
20	重庆交通大学	1	1.64
21	浙江师范大学	1	1.64
22	福州大学	1	1.64
23	华东理工大学	1	1.64
24	西北大学	1	1.64
25	哈尔滨工业大学	1	1.64
26	湖南师范大学	1	1.64
27	曲阜师范大学	1	1.64
28	南昌大学	1	1.64
29	山西大学	1	1.64
30	南华大学	1	1.64
31	辽宁师范大学	1	1.64
32	燕山大学	1	1.64
33	重庆大学	1	1.64
34	大连理工大学	1	1.64
35	苏州大学	1	1.64
36	武汉大学	1	1.64
37	湖南大学	1	1.64
38	华侨大学	1	1.64
39	东北师范大学	1	1.64
	总计	61	100.00

从表 4-3 中可知，吉林大学、天津大学、中南大学等 10 所 985 院校对知识管理绩效评价研究有着浓厚的学术兴趣，华中师范大学、东北师范大学师等师范类院校也呈现出较高的研究势头，其中大部分研究内容与教师、学生个人知识管理相关。

4.3.3 会议论文来源

在知识管理研究领域内，《中国重要会议论文全文数据库》仅收录了 6 篇相关会议论文，侧面反映出该领域的学术会议开展情况需进一步提高。国内目前还没有举行过相关主题会议，需要引起业内学术团体特别是专业研究机构的足够重视（见表 4 – 4）。

表 4 – 4　　　　　　　　知识管理绩效研究文献会议论文来源分布

序号	会议论文集	文章题目	作者	单位	发表时间
1	2006 中国控制与决策学术年会论文集	组织知识管理绩效的多级模糊综合评价方法	刘炜	北京航空航天大学经济管理学院	2006/07/01
2	第八届中国管理科学学术年会论文集	基于可拓方法的企业隐性知识管理绩效评价研究	单伟张庆普	哈尔滨工业大学管理学院	2006/10/01
3	区域人才开发的理论与实践——港澳台大陆人才论坛暨 2008 年中华人力资源研究会年会论文集	知识管理文化与绩效关联性之研究	刘廷扬	高雄师范大学人力与知识管理研究所	2008/08/02
4	第三届（2008）中国管理学年会——信息管理分会场论文集	基于平衡计分卡和主成分分析法的知识管理绩效评价研究	高彬彬黄济民	北京信息科技大学经济管理学院	2008/11/01
5	第四届（2009）中国管理学年会——技术与创新管理分会场论文集	基于流程的企业知识管理审计整合架构研究	肖久灵汪建康	南京大学商学院；南京审计学院管理学院	2009/11/14
6	国家自然科学基金委员会管理科学部宏观管理与政策学科青年基金获得者交流研讨会论文集	科技成果转化知识管理绩效评价体系构建	曹霞喻登科	哈尔滨工程大学经济管理学院	2010/12/08

4.3.4　研究背景

《中国优秀硕士学位论文全文数据库》和《中国博士学位论文全文数据库》文献来源全面丰富，但数量并不完全，如数据库只收录了武汉大学 2005 年之前的文章。因而在研究知识管理绩效评价时，用专业研究生学位论文的比例和数量来绝对说明该研究主题的学科来源分布情况，显然不太合理。本研究对研究生学位论文学科、专业及数量统计的目的，旨在反映知识管理绩效评价研究者的学科、专业背景概况。将全部 61 篇研究生学位论文以学科、专业做分类统计，得到表 4 – 5：

表 4 - 5 知识管理研究生学位论文学科、专业及数量分布

序号	学位（类别）	所属一级学科	专业	文献数量（篇）	占总学位论文数量比例（%）
1		管理科学与工程	项目管理	1（博士）	1.64
2			信息管理	2	3.27
3			信息管理与信息系统	2	3.27
4			工程与项目管理	2	3.27
5			管理科学	1	1.64
6	管理学		管理科学与工程	13（含博士2篇）	21.31
7		工商管理	企业管理	14（含博士2篇）	22.95
8			技术经济及管理	9（含博士1篇）	14.75
9			工商管理	3	4.92
10			公共管理	1	1.64
11		图书馆、情报与档案管理	情报学	4（含博士1篇）	6.56
12	图书馆		图书馆学	3（含博士1篇）	4.92
13		教育学	教育技术学	3	4.92
14	工学	控制科学与工程	系统工程	2	3.27
15		计算机科学与技术	计算机技术	1	1.64
合计				61	100.00

4.3.5 研究方法

本研究通过内容分析的方法，将 70 篇 CSSCI 来源期刊论文的研究方法做了逐一统计，并将名称存在差异、实为同一个研究方法归类整理。结论如下：知识管理绩效评价研究过程中，主要采用了定性研究和定量研究两种方法。

（1）早期的知识管理绩效评价方法大多以定性测度为主，定性方法有德尔菲法、关键绩效指标法、平衡计分卡以及 360°绩效方法等。其中 BSC 是指以企业客户、财务状况、组织的学习成长以及流程四个方面开展绩效评价，将绩效评估与战略管理相联系。360°评价法综合了企业外部客户以及企业内部人员包括员工本人，员工的上级、同事、下属等人的意见对员工绩效进行全方位的评估。

定性研究方法中有 18 篇论文运用了理论模型构建法，即以基础理论为依据，提出一个理论层面的框架模型，但并未赋予数据来做定量研究；比较

分析法、案例分析法是社会学领域常用的一些研究方法，分别有 6 篇和 4 篇论文运用此类方法。

（2）研究者对于在绩效评价中使用哪种具体的方法没有一个统一标准，大多数是选择一种方法，最常用的是模糊综合评价方法、AHP 方法，共有 25 篇论文采用。DEA 方法、多元回归相关分析、BP 神经网络及主成分分析法运用也较多。

结构方程模型便于研究潜在变量及其显变量集合间关系，且可以分析各潜在变量与综合评估指数间的联系，最终可以得到一个既能综合各潜在变量、又能很好地代表系统中所有指标变量的综合指数，因此在系统综合评价方面有较好的应用前景。王韬等人在企业绩效评价中采用结构方程模型，构建了基于 BSC 的财务、客户、内部运营和学习与成长间的四个维度模型，有效避免了专家打分在确定权重时的主观误差。

蒋翠清等人以及贾生华等人采用知识管理绩效指数的 S 型 logistic 函数，将知识循环过程指数（KMPI）作为函数量化指标，以评估组织在某个时点的知识管理绩效。朱晓敏采用综合评价方法，把算子引入评价方法中，通过实证分析该种方法适用于知识管理绩效评价。部分学者不是单选一种评价方法，而是利用了多种评价方法的综合，如鲁曼等在建立指标体系之后，采用了熵权法、模糊三角数分别求得各个指标的权重并得出综合排序；陈磊等人将 BSC 和模糊数学结合，对企业知识管理绩效进行评价。

4.3.6　知识管理绩效评价研究存在的问题及研究展望

国内知识管理绩效评价研究历经第一阶段起步探索期、第二阶段持续增长期，当前处于第三阶段稳定发展期，这说明知识管理学科发展比较稳定，形成一定的研究规模，也标志着该领域研究日趋成熟。

但在文献来源、研究背景、研究方法和研究内容上，知识管理绩效评价研究相对于知识管理其他研究子系统而言，仍然存在不足之处，主要表现在核心文献来源较少，没有形成大面积的研究热点；研究方法不够规范，知识管理绩效评估的研究未形成统一评估标准，常会导致以下问题：如采用错误的评估指标，指标体系遗漏知识管理绩效评估应考虑的重要方面，或评估一些与知识管理无关的指标；采用了不恰当的评估方法；评估结果不能反映或不能完全反应知识管理的水平及效果。这些都需要在接下来的研究中有所突破。

4.4 知识管理绩效评价观点与方法汇总

本节将对 2002 年以来发表在 CSSCI 期刊上关于知识管理绩效评价的相关方文献以年代为顺序进行回顾。

1. 理论模型构建方法的相关文献（19 篇，见表 4-6）

表 4-6　　　　　　　　知识管理绩效研究文献 CSSCI 来源期刊分布

作者	年份	题目	期刊名	观点
谢洪明 刘常勇 李晓彤	2002	《知识管理战略、方法及其绩效研究》	《管理世界》	用理论分析与实证研究相结合的方法探讨了知识管理战略与知识管理方法的一致性，及其对知识管理绩效的影响。建立有较高涵盖性的知识管理战略及其方法分类模型，提出知识管理战略与方法两者间的对应关系及其对企业绩效影响的假设，利用 SPSS 对知识管理战略、方法及其绩效进行实证研究
王君 樊治平	2004	《组织知识管理绩效的一种综合评价方法》	《管理工程学报》	构建一套包括知识管理的过程、组织结构、经济上的收益和效率的变化情况四个不同方面的评价模型，将语言变量转换为对应的三角模糊数，并给出了一种知识管理绩效的综合评价方法
李长玲	2006	《知识管理绩效的模糊评价》	《情报科学》	将知识管理的绩效评价方法分为客观量度、主观量度和主观性度三种，建立一套知识管理评价指标体系，并用"二级模糊多级综合评价方法"对企业的知识管理绩效进行评价
王秀红	2006	《组织知识管理绩效评价研究》	《科学学与科学技术管理》	从组织知识存量的层次结构及其动态发展过程的角度，对知识管理绩效评价的指标体系进行分析和设计，在分析组织知识存量内涵及其层次结构的基础上提出了一个知识存量动态转化模型，并运用模糊综合评价方法建立了绩效评价模型。以期对组织的知识管理活动提供合适的方法和工具

续表

作者	年份	题目	期刊名	观点
刘希宋 邓立治	2006	《产品开发人才知识管理过程研究及绩效评价》	《科技管理研究》	对产品开发人才知识管理的过程进行分阶段研究，运用数据包络分析方法，建立产品开发人才知识管理绩效评价模型。再通过举例用 1 ~ 7likert 打分法对测评数据进行打分，DEA 方法分析绩效测评结果
程志超	2006	《基于组织竞争力的三维组织设计模型》	《科技进步与对策》	从组织设计维度和组织结构模式的发展出发，讨论了组织维度同组织竞争力标准的关系，提出了多维组织的设计思想，并给出了一个三维组织设计模型
靳晓威	2007	《基于 BSC 的企业知识管理绩效的 AHP – Fuzzy 评价》	《现代管理科学》	在知识管理绩效评价方法研究的基础上，结合平衡计分卡的四个维度：财务、顾客、内部业务流程、学习与成长。采用 AHP 法确定权重分布，设计出知识管理评价指标体系，并运用 AHP – Fuzzy 方法为知识管理的绩效评价构建了一种新的模型
蒋国瑞 冯超	2008	《企业岗位知识管理绩效的评价》	《决策与统计》	基于岗位实施企业知识管理和绩效评价，从企业知识存量的角度，建立岗位知识管理绩效评价模型。运用模糊综合评价法对岗位知识管理绩效进行了评价，并运用实例验证
熊学兵	2008	《企业知识管理绩效评价指标体系设计研究》	《经济经纬》	由价值链的企业知识管理系统模型，按照科学性、系统性、客观性、可比性原则构建包括 6 个一级指标和 37 个二级指标的企业知识管理绩效评价指标体系，用知识管理的综合集成评价数学模型表示
熊学兵	2009	《基于价值链的企业知识管理系统模型研究》	《中国科技论坛》	在分析企业知识管理系统性的基础上，构建基于价值链的企业知识管理系统模型，探讨模型的运作机理
王伟平	2009	《基于成熟度视角的知识管理绩效评价研究》	《图书情报工作》	从知识管理成熟度的角度进行知识管理绩效评价，分析知识管理成熟度模型的理论基础、概念以及其对知识管理绩效评价的意义，比较分析 Siemens、KPQM、KMCA 三个知识管理成熟度模型并提出若干建议
王曰芬 浦晓斌	2009	《个人知识管理绩效评估研究及实证分析》	《情报理论与实践》	在综合研究现有文献与理论的基础之上，构建个人知识管理绩效评估理论框架，运用模糊综合评价方法建立了绩效评价模型，验证知识存量与企业知识管理绩效之间的关系。使用部分最小二乘法（PLS）构建结构方程模型（SEM），验证个人知识管理过程、个人知识存量对个人知识管理绩效的影响程度

作者	年份	题目	期刊名	观点
张晶 杨生斌 苏红	2010	《基于 BSC 与价值链的企业知识管理绩效评价指标体系设计》	《情报杂志》	通过五个维度设计企业知识管理绩效评价的指标体系，运用 AHP 法确定权重，采用平衡计分卡、知识链理论进行企业知识绩效评价，构建新的企业知识管理绩效评价模型
宋杰鲲	2010	《企业知识管理绩效组合评价模型研究》	《图书情报工作》	运用 KENDDALL 协和系数法进行单一评价模型的相容性检验，建立算术平均、漂移度和合作博弈组合评价模型，对组合评价结论运用 SPeare-man 等级相关系数进行一致性检验，输出最终评价结果
黄训江	2011	《集群新进企业知识管理策略研究》	《管理科学》	在抽象简化集群知识流动机制基础上，构建集群知识流动模型和新进企业策略模型，利用仿真分析研究不同环境条件下不同知识管理策略对新进企业知识增长水平的影响效应
左辞波	2012	《企业知识管理三维立体绩效评价模型分析》	《人口与经济》	从重新定义平衡计分卡的四个层面、投入和产出三个维度，运用 AHP 法确定平衡计分卡四个层面的权重，将指标进行无量纲化处理，构建知识管理水平的绩效评价模型
罗洪云 张庆普 林向义	2014	《企业自主创新过程中知识管理绩效的表现形式、测度及评价研究》	《科学学与科学技术管理》	从知识、行为和技术三个维度深入分析企业自主创新过程中知识管理绩效的表现形式，构建定量和定性相结合的知识管理绩效表现形式的测度指标；利用模糊一致偏好关系确定测度指标的权重；提出自主创新过程中知识管理绩效的云评价模型。以实例说明知识管理绩效评价流程和评价方法的可行性和科学性；利用模糊一致偏好关系确定权重能在很大程度上减少两两比较的次数并能保证一致性
高展明 郭东强	2015	《澳门中小企业知识管理模式构建及仿真研究——基于组织生态视角》	《经济管理》	提取知识管理能力、知识转移情境、知识管理绩效三类因素，作为组织生态型知识管理模式的关键指标。结合组织生态型知识管理的相关理论，构建适合中国澳门中小企业的组织生态型知识管理模型
密阮建驰 战洪飞 余军合	2016	《面向企业知识推荐的知识情景建模方法研究》	《情报理论与实践》	通过业务活动的"六何"分析，以企业本体为基本框架，建立基于本体的知识情景模型，并用实例阐述知识情景模型应用到企业知识推荐系统中的过程。能够适应员工对知识的个性化需求，提高企业知识管理绩效，基于情景感知的企业知识推荐也为企业知识管理实践提供参考

2. 基于案例分析的相关文献（6篇，见表4-7）

表4-7　　　　　知识管理绩效研究文献 CSSCI 来源期刊分布

作者	年份	题目	期刊名	观点
蒋国瑞 李阳	2007	《应用 AHP 法确定咨询公司知识管理绩效评价指标权重》	《科技进步与对策》	从公司对知识管理的重视程度、知识管理基础设施建设、人力资本公司结构、公司目标管理五个方面确立指标评价体系，通过运用层次分析法，确定评价指标权重，最后确立咨询公司知识管理绩效评价指标权重
蒋国瑞 冯超	2008	《企业岗位知识管理绩效的评价》	《决策与统计》	基于岗位实施企业知识管理和绩效评价，从企业知识存量的角度，建立岗位知识管理绩效评价指标体系。运用模糊综合评价法对岗位知识管理绩效进行了评价，并运用实例验证
杨楠	2011	《我国高新技术企业知识管理绩效评价研究》	《科学管理研究》	在模型分析与实证调查相结合的基础上，研究高新技术企业知识管理绩效评价的原则，从组织结构和文化、人力资本、基础设施建设、市场竞争力四个方面进行考虑并构建高新技术企业知识管理绩效评价指标体系，采用模糊综合评价法分析，制定知识管理绩效评价方法和程序，并举相关案例进行实证研究
罗洪云 张庆普 林向义	2014	《企业自主创新过程中知识管理绩效的表现形式、测度及评价研究》	《科学学与科学技术管理》	从知识、行为和技术三个维度深入分析企业自主创新过程中知识管理绩效的表现形式，构建定量和定性相结合的知识管理绩效表现形式的测度指标；利用模糊一致偏好关系确定测度指标的权重；提出自主创新过程中知识管理绩效的云评价模型。以实例说明知识管理绩效评价流程和评价方法的可行性和科学性；利用模糊一致偏好关系确定权重能在很大程度上减少两两比较的次数并能保证一致性
林向义 罗洪云 曹明阁 王艳秋	2013	《基于 WSR 系统论和三角模糊数的知识管理绩效评价研究》	《现代情报》	从物理、事理和人理（WSR）系统论的三个维度构建知识管理绩效评价的指标体系，利用 AHP 法确定指标权重。利用基于三角模糊数的语言变量对知识管理绩效进行评价和分析。并举例进行分析，为企业提升知识管理绩效提供参考

续表

作者	年份	题目	期刊名	观点
密阮建驰 战洪飞 余军合	2016	《面向企业知识推荐的知识情景建模方法研究》	《情报理论与实践》	通过业务活动的"六何"分析，以企业本体为基本框架，建立基于本体的知识情景模型，并用实例阐述知识情景模型应用到企业知识推荐系统中的过程。能够适应员工对知识的个性化需求，提高企业知识管理绩效，基于情景感知的企业知识推荐也为企业知识管理实践提供参考

3. 基于比较分析的相关文献（4篇，见表4-8）

表4-8　　　　　　　　　知识管理绩效研究文献 CSSCI 来源期刊分布

作者	年份	题目	期刊名	观点
徐建中 孙德忠	2008	《知识管理绩效的投影寻踪等级评价研究》	《情报杂志》	从效益型指标、效率型指标、递延型指标与成熟型指标四个方面构建知识管理绩效评价指标体系，运用投影寻踪等级评价方法，对10个知识型组织的知识管理绩效进行评价，认为投影寻踪方法能有效解决知识管理绩效评价过程中的权重确定难题
王伟平	2009	《基于成熟度视角的知识管理绩效评价研究》	《图书情报工作》	从知识管理成熟度的角度进行知识管理绩效评价，分析知识管理成熟度模型的理论基础、概念以及其对知识管理绩效评价的意义，比较分析 Siemens、KPQM、KMCA 三个知识管理成熟度模型并提出若干建议
胡秋梅	2011	《企业知识管理理论研究述评》	《科学管理研究》	从知识管理的理论渊源及实质、知识管理绩效及风险评价、建立知识管理体系的途径等不同角度对提升企业知识管理水平的措施等方面对企业知识管理理论进行述评，采用 FD 强迫法构建知识管理体系，体系的新评价方法比较分析了企业知识管理中的重要问题
蒋天颖 白志欣	2012	《基于偏好 DEA 模型的企业知识管理效率评价研究》	《情报杂志》	运用偏好 DEA 方法对浙江省16家大型企业知识管理效率进行评价，通过与标准 DEA 模型的评价结果比较，发现偏好 DEA 模型的评价结果更加符合实际状况

4. 基于 DEA 分析法的相关文献（5 篇，见表 4 - 9）

表 4 - 9　　　　　　知识管理绩效研究文献 CSSCI 来源期刊分布

作者	年份	题目	期刊名	观点
王军霞官建成	2002	《复合 DEA 方法在测度企业知识管理绩效中的应用》	《科学学研究》	从领导、组织、个人和环境四个维度来测度企业知识管理的绩效，利用纯输出 DEA 模型和复合 DEA 方法，找出影响各知识应用及知识创新效率的因素，再根据 Likert 打分法获取定性指标的值
刘希宋邓立治	2006	《产品开发人才知识管理过程研究及绩效评价》	《科技管理研究》	对产品开发人才知识管理的过程进行分阶段研究，运用数据包络分析方法，建立产品开发人才知识管理绩效评价模型。再通过举例用 1 ~ 7likert 打分法对测评数据进行打分，DEA 方法分析绩效测评结果
赵峰	2009	《企业创新项目 R&D 中的知识管理绩效评价研究》	《科技进步与对策》	根据科学、客观、系统、功能、动态、可行原则确定知识管理绩效的评价指标体系，将企业创新项目 R&D 中的知识管理绩效分为知识获取能力、知识共享能力、知识运用能力和技术支撑能力四个维度，并运用 DEA 方法对组织创新项目 R&D 活动的知识管理绩效进行了实证评价
赵海燕陈加奎	2010	《基于超效率 DEA 的高新技术企业知识管理绩效评价研究——以山东省为例》	《科技进步与对策》	构建知识管理绩效的评价指标体系，设计基于超效率 DEA 分析的企业知识管理绩效评价方法，并进行知识管理绩效评价的实证研究
蒋天颖白志欣	2012	《基于偏好 DEA 模型的企业知识管理效率评价研究》	《情报杂志》	运用偏好 DEA 方法对浙江省 16 家大型企业知识管理效率进行评价，通过与标准 DEA 模型的评价结果比较，发现偏好 DEA 模型的评价结果更加符合实际状况

5. 基于主成分分析法的相关文献 (2篇，见表4-10)

表4-10　　　　　　知识管理绩效研究文献 CSSCI 来源期刊分布

作者	年份	题目	期刊名	观点
吴应良 吴昊苏 吴月瑞 林梓鹏	2007	《基于主成分分析法的知识管理绩效评价研究》	《情报杂志》	从市场营销能力、信息管理水平、学习型组织成熟度和知识的存量水平四个角度，分析评价企业知识管理绩效水平应考虑的主要因素，建立关于企业知识管理绩效评价指标体系。提出运用主成分分析法，对企业知识管理绩效水平进行评价并给出算法步骤
张东烜	2014	《运用主成分分析法量化参考咨询馆员工作绩效评价的研究》	《图书馆建设》	基于主成分分析法，从信息存量水平、参考咨询组织成熟度、参考咨询管理水平和信息咨询者满意度四个范畴构建的图书馆参考咨询管理绩效评价指标体系所得出的结果可以客观、合理、有效地对学科馆员的参考咨询运行绩效进行评估

6. 基于BP神经网络分析的相关文献 (3篇，见表4-11)

表4-11　　　　　　知识管理绩效研究文献 CSSCI 来源期刊分布

作者	年份	题目	期刊名	观点
蒋天颖	2008	《企业知识管理水平评估优化方法及应用》	《情报杂志》	针对现有企业知识管理水平评价方法所存在的缺陷，将BP神经网络与遗传算法相结合，提出应用于企业知识管理水平评估的基于遗传算法的神经网络优化模型方法
程志超	2006	《基于组织竞争力的三维组织设计模型》	《科技进步与对策》	从组织设计维度和组织结构模式的发展出发，讨论了组织维度同组织竞争力标准的关系，提出了多维组织的设计思想，利用BP神经网络和指数平滑的相关知识建立一个三维组织设计模型
蒋翠清 叶春森 杨善林	2007	《组织知识管理绩效评估研究》	《科学学研究》	构建基于知识创造、积累、共享、使用和内化的知识循环过程的组织知识管理绩效评估模型，使用知识循环过程指数来构造知识管理绩效指数的S型logistic函数，采用遗传神经网络模型评估组织在某个时点的知识管理绩效，并进行实证

7. 基于多元回归分析的相关文献（3 篇，见表 4 – 12）

表 4 – 12　　　　　知识管理绩效研究文献 CSSCI 来源期刊分布

作者	年份	题目	期刊名	观点
胡玮玮 姚先国	2008	《组织文化与知识管理战略选择的实证分析》	《浙江学刊》	以知识管理战略二维模型作为衡量企业知识管理战略的工具，利用 Pearson 相关分析验证组织文化对知识管理战略的选择具有显著性的影响，再利用回归分析验证知识管理战略对组织文化的有效性问题，得出不同的组织文化氛围下，企业倾向于选择不同的知识管理战略
胡玮玮 姚先国	2009	《组织文化、知识管理战略与绩效关系研究》	《科研管理》	运用相关分析、多元回归和模型选择的统计方法分析，以知识深度、知识的普及性、知识的多元性、知识的整合力、知识普及度的扩散度、转化力、创造力为指标来衡量组织的知识管理绩效，主张通过识别具体的、相互竞争的组织价值观和知识管理战略，看二者的适应性搭配如何影响知识管理绩效
贾生华 疏礼兵	2004	《基于知识循环过程的知识管理绩效指数》	《研究与发展管理》	运用包含知识循环过程（KCP）的五个部分——知识创造、知识积累、知识共享、知识利用、知识内部化的 Logistic 函数来评价知识管理绩效，给出在某一时点评价知识管理绩效的新的计量方法——知识管理绩效指数（KMPI）

8. 基于模糊综合评价方法的相关文献（25 篇，见表 4 – 13）

实际上要对一个具体企业的每一项指标进行具体打分是一件很困难的事情，因为企业的很多指标所对应的事情是很难确定等级的，故更多的文献在知识管理绩效评价指标体系权重分布基础上采用模糊综合评价法进行具体的绩效评价工作。本书也基本采用了此方法。

表 4 – 13　　　　　知识管理绩效研究文献 CSSCI 来源期刊分布

作者	年份	题目	期刊名	观点
王君 樊治平	2004	《组织知识管理绩效的一种综合评价方法》	《管理工程学报》	构建一套包括知识管理的过程、组织结构、经济上的收益和效率的变化情况四个不同方面的评价指标体系，将语言变量转换为对应的三角模糊数，并给出了一种知识管理绩效的综合评价方法

作者	年份	题目	期刊名	观点
邱若娟 梁工谦	2006	《企业知识管理绩效评价模型研究》	《情报杂志》	根据知识管理评价指标体系的特点，提出用模糊层次分析法简单易行而且科学，并给出模糊层次分析评价法的实施步骤：建立递阶层次结构、确定模糊集合、用层次分析法确定评价指标的权重、指标无量纲化处理、确定单因素评价矩阵（隶属度矩阵）、多级综合模糊评判、评价结果的有效验证
李长玲	2006	《知识管理绩效的模糊评价》	《情报科学》	将知识管理的绩效评价方法分为客观量度、主观量度和主观性度三种，建立一套知识管理评价指标体系，并用"二级模糊多级综合评价方法"对企业的知识管理绩效进行评价
王秀红	2006	《组织知识管理绩效评价研究》	《科学学与科学技术管理》	从组织知识存量的层次结构及其动态发展过程的角度，对知识管理绩效评价的指标体系进行分析和设计，在分析组织知识存量内涵及其层次结构的基础上提出了一个知识存量动态转化模型，并运用模糊综合评价方法建立了绩效评价模型。以期对组织的知识管理活动提供合适的方法和工具
曹兴 陈琦 彭耿	2006	《企业知识管理绩效评估研究》	《科技管理研究》	从企业知识管理出发，设立共有 6 个一级指标和 26 个二级指标的企业知识管理绩效评估指标体系，采用量化—半量化相结合的模糊综合评价方法用以测度企业知识存量、知识水平、知识结构、知识分布等，促使企业知识状态不断提升，进一步加强对知识管理的能力
庞海燕 张彦	2007	《知识管理评估研究综述》	《情报杂志》	通过分别分析知识管理绩效评级体系，知识管理风险评估、知识管理创新评估、知识管理评估工具中的模糊综合评判方法的应用、人工神经网络、平衡计分卡等。发现我国知识管理评估存在着没有知识管理评估标准、研究范围比较小等问题
鲁曼 武忠	2008	《知识管理绩效评价方法研究》	《情报杂志》	建立以知识活动为一级指标，以知识管理基础建设系统为线索的指标体系。采用三角模糊数对定性指标进行量化，引入熵权法确定各个指标的权重，计算各个评价单位的综合得分对其进行排序，对参评单位的知识管理绩效做出评价

续表

作者	年份	题目	期刊名	观点
包国宪 马慧贤	2008	《虚拟企业知识管理绩效评价研究》	《情报杂志》	基于虚拟企业知识管理绩效评价特点建立了包括知识管理过程、项目价值和核心能力评价三个方面的虚拟企业知识管理绩效评价指标体系，采用二级模糊综合评价方法对虚拟企业知识管理的绩效进行评价，给出一种实用性强的知识管理绩效的综合评价方法
蒋国瑞 冯超	2008	《企业岗位知识管理绩效的评价》	《决策与统计》	基于岗位实施企业知识管理和绩效评价，从企业知识存量的角度，建立岗位知识管理绩效评价指标体系。运用模糊综合评价法对岗位知识管理绩效进行了评价，并运用实例验证
张少辉 葛新权	2009	《企业知识管理绩效的模糊评价模型与分析矩阵》	《管理学报》	在总结国内外知识管理绩效评价指标体系研究现状的基础上，提出应从过程和结果两个方面对知识管理绩效进行评价；建立实用性较强的知识管理评价指标体系，并用"模糊多级综合评价方法"对企业的知识管理绩效进行评价；独创过程—结果分析矩阵
王曰芬 浦晓斌	2009	《个人知识管理绩效评估研究及实证分析》	《情报理论与实践》	在综合研究现有文献与理论的基础之上，构建个人知识管理绩效评估理论框架，运用模糊综合评价方法建立了绩效评价模型，验证知识存量与企业知识管理绩效之间的关系。使用部分最小二乘法（PLS）构建结构方程模型（SEM），验证个人知识管理过程、个人知识存量对个人知识管理绩效的影响程度
赵峰	2009	《企业创新项目R&D中的知识管理绩效评价研究》	《科技进步与对策》	根据科学、客观、系统、功能、动态、可行原则确定知识管理绩效的评价指标体系，将企业创新项目R&D中的知识管理绩效分为知识获取能力、知识共享能力、知识运用能力和技术支撑能力四个维度，构建灰色模糊综合模型并运用DEA方法对组织创新项目R&D活动的知识管理绩效进行了实证评价
李永宁	2009	《基于模糊理论的企业知识管理能力评价》	《科技管理研究》	从企业知识管理能力内涵的多维度、多层次的角度出发，构建科学合理、全面客观的企业知识管理能力评价指标体系，并以模糊理论为基础，运用模糊综合评价法对具体企业的知识管理能力进行了评析，为企业知识管理者改善工作，正确指导企业知识管理的发展提供新的思路与途径

续表

作者	年份	题目	期刊名	观点
喻登科	2009	《科技成果转化知识管理绩效的模糊积分评价》	《情报杂志》	考察科技成果转化知识管理的绩效要素，构建科技成果转化知识管理绩效评价指标体系，选择模糊积分模型，利用层次分析法（AHP）确定指标的模糊密度，并进行实证检验
来新安	2009	《企业知识管理绩效的灰色模糊综合评价》	《科技管理研究》	把企业知识管理的过程、知识结构、实施知识管理的经济收益以及效率的提高作为评价指标体系。通过构建灰色模糊综合模型，对企业知识管理绩效进行评价
李亚平 姜树凯	2010	《基于知识管理的国防工业科技成果转化组织成熟度评价》	《情报理论与实践》	从成熟度等级、过程域、过程域目标和最佳实践四个方面构建组织成熟度模型，提出组织成熟度评价指标体系，基于指标体系特征分析选择模糊积分评价方法，并进行实证分析
陆杉 黄福华 赵中平	2010	《供应链知识协同管理绩效评价研究》	《科技管理研究》	构建供应链知识协同管理绩效的评价指标体系，运用层次分析法确定了各指标的权重，进而利用多级模糊综合评价模型对供应链知识协同管理绩效进行综合评价，并进行实证分析
黄训江	2011	《集群新进企业知识管理策略研究》	《管理科学》	在抽象简化集群知识流动机制基础上，构建集群知识流动模型和新进企业策略模型，利用模糊综合评价法分析研究不同环境条件下不同知识管理策略对新进企业知识增长水平的影响效应
朱方策 上官昕玥 戴海金	2011	《企业隐性知识管理的 NK 模型分析》	《情报杂志》	分析影响隐性知识管理的四个子过程并引入适应度景观理论，定义隐性知识管理景观，构建隐性知识管理的 NK 模型。利用该模型与模糊综合评价方法结合，讨论景观理论对提升隐性知识管理适应度的意义，并给出现有模型的不足和改进方向
杨楠	2011	《我国高新技术企业知识管理绩效评价研究》	《科学管理研究》	在模型分析与实证调查相结合的基础上，研究高新技术企业知识管理绩效评价的原则，从组织结构和文化、人力资本、基础设施建设、市场竞争力四个方面进行考虑并构建高新技术企业知识管理绩效评价指标体系，采用模糊综合评价法分析，制定知识管理绩效评价方法和程序，并进行实证研究

作者	年份	题目	期刊名	观点
廖开际 熊会会	2011	《企业知识管理绩效的多视角评价模型》	《科技进步与对策》	一个完整的知识管理绩效评价模型包括隐性绩效和显性绩效在内的四个分析视角：企业知识管理能力、内部结构、外部结构以及人员竞争力，采用企业成长/更新、效率以及稳定性三个度量变量对企业知识管理绩效进行度量。利用该模型与模糊综合评价方法结合，采用 AHP 法来计算权重，得出企业知识管理的总体绩效，也可对各个视角进行分析，得出企业知识管理的改进建议
林向义 罗洪云 曹明阁 王艳秋	2013	《基于 WSR 系统论和三角模糊数的知识管理绩效评价研究》	《现代情报》	从物理、事理和人理（WSR）系统论的三个维度构建知识管理绩效评价的指标体系，利用 AHP 法确定指标权重。利用基于三角模糊数的语言变量对知识管理绩效进行评价和分析。并举例进行分析，为企业提升知识管理绩效提供参考
黄青良 卢祖展 刘长波	2013	《基于模糊评估的供应链知识管理绩效评价研究》	《科技管理研究》	将供应链知识管理活动分为知识创造、知识积累、知识共享、知识利用和知识内化五个方面，构建供应链知识管理绩效的评价体系，对每一管理活动设置相应的评价指标，运用 AHP 方法和利用专家打分法进行模糊评估，最后给出供应链知识管理绩效评价的方法
罗洪云 张庆普 林向义	2014	《企业自主创新过程中知识管理绩效的表现形式、测度及评价研究》	《科学学与科学技术管理》	从知识、行为和技术三个维度深入分析企业自主创新过程中知识管理绩效的表现形式，构建定量和定性相结合的知识管理绩效表现形式的测度指标；利用模糊一致偏好关系确定测度指标的权重；提出自主创新过程中知识管理绩效的云评价模型。以实例说明知识管理绩效评价流程和评价方法的可行性和科学性；利用模糊一致偏好关系确定权重能在很大程度上减少两两比较的次数并能保证一致性
郭彤梅 吴孝芹	2015	《企业知识管理绩效评价指标体系研究及其应用——以山西省企业知识管理评价指标体系为例》	《四川大学学报（哲学社会科学版）》	基于山西省企业的知识管理实施情况建立了绩效评价的指标体系，通过层次分析法确定指标权重及重要性排序，运用模糊层次方法对知识管理绩效进行评价，提出在实施知识管理过程中山西省企业应重点关注的问题

第 5 章

知识管理绩效评价指标
体系的模型构建

正如已有文献分析结果，知识管理之所以受到当今社会学术界和企业界的重视，是由于知识管理能够有效地促进和提高企业的绩效与竞争力（Cohen and Levinthal，1990；Davenport and Prusak，1998；Nonaka and Takeuehi，1995），实施知识管理是企业发展的现实需求。企业的竞争优势可以表现为价格优势、产品优势、技术优势、服务优势等。但不论是哪种竞争优势，它都是来自于企业所拥有的资源和能力。企业的能力就是"一组资源协同运作以完成某种任务和活动的可能性"（Grant，1991）。如果资源是企业能力的来源，那么能力就是企业竞争优势的来源。企业独特的资源和能力具有创造竞争优势和更优业绩的潜力。

企业的资源观认为，知识是企业最重要的资源。在创造财富的资源中，知识已经成为能够替代其他资源的资源。知识是企业资源的核心，知识管理是配置资源的手段，知识和知识管理是企业持续竞争优势的基础。企业要长期维持其竞争优势，则其必须依赖于不断创造新知识的能力。

高新技术企业的快速发展及其与之相伴随的新经济的产生，对社会各方面产生了极大的影响，高新技术企业的发展速度及其开拓新的市场的活力使得人们对于知识资产价值以及推动企业持续发展的认识达到了空前的高度。为了获得持续的竞争力，许多企业开展和加强了知识管理的工作。在实际的工作中，许多的知识管理的项目其本质是一个信息技术项目，这些项目收集和产生了许多的数据，却很少产生创新和新的服务。类似的实例和许多研究工作表明，信息管理不是知识管理，要将信息管理转变为知识管理，还有一些问题并没有为人们很好地认识，在实际的知识管理工作中没有很好地掌握。

　　企业在实施知识管理工作中，由于各自的背景、行业、所处的环境条件的不同，要成功地推进和实施知识管理，提高企业的竞争力和企业绩效，重要的是要了解和掌握影响企业实施知识管理成功与失败的关键因素。通过对这些关键要素或"能力"的诊断和调整，达到成功实施知识管理、提高企业绩效的目的。

5.1　知识管理绩效评价指标体系设计

5.1.1　指标体系设计的原则

　　在现实生活中，确定性和随机性往往是同时存在的。由于客观世界的复杂性和人类认知的有限性，目前还无法对知识管理绩效进行精确分析，但却有必要对其进行分析评价。对于知识管理绩效评价指标体系，相关的文献仅局限于知识资本及智力资本方面，后来者"站在前人的肩膀上"是很重要的，因知识管理涵盖了知识资本及智力资本的相关要素，因此，在进行知识管理指标体系设计时，融合了知识资本、智力资本及知识管理本身的特征要素。同时也参考了国外著名的知识管理领先企业：如微软、英特尔、IBM、施乐公司等设计的知识管理效果评价指标体系。不同知识的融合是本工作得以完成的基础和保障，同时也是本研究尝试创新的条件。

　　企业知识管理绩效制约因素是多层次的动态系统，涉及评价绩效的因素众多、结构复杂，只有从多个角度和层面来设计指标体系，才能准确反映企业知识管理绩效。因此，为保证评价结果的客观、正确，企业知识管理绩效评价指标体系的设计应遵循正确原则。

　　①科学性原则。指标体系的科学性是确保评估结果准确合理的基础，一项评估活动是否科学很大程度上依赖其指标、标准、程序等方面是否科学。因此，设计企业知识管理绩效评估指标体系时要考虑到企业知识管理元素及指标结构整体的合理性，从不同侧面设计若干反映企业知识管理状况的指

标，并且指标要有较好的可靠性、独立性、代表性、统计性。

②系统性原则。任何企业的知识管理活动都是由若干相互依存的部分构成的具有特定功能的系统，企业的知识管理活动是整个系统对其外部输出功能产生的，而系统的输出离不开外部环境对系统的投入。

③客观性原则。系统、准确地反映企业知识管理活动的客观实际情况，克服因人而异的主观因素的影响，这是各类评价的基本要求。为此，对各项评价指标的定义应尽可能明确，界限要清晰。

④可比性原则。一套指标体系是对多个企业的知识管理绩效状况进行综合评估，因此，该指标体系的设计必须充分考虑到各企业间统计指标的差异，在具体指标选择上，必须使各企业共有的指标含义、统计口径和范围尽可能保持一致，以保证指标的可比。

⑤实用性原则。评价指标要以统计指标为基础，设置要少而精，不可贪多求全，要突出重点。

5.1.2 指标体系设计的基本思想

知识管理绩效评价内涵包括企业实施知识管理战略的绩效和知识管理的实施给企业的发展带来的多大的好处，并讨论它们之间的关系：知识管理真正取得绩效的前提是知识处于激活状态。知识的激活意味着企业不断创造高价值知识和有效地利用企业的知识资源。知识只有处于激活状态才能最大限度地转化为现实竞争能力。要实现知识的激活，企业必须建立一个有效的知识激活机制，实现知识与行为之间有效互动，必须有健全的企业制度及适应知识管理的企业文化，构建有效的知识管理信息技术平台。

评价企业的组织、人力、技术、市场、知识系统这些资源在知识管理框架下的配置情况，是否有利于知识管理的有效实施。例如，组织是否有利于知识管理的实施；团队文化是否有利于知识管理的开展；公司的信息系统、支撑技术是否满足知识管理的要求；员工状况是否满足知识管理目标的实现（员工素质、人员配置）；企业的知识积累是否能实现知识管理的要求。

评价知识管理本身对企业的组织、人力、技术、市场这几个方面的促进作用，也就是知识转化为有效行为的力度是否合适。例如，知识管理是否有利于组织效能的提高；知识管理对提高员工技能的贡献；知识管理对技术创新的贡献；团队知识积累是否有所提高；知识管理是否有利于市场的开发和维持、是否有利于提高市场应变能力等。

企业知识管理绩效评价的核心基础是建立一套科学、合理的绩效测度指标体系。综合已有研究，本研究认为：①非财务指标对知识管理绩效的测度效率好于财务指标；②更多地采用综合指标而非单一的指标。

5.2　高新技术企业知识管理水平的绩效评价指标体系

知识经济时代，企业要想获得生存和发展就需要充分利用知识、技能、经验和技术等因素构建竞争优势。只有持续创新和不断变革才能适应不断变动的经济环境，实现企业经营绩效。对知识和智力资本管理的成效取决于个体和组织活动共同作用的结果。个体层面包括个人知识、个人技能和天赋，组织层面包括基础设施、技术、规则、培训、程序及组织文化等。当前，不少企业通过建构学习型组织不断提升智力资本，通过识别和管理知识资本来提升企业能力。由于智力工作的不可观察性及知识产生成效周期较长，使得识别知识管理效果比较困难。企业需要有助于衡量知识资本的框架，管理者需要一定工具帮助其确定反映企业关键能力的知识资本的关键绩效指标。在此背景下，在研究有关知识管理能力、知识管理过程和知识管理绩效的文献的基础上，通过对山西省高新技术开发区 30 家企业管理者的调查和访谈，构建一套适用于识别高新技术企业知识管理绩效实施水平与实施效果的指标体系。

5.2.1　高新技术企业知识管理水平的绩效评价体系指标选择

根据各因素对知识管理过程的影响，作者将可能影响知识产生、知识储存、知识分享和创造及知识应用这四个知识管理过程的各项因素列出，构成知识管理预选指标集，并运用 Delhpi 法，邀请 6 位来自于高校和企业的知识管理专家，在要求他们充分理解本研究的提出的知识管理模型和有关理论分析的前提下，对每一类指标进行筛选工作，筛选工作按照以下步骤进行：

（1）专家分发有关资料（由本研究的要点和预选指标集构成），并要求专家认真阅读和分析资料。

（2）召集专家集中讨论知识管理的相关问题，以便在"知识管理"、"企业"、"绩效评价"三者之间的相关理论和逻辑关系上达成一定的共识；在"知识管理和企业发展"和"知识管理绩效基础"这两个基本问题上达成共识。

（3）每次要求每个专家在指标集中选出一个他认为最重要和一个他认为最不重要的指标。

（4）如果某个指标被70%以上的专家认为是最不重要而且20%以下的专家认为最重要的，那么在指标集中去掉这个指标，形成一个新的指标集。

（5）重复以上（3）、（4）步，直到没有指标可以被淘汰为止，这样得到一个初步精选的指标集。

（6）在完成第（5）步之后得到的初步精选指标集基础上，本研究将得到的调查数据结合知识管理理论和实践，进行指标的完整性分析。如果发现这个指标对于知识管理绩效不是完整的，则召集专家集中讨论，把缺少的一些指标添加进去，并跳到第（3）步继续进行指标的进一步筛选，保证得到一个完整的初步精选指标集。

（7）要求专家对完成第（6）步得到的完整初步精选指标集中的指标进行重要性排序，得到一个初步重要性分值，并进行统计分析。

（8）在完成第（6）步得到的完整初步精选指标集基础上，本研究将得到的调查数据结合知识管理理论和实践，进行指标的相关度分析。

（9）去掉第（6）步得到的完整初步精选指标集中关联度过大的若干个指标中的重要性小的指标，并同时考虑保证指标集的完整性。最后得到一个完整的、指标间相关性小的知识管理评价指标体系。

再根据最初的知识管理评价指标设置问卷对山西省30家高新技术企业主管进行了预调研及访谈，根据这30家企业主管对问卷的反馈对指标进行了修订，从而形成如下指标体系（见表5-1）。本指标体系由知识产生、知识储存、知识分享和创造及知识应用4个一级指标和32个二级指标构成，其中知识产生包括9个二级指标，知识储存包括6个二级指标，知识分享和创造包括9个二级指标，知识运用包括8个二级指标。

表 5 - 1　　　　　　　　企业知识管理绩效水平评价指标体系

一级指标	二级指标
知识产生 B_1	系统的培训方案 B_{11}
	管理者与员工经常讨论 B_{12}
	管理者了解部门员工的专长 B_{13}
	支持员工参与各种学习活动 B_{14}
	优先保留知识丰富、学历高的员工 B_{15}
	员工掌握知识越多收入越高 B_{16}
	工作绩效取决于知识 B_{17}
	鼓励员工发表论文并给予奖励 B_{18}
	将外文资料翻译为中文资料 B_{19}
知识储存 B_2	更新、取代过时知识 B_{21}
	整理归类知识并编成工作手册、资料库 B_{22}
	有信息管理系统并进行数据库建设 B_{23}
	员工认为应储存知识 B_{24}
	员工能描述所学习的内容 B_{25}
	员工及时记录新知识 B_{26}
知识分享和创造 B_3	鼓励员工分享知识 B_{31}
	鼓励员工创新知识 B_{32}
	各部门之间经常交流 B_{33}
	分享和创造知识的氛围浓厚 B_{34}
	上下级之间经常分享信息/知识 B_{35}
	信息透明度高 B_{36}
	企业图书资源充分性 B_{37}
	有企业内网可以进行知识分享 B_{38}
	企业网站经常分享知识 B_{39}
知识应用 B_4	企业常常总结经验教训 B_{41}
	鼓励应用新知识 B_{42}
	员工利用知识提升工作效率 B_{43}
	企业利用相关知识制定决策 B_{44}
	有充分知识供员工运用 B_{45}
	企业能整合知识以解决问题 B_{46}
	员工能运用培训所学知识 B_{47}
	企业的产品和服务能反映企业知识优势 B_{48}

根据以上文献资料及法尔德（Hassan Danaee Fard，2010）的分析模型

结合山西省知识管理专家建议整理而成。

5.2.2 运用层次分析法确定知识管理绩效评价指标体系的相对权重

1. 指标相对优越性评价

权重系数的确定很重要，它直接影响着最终的评价结果，常见的确定权重的方法很多，如二元对比函数法、层次分析法等。权重的确定是一个不断比较综合的过程，评价指标的确定充满着主观因素，本研究采用了层次分析法。层次分析法（AHP）是将与决策有关的元素分解成目标、准则、方案等层次，在此基础之上进行定性和定量分析的决策方法。层次分析法的第一步是找出研究对象所涉及的主要因素及各因素之间的关联和隶属关系，构造层次结构（见表 5 – 1）。然后采用 1 ~ 9 标度方法，逐对比较指标的相对优越程度，得出比较判断矩阵 $A = (a_{ij})_{n \times n}$，即成对比较矩阵。满足 $a_{ij} = \dfrac{a_{ik}}{a_{jk}}$，$a_{ij} > 0$，$a_{ji} = \dfrac{1}{a_{ij}}$（i，j，k = 1，…，n）。本研究邀请了 6 位来自高校和企业的知识管理专家对本研究的指标体系进行成对打分，得到一个综合专家智慧、并按一致性情况进行整合的打分结果，如表 5 – 2 ~ 表 5 – 6 所示。

（1）对于总目标 A（知识管理实施绩效水平）。

表 5 – 2　　　　　　　　　　　A – B 判断矩阵

	知识产生	知识储存	知识分享和创造	知识应用
A	B_1	B_2	B_3	B_4
B_1	1	2	3	1/2
B_2	1/2	1	3	1/3
B_3	1/3	1/3	1	1/4
B_4	2	3	4	1

（2）知识产生。

表 5 - 3　　　　　　　　　　　　　　$B_1 - B_{1i}$判断矩阵

B_1	B_{11}	B_{12}	B_{13}	B_{14}	B_{15}	B_{16}	B_{17}	B_{18}	B_{19}
B_{11}	1	2	4	2	3	3	4	5	5
B_{12}	1/2	1	3	1	2	2	3	4	4
B_{13}	1/4	1/3	1	1/3	1/2	1/2	1	2	2
B_{14}	1/2	1	3	1	2	2	3	4	4
B_{15}	1/3	1/2	2	1/2	1	1	2	3	3
B_{16}	1/3	1/2	2	1/2	1	1	2	3	3
B_{17}	1/4	1/3	1	1/3	1/2	1/2	1	2	2
B_{18}	1/5	1/4	1/2	1/4	1/3	1/3	1/2	1	1
B_{19}	1/5	1/4	1/2	1/4	1/3	1/3	1/2	1	1

（3）知识储存。

表 5 - 4　　　　　　　　　　　　　　$B_2 - B_{2i}$判断矩阵

B_2	B_{21}	B_{22}	B_{23}	B_{24}	B_{25}	B_{26}
B_{21}	1	1/2	1	4	2	3
B_{22}	2	1	2	5	3	4
B_{23}	1	1/2	1	4	2	3
B_{24}	1/4	1/5	1/4	1	1/3	1/2
B_{25}	1/2	1/3	1/2	3	1	2
B_{26}	1/3	1/4	1/3	2	1/2	1

（4）知识分享。

表 5 - 5　　　　　　　　　　　　　　$B_3 - B_{3i}$判断矩阵

B_3	B_{31}	B_{32}	B_{33}	B_{34}	B_{35}	B_{36}	B_{37}	B_{38}	B_{39}
B_{31}	1	2	2	1	1/2	3	4	5	5
B_{32}	1/2	1	1	1/2	1/3	2	3	4	4
B_{33}	1/2	1	1	1/2	1/3	2	4	5	5
B_{34}	1	2	2	1	1/2	1/3	1/4	1/5	1/5

B_3	B_{31}	B_{32}	B_{33}	B_{34}	B_{35}	B_{36}	B_{37}	B_{38}	B_{39}
B_{35}	2	3	3	2	1	4	5	6	6
B_{36}	1/3	1/2	1/2	3	1/4	1	2	3	3
B_{37}	1/4	1/4	1/4	4	1/5	1/2	1	2	2
B_{38}	1/5	1/5	1/5	5	1/6	1/3	1/2	1	1
B_{39}	1/5	1/5	1/5	5	1/6	1/2	1/2	1	1

（5）知识应用。

表 5 - 6 $B_4 - B_{4i}$判断矩阵

B_4	B_{41}	B_{42}	B_{43}	B_{44}	B_{45}	B_{46}	B_{47}	B_{48}
B_{41}	1	1	1/2	1	2	3	1/2	2
B_{42}	1	1	1/2	1	2	3	1/2	2
B_{43}	2	2	1	2	3	4	1	3
B_{44}	1	1	1/2	1	2	3	1/2	2
B_{45}	1/2	1/2	1/3	1/2	1	2	1/3	1
B_{46}	1/3	1/3	1/4	1/3	1/2	1	1/5	1/2
B_{47}	2	2	1	2	3	1/5	1	4
B_{48}	1/2	1/2	1/3	1/2	1	2	1/4	1

2. 各成对比较矩阵对应权向量的计算及一致性检验

（1）计算步骤：

①将比较矩阵 A 按列归一化，即

$$b_{ij} = \frac{a_{ij}}{\sum\limits_{i=1}^{n} a_{ij}} \tag{1}$$

得矩阵 B。

②将矩阵 B 按行求和得到矩阵 V。

③把矩阵 V 归一化得矩阵 W，即为 A 的特征向量。

根据

$$\lambda_{max} = \sum_{i=1}^{n} \frac{(AW)_i}{nW_i} \tag{2}$$

求得 A 的最大特征根 λ_{max}。式中（AW）$_i$ 表示 AW 的第 i 个元素。

④一致性检验：计算一致性指标

$$CI = \frac{\lambda_{max} - n}{n - 1} \tag{3}$$

计算一致性比例　　　$CR = \dfrac{CI}{RI}$（RI 可以通过查表获得）　　　　（4）

当 CR < 0.1 时，判断矩阵有满意的一致性，否则需要重新调整判断矩阵，使之具有满意的一致性。

对于 1~9 阶矩阵，平均随机一致性指标 RI 为：

矩阵阶数	1	2	3	4	5	6	7	8	9
RI	0.00	0.00	0.58	0.90	1.12	1.24	1.32	1.41	1.45

（2）各成对比较矩阵对应权向量的计算及一致性检验结具（见表 5-7~表 5-11）。

①对于评价目标（知识管理水平）：

表 5-7　　　　　　　　一级指标对评价目标知识管理水平的指标权重

知识产生	知识储存	知识分享	知识应用	λ_{max}	CI	CR
0.2754	0.1760	0.0854	0.4632	4.0873	0.0291	0.0327

②对于知识产生。

表 5-8　　　　　　　　二级指标对知识产生的指标权重

B_{11}	B_{12}	B_{13}	B_{14}	B_{15}	B_{16}	B_{17}	B_{18}	B_{19}	λ_{max}	CI	CR
0.2616	0.1694	0.0606	0.1694	0.1020	0.1020	0.0606	0.0373	0.0373	9.0151	0.0019	0.0013

③对于知识储存。

表 5-9　　　　　　　　二级指标对知识储存的指标权重

B_{21}	B_{22}	B_{23}	B_{24}	B_{25}	B_{26}	λ_{max}	CI	CR
0.2068	0.3407	0.2068	0.0488	0.1218	0.0752	6.0718	0.0144	0.0116

④对于知识分享和创造

表 5 – 10　　　　　　　二级指标对知识分享的指标权重

B_{31}	B_{32}	B_{33}	B_{34}	B_{35}	B_{36}	B_{37}	B_{38}	B_{39}	λ_{max}	CI	CR
0.1728	0.1070	0.1161	0.1763	0.2626	0.0674	0.0414	0.0279	0.0286	9.1806	0.0226	0.0156

⑤对于知识应用

表 5 – 11　　　　　　　二级指标对知识应用的指标权重

B_{41}	B_{42}	B_{43}	B_{44}	B_{45}	B_{46}	B_{47}	B_{48}	λ_{max}	CI	CR
0.1341	0.1341	0.2372	0.1341	0.0448	0.0448	0.1691	0.0720	8.2092	0.0299	0.0212

经过以上计算，各矩阵的 CR 均小于 0.1，可见各判断矩阵具有满意的一致性。可得高新技术企业知识管理实施水平评价指标体系各指标权重分布情况，见表 5 – 12：

表 5 – 12　　　　　　　　　一、二级指标权重一览

一级指标权重值	二级指标	权重值	λ_{max}	CI	CR
知识产生 B_1 0.27541	系统的培训方案 B_{11}	0.26156	9.0151	0.0019	0.0013
	管理者与员工经常讨论 B_{12}	0.16936			
	管理者了解部门员工的专长 B_{13}	0.06062			
	支持员工参与各种学习活动 B_{14}	0.16936			
	优先保留知识丰富、学历高的员工 B_{15}	0.10199			
	员工掌握知识越多收入越高 B_{16}	0.10199			
	工作绩效取决于知识 B_{17}	0.06062			
	鼓励员工发表论文并给予奖励 B_{18}	0.03725			
	将外文资料翻译为中文资料 B_{19}	0.03725			
知识储存 B_2 0.17597	更新、取代过时知识 B_{21}	0.20677	6.0718	0.0144	0.0116
	整理知识并编成工作手册、资料库 B_{22}	0.34067			
	有信息管理系统并进行数据库建设 B_{23}	0.20677			
	员工认为应储存知识 B_{24}	0.04884			
	员工能描述所学习的内容 B_{25}	0.12175			
	员工及时记录新知识 B_{26}	0.07520			

续表

一级指标 权重值	二级指标	权重值	λ_{max}	CI	CR
知识分享 和创造 B_3 0.08543	鼓励员工分享知识 B_{31}	0.17281	9.1806	0.0226	0.0156
	鼓励员工创新知识 B_{32}	0.10696			
	各部门之间经常交流 B_{33}	0.11605			
	分享和创造知识的氛围浓厚 B_{34}	0.17634			
	上下级之间经常分享信息／知识 B_{35}	0.26259			
	信息透明度高 B_{36}	0.06738			
	企业图书资源充分性 B_{37}	0.04141			
	有企业内网可以进行知识分享 B_{38}	0.02788			
	企业网站经常分享知识 B_{39}	0.02858			
知识应用 B_4 0.46318	企业常常总结经验教训 B_{41}	0.13408	8.2092	0.0299	0.0212
	鼓励应用新知识 B_{42}	0.13408			
	员工利用知识提升工作效率 B_{43}	0.23721			
	企业利用相关知识制定决策 B_{44}	0.13408			
	有充分知识供员工运用 B_{45}	0.04476			
	企业能整合知识以解决问题 B_{46}	0.04476			
	员工能运用培训所学知识 B_{47}	0.16909			
	企业的产品和服务能反映企业知识优势 B_{48}	0.07204			

5.2.3　高新技术企业知识管理实施水平评价指标的重要性排序及其说明

由表 5 - 12 和表 5 - 13 可以看出知识产生和知识运用两项指标对于评价企业知识管理实施水平最为重要，两项指标的权重加起来占到近 77% 。具体到二级指标，员工利用知识提升工作效率、员工能运用培训所学知识、系统的培训方案、企业常常总结经验教训、鼓励运用新知识、企业利用相关知识制定决策、整理归类知识并编成工作手册和资料库等、管理者经常与员工讨论、支持员工参与各种学习活动、更新、取代过时知识等指标分列前 10，权重比重占整个指标体系的 64% 左右。因此企业可以重点从增加对员工运用新知识取得的成果进行奖励以鼓励员工运用知识、建构系统的培训方案对员工进行系统培训、通过经验交流会总结企业经营的成功经验及失败的教训、引入管理信息系统进行企业的数据库建设、为员工参与各种学习活动提供资源支持、设置专人负责企业知识的更新以及培养管理者与员工就问题解决和绩效改进等方面进行讨论的意识和习惯等方面着手提高企业知识管理实施水平。当然，不同行业、不同类型的企业的情况可能有所不同，需要管理者根据企业在具体实施知识管理过程中存在的主要问题进行具体分析。

表 5 – 13 　　　　　　　　　　**二级指标对评价目标的权重排序**

指标	权重	排序
员工利用知识提升工作效率 B_{43}	0. 1099	1
员工能运用培训所学知识 B_{47}	0. 0783	2
系统的培训方案 B_{11}	0. 0720	3
企业常常总结经验教训 B_{41}	0. 0621	4
鼓励应用新知识 B_{42}	0. 0621	5
企业利用相关知识制定决策 B_{44}	0. 0621	6
整理归类知识并编成工作手册、资料库 B_{22}	0. 0599	7
管理者与员工经常讨论 B_{12}	0. 0466	8
支持员工参与各种学习活动 B_{14}	0. 0466	9
更新、取代过时知识 B_{21}	0. 0364	10
有信息管理系统并进行数据库建设 B_{23}	0. 0364	11
企业的产品和服务能反映企业知识优势 B_{48}	0. 0334	12
优先保留知识丰富、学历高的员工 B_{15}	0. 0281	13
员工掌握知识越多收入越高 B_{16}	0. 0281	14
上下级之间经常分享信息/知识 B_{35}	0. 0224	15
员工能描述所学习的内容 B_{25}	0. 0214	16
有充分知识供员工运用 B_{45}	0. 0207	17
企业能整合知识以解决问题 B_{46}	0. 0207	18
管理者了解部门员工的专长 B_{13}	0. 0167	19
工作绩效取决于知识 B_{17}	0. 0167	20
分享和创造知识的氛围浓厚 B_{34}	0. 0151	21
鼓励员工分享知识 B_{31}	0. 0148	22
员工及时记录新知识 B_{26}	0. 0132	23
鼓励员工发表论文并给予奖励 B_{18}	0. 0103	24
将外文资料翻译为中文资料 B_{19}	0. 0103	25
各部门之间经常交流 B_{33}	0. 0099	26

指标	权重	排序
鼓励员工创新知识 B_{32}	0.0091	27
员工认为应储存知识 B_{24}	0.0086	28
信息透明度高 B_{36}	0.0058	29
企业图书资源充分性 B_{37}	0.0035	30
有企业内网可以进行知识分享 B_{38}	0.0024	31
企业网站经常分享知识 B_{39}	0.0024	32

5.3　高新技术企业知识管理实施效果的评价指标体系

5.3.1　高新技术企业知识管理实施效果的评价体系指标选择

知识能够引致有效行为，有效行为包括更佳的决策和更好的作业方法，而更佳的决策和更好的作业方法的具体表现就是更高的公司效率、更强的反应能力、更优秀的员工技能和更杰出的创新能力。所以知识管理的实质就是探讨知识何以能够引致更佳的决策和更好的作业方法。针对某一特定问题，行动者要拿出更佳的决策或作业方法，就必须进行学习，即从知识库中查找相关的信息，将所获取的信息与个人背景结合（俗称理解）就可获得更佳决策或作业方法，其具体表现形式有以下几种类型：

避免犯代价高昂的错误——通过在改组或业务流程重组过程中推行知识管理，可以帮助公司少犯错误，尤其是那些代价高昂的错误。

通过共享最佳知识经验节约成本——公司可以将内部最佳实践经验或知识总结、编码推广应用到类似的作业中去，从而达到节约运营成本的目的。

促进员工协作——知识管理可以协助公司和知识工作者更自由地共同工作，创造新知识并将新知识转化为更富有新意的产品、服务和更高的公司运营效率。

提高员工素质——知识管理可以激发员工更好地理解自己的工作，重组自己的工作流程，提高工作效率，增进员工的自信，促使员工成为更有教养、更富有独立性、愿意承担更大责任的优秀员工。

其他方面——改进客户支持服务，加快解决问题的速度，针对市场变化迅速调整公司方针和策略等。

知识管理各项运作最终目标在于转化成为决策与行动、提升组织绩效。组织知识管理绩效实施效果具体体现以下能力：

（1）应变能力：通过知识分享、发挥集体智慧以提升组织应对市场变化或客户需求的能力。

（2）创新能力：提升技术、产品与服务创新的绩效。

（3）整合能力：整合部门间知识的四种机制，如规则与指令、作业流程时序性、常规与团队的问题解决、决策等。

（4）学习能力：激励机制，激发知识工作者创造新知、学习、分享知识与协助其他部门的成员提升组织学习能力。

（5）经营能力：企业对包括内部条件及其发展潜力在内的经营战略与计划的决策能力，以及企业上下各种生产经营活动的管理能力的总和。由企业素质确定的企业经营成果的大小，实际上也就是企业经营力的大小。

构建高新技术企业知识管理实施结果评价指标体系见表 5 – 14。

表 5 – 14   企业知识管理实施结果评价指标体系

一级指标	二级指标
应变能力 u_1	企业中暴露的问题增加 u_{11}
	企业决策效率提高 u_{12}
	企业能够迅速适应未预期到的变化并调整目标与决策 u_{13}
	企业能够迅速回应市场需求 u_{14}
创新能力 u_2	企业能够容忍创新失败，并有一定资金支持 u_{21}
	开发的新产品或新服务增加 u_{22}
	申请的专利增加 u_{23}
整合能力 u_3	企业能够利用相关信息来制定投资决策 u_{31}
	员工参与决策的积极性增加 u_{32}
	能够协调、整合不同部门间的工作成果 u_{33}
	规章制度不断完善 u_{34}
	回应顾客需求或抱怨的时间短、顾客反馈良好 u_{35}
	开放信任的气氛弥漫整个企业 u_{36}
	与外部产学研机构的合作增加 u_{37}

一级指标	二级指标
学习能力 u_4	对员工培训的针对性增强 u_{41}
	企业对员工的培训时间增多 u_{42}
	员工学习新事物与技术的积极性增强 u_{43}
	企业处理危机的能力增强 u_{44}
	员工能快速掌握新技术 u_{45}
	员工能够充分利用企业的数据库 u_{46}
经营能力 u_5	企业净资产收益率提高 u_{51}
	企业品牌认知度提高 u_{52}
	员工平均收入水平提高 u_{53}
	企业的社会认同度提高 u_{54}
	客户满意率提高 u_{55}

5.3.2 运用层次分析法确定高新技术企业知识管理实施效果指标体系的相对权重

1. 各指标的判断矩阵（见表5-15~表5-20）

表5-15　　　　　　　　　　　　P-U判断矩阵

	应变能力	创新能力	整合能力	学习能力	经营能力
P	u_1	u_2	u_3	u_4	u_5
u_1	1	3	2	4	1/2
u_2	1/3	1	1/2	2	1/4
u_3	1/2	2	1	3	1/4
u_4	1/4	1/2	1/3	1	1/6
u_5	2	4	4	6	1

表5-16　　　　　　　　　　　　U_1-U_{1i}判断矩阵

	U_{11}	U_{12}	U_{13}	U_{14}
U_{11}	1	1/2	1/4	1/3
U_{12}	2	1	1/6	1/2
U_{13}	4	6	1	2
U_{14}	3	2	1/2	1

表 5 – 17 $U_2 - U_{2i}$判断矩阵

U_2	U_{21}	U_{22}	U_{23}
U_{21}	1	2	3
U_{22}	1/2	1	2
U_{23}	1/3	1/2	1

表 5 – 18 $U_3 - U_{3i}$判断矩阵

U_3	U_{31}	U_{32}	U_{33}	U_{34}	U_{35}	U_{36}	U_{37}
U_{31}	1	2	4	5	4	3	6
U_{32}	1/2	1	3	4	3	2	5
U_{33}	1/4	1/3	1	2	1	1/2	3
U_{34}	1/5	1/4	1/2	1	1/2	1/3	2
U_{35}	1/4	1/3	1	2	1	1/2	3
U_{36}	1/3	1/2	2	3	2	1	4
U_{37}	1/6	1/5	1/3	1/2	1/3	1/4	1

表 5 – 19 $U_4 - U_{4i}$判断矩阵

U_4	U_{41}	U_{42}	U_{43}	U_{44}	U_{45}	U_{46}
U_{41}	1	3	1	1	1/2	2
U_{42}	1/3	1	1/3	1/3	1/6	1/2
U_{43}	1	3	1	1	1/2	2
U_{44}	1	3	1	1	1/2	2
U_{45}	2	6	2	2	1	3
U_{46}	1/2	2	1/2	1/2	1/3	1

表 5 – 20 $U_5 - U_{5i}$判断矩阵

U_5	U_{51}	U_{52}	U_{53}	U_{54}	U_{55}
U_{51}	1	1/2	3	2	2
U_{52}	2	1	7	5	5
U_{53}	1/3	1/7	1	1/3	1/3
U_{54}	1/2	1/5	3	1	1
U_{55}	1/2	1/5	3	1	1

2. 各判断矩阵对应权重的计算及一致性检验结果

由第二部分权重计算方法和一致性检验的理论，可得到高新技术企业知识管理实施结果评价指标体系的相对权重（见表 5 – 21 ~ 表 5 – 26）。

表 5 – 21　　　　　　　　一级指标对评价目标知识管理实施结果的指标权重

应变能力	创新能力	整合能力	学习能力	经营能力	λ_{max}	CI	CR
0.1867	0.0155	0.0467	0.0045	0.7466	5.1506	0.0376	0.0336

表 5 – 22　　　　　　　　　　二级指标对应变能力的指标权重

U_{11}	U_{12}	U_{13}	U_{14}	λ_{max}	CI	CR
0.0220	0.0440	0.7472	0.1868	5.2659	0.0665	0.0594

表 5 – 23　　　　　　　　　　二级指标对创新能力的指标权重

U_{21}	U_{22}	U_{23}	λ_{max}	CI	CR
0.6350	0.2592	0.1058	5.2834	0.0709	0.0632

表 5 – 24　　　　　　　　　　二级指标对整合能力的指标权重

U_{31}	U_{32}	U_{33}	U_{34}	U_{35}	U_{36}	U_{37}	λ_{max}	CI	CR
0.7556	0.1889	0.0070	0.0013	0.0070	0.0398	0.0004	5.4325	0.1081	0.0965

表 5 – 25　　　　　　　　　　二级指标对学习能力的指标权重

U_{41}	U_{42}	U_{43}	U_{44}	U_{45}	U_{46}	λ_{max}	CI	CR
0.3080	0.0099	0.3080	0.3080	0.0148	0.0513	5.4127	0.1032	0.0921

表 5 – 26　　　　　　　　　　二级指标对经营能力的指标权重

U_{51}	U_{52}	U_{53}	U_{54}	U_{55}	λ_{max}	CI	CR
0.1097	0.8380	0.0033	0.0245	0.0245	5.3178	0.0795	0.0709

经过以上计算，各矩阵的 CR 均小于 0.1，可见各判断矩阵具有满意的

一致性。可得高新技术企业知识管理实施效果评价指系各指标权重分布情况见表5-27。

表5-27　　　　　　企业知识管理实施结果评价指标体系及其权重

一级指标 权重值	二级指标	权重值	λ_{max}	CI	CR
应变能力 u_1 0.1867	企业中暴露的问题增加 U_{11}	0.0220	5.2659	0.0665	0.0594
	企业决策效率提高 U_{12}	0.0440			
	企业能够迅速适应未预期到的变化并调整目标与决策 U_{13}	0.7472			
	企业能够迅速回应市场需求 U_{14}	0.1868			
创新能力 u_2 0.0155	企业能够容忍创新失败，并有一定资金支持 U_{21}	0.6350	5.2834	0.0709	0.0632
	开发的新产品或新服务增加 U_{22}	0.2592			
	申请的专利增加 U_{23}	0.1058			
整合能力 u_3 0.0467	利用相关信息来制定投资决策 U_{31}	0.7556	5.4325	0.1081	0.0965
	员工参与决策的积极性增加 U_{32}	0.1889			
	协调、整合不同部门间成果 U_{33}	0.0070			
	规章制度不断完善 U_{34}	0.0013			
	回应顾客需求或抱怨的时间短、顾客反馈良好 U_{35}	0.0070			
	开放信任的气氛弥漫整个企业 U_{36}	0.0398			
	与外部产学研机构的合作增加 U_{37}	0.0004			
学习能力 u_4 0.0045	对员工培训的针对性增强 U_{41}	0.3080	5.4127	0.1032	0.0921
	企业对员工的培训时间增多 U_{42}	0.0099			
	员工学习新事物与技术的积极性增强 U_{43}	0.3080			
	企业处理危机的能力增强 U_{44}	0.3080			
	员工能快速掌握新技术 U_{45}	0.0148			
	员工能够充分利用企业的数据库 U_{46}	0.0513			
经营能力 u_5 0.7466	企业净资产收益率提高 U_{51}	0.1097	5.3178	0.0795	0.0709
	企业品牌认知度提高 U_{52}	0.8380			
	员工平均收入水平提高 U_{53}	0.0033			
	企业的社会认同度提高 U_{54}	0.0245			
	客户满意率提高 U_{55}	0.0245			

5.3.3　高新技术企业知识管理实施效果绩效评价指标的重要性排序及其说明

由表 5 - 28 可知，高新技术企业知识管理实施效果评价体系的五种能力构成中，经营能力与应变能力所占比重较高，分别达到了 0.7466 和 0.1867，两者之和占比达到 90% 以上。其对总体评价水平较为重要。具体到二级指标，品牌认知度、企业决策水平与能力、资产收益、市场反应能力、企业的社会认同度、客户满意率、对于创新失败的容忍度等方面的权重占到全体的 95%，可见知识管理实施效果的评价指标相对比较集中，企业应该重点在品牌、企业决策、客户与社会的认同等方面下大力气，有意识地不断提高在这些管理过程中知识的运用。

表 5 - 28　　　　　　　　　二级指标对评价目标的权重排序

指标	权重	排序
企业品牌认知度提高 U_{52}	0.62565	1
企业能够迅速适应未预期到的变化并调整目标与决策 U_{13}	0.13950	2
企业净资产收益率提高 U_{51}	0.08190	3
利用相关信息来制定投资决策 U_{31}	0.03529	4
企业能够迅速回应市场需求 U_{14}	0.03478	5
企业的社会认同度提高 U_{54}	0.01829	6
客户满意率提高 U_{55}	0.01829	6
企业能够容忍创新失败，并有一定资金支持 U_{21}	0.00984	8
员工参与决策的积极性增加 U_{32}	0.00882	9
企业决策效率提高 U_{12}	0.00821	10
企业中暴露的问题增加 U_{11}	0.00411	11
开发的新产品或新服务增加 U_{22}	0.00402	12
员工平均收入水平提高 U_{53}	0.00246	13
开放信任的气氛弥漫整个企业 U_{36}	0.00186	14
申请的专利增加 U_{23}	0.00164	15
对员工培训的针对性增强 U_{41}	0.00139	16
员工学习新事物与技术的积极性增强 U_{43}	0.00139	16
企业处理危机的能力增强 U_{44}	0.00139	16

指标	权重	排序
协调、整合不同部门间成果 U_{33}	0.00033	19
回应顾客需求或抱怨的时间短、顾客反馈良好 U_{35}	0.00033	19
员工能够充分利用企业的数据库 U_{46}	0.00023	21
员工能快速掌握新技术 U_{45}	0.00007	22
规章制度不断完善 U_{34}	0.00006	23
企业对员工的培训时间增多 U_{42}	0.00004	24
与外部产学研机构的合作增加 U_{37}	0.00002	25

第*6*章

问卷设计、样本数据收集与分析

6.1　知识管理绩效评价与问卷设计

统计调查是取得社会经济现象数据的重要渠道。本研究的调查对象是高新技术企业，根据调查对象的特点、数量和地理分布，采用普查的方法在实践和财力等方面是不现实的。本研究采用以基于问卷形式的随机抽样调查方法为主，结合若干典型企业的访谈和现场观察法。不过问卷调查法所获得的资料的真实程度，受被调查者的知识水平和对调查目的的理解程度的影响。因此，为了提高问卷调查的数据的准确性和真实性，本调查问卷的调查对象严格限制在对企业的技术和生产情况有一定了解的中高层管理者、技术人员、研发人员等，而不是普通操作工人。为做到这一点，本问卷调查表在注意事项中就强调了调查对象的范围。此外，在发送时首先明确了对方的身份，从而尽可能减少不合格的问卷数量。

6.1.1　调查对象——高新技术企业

20 世纪 70 年代中期以后，世界进入了以信息技术为核心的高新技术蓬勃发展的时期。以数字化、网络化为特征的现代信息技术作为当代高技术发展的主导力量，对世界经济、社会的发展产生了强大的推动力量。由于高技术产业发展的带动，美国经济在 20 世纪 90 年代产生了持续近 10 年的高增长、低通胀、低失业率的经济发展的奇迹；另一方面，在高技术领域中，信息技术、生物技术、空间技术、能源技术等领域重大突破接踵不断，以纳米科技为特征的生物技术、信息技术、新材料技术的研发工作创新浪潮迭起。这些新的科技成果孕育形成了一场新的科技和经济的革命，高新技术产业已经成为、并将继续保持世界经济最富有活力的增长点。

现代科技与经济发展的一个显著特点，就是当代科学理论走在技术和生产的前面，为技术和生产的发展开辟各种可能的途径。比如，先有了量子理论和布尔代数，而后促进了集成电路和电子计算机的发展；先有了原子核理论，而后促进了核技术和原子能的发展。现代科学和技术的这种特点，决定了它在经济发展中必然成为主导力量。

在 1999 年 12 月和 2000 年 1 月间，《IT 经理世界》和微软（中国）有限公司联合进行了"中国企业知识管理现状调查"（强韶华，2003）。调查采用电话问卷的方式，面向国内 500 家企业的 CEO、CIO 进行了调查。调查针对知识管理的重点设计相应指标，主要调查企业是否真正地积累和运用知识。调查发现，71% 的企业认为，企业业务的发展依赖于企业特有的知识，依赖于员工掌握的技能。有 23% 的企业表示尚未开始关注知识管理，有 40% 和 35% 的企业表示分别处于知识管理项目的调研准备和实施阶段，只有不到 2% 的企业真正实现了知识管理。

周哗、胡汉辉、潘安成（2005）在我国经济发达地区选择了 26 家企业，探寻了企业现有知识管理的实践活动。从调研的总体情况来看，目前我国企业开始进入知识管理实践活动的导入期，26 家企业都认识到了管理企业知识资源的重要性，都开展了不同形式、不同程度的知识管理活动。然而，从企业知识管理活动的具体实践看，大多数企业现有的知识管理活动还处于传统管理思想与方法下对知识资源零散的管理，尚未建立起全面的知识管理体系。外资企业与合资企业的知识管理实践相对深入，半数企业已经初步建立起知识管理体系；民营企业注重知识管理的导入，多数企业在加强知识管理系统建设的基础上，逐步开展了知识管理的活动；国有及国有控股企业知识管理的实践相对落后，部分企业的知识资源与活动缺乏有效的管理。

本书的研究对象定位是知识密集和对技术创新具有较高要求的高新技术

企业。我国高新技术企业从 20 世纪 90 年代开始有了迅速的发展，但由于企业普遍地规模较小，可能尚缺乏对知识管理工作系统性的认识。高新技术企业由于其本身的特点，知识含量高、研发投入大、员工受教育程度高、产品周期短、市场竞争激烈，因此知识在企业中的获取、传递、应用等对企业绩效的影响显得尤为突出和重要。高新技术产业所形成的成就和规模已经构成了新经济的轮廓；另一方面，高新技术产业发展的一个显著特点是高智力、高创造性，它是典型的以知识为基础的产业，知识在企业的发展中发挥着决定性的作用。此外，考虑到各种类型的企业的技术创新方式、知识流程与组织管理等有着很大的不同，尽管也非常有研究意义，但为了使得本研究更加聚焦，因此，本项研究中所有的样本企业都是选自高新技术企业。一方面是这些企业知识管理活动相似程度高，研究所得的结果对实际工作指导意义强；另一方面是近几年来高新技术产业是社会各方面十分看好的朝阳产业，高新技术企业的发展也需要运用知识管理加强企业的管理和发展。因此，研究知识管理在我国高新技术企业中的作用也有着很强的现实意义。

（1）对于高新技术的定义，经济合作与发展组织（OECD）在 1988 年所做的研究是：高新技术是指那些需要以充满活力和持续进步的研究和开发为基础的迅速发展和高度综合的经济部门（夏海钧，2001）。经济合作与发展组织（OECD）对高技术的划分标准是按照研究开发经费占销售额的比例来划分的：凡是研究开发经费占销售额的比例高于 7.1% 的产业称为高技术产业；高于 2.7% 的定义为中技术产业，2.7% 以下的称为低技术产业。我国对于高新技术企业的定义是指在《国家重点支持的高新技术领域》内，持续进行研究开发与技术成果转化，形成企业核心自主知识产权，并以此为基础开展经营活动，在中国境内（不包括港、澳、台地区）注册一年以上的居民企业。它是知识密集、技术密集的经济实体。1991 年国务院颁布了"12 号文件"，明确规定了高新技术企业的认定标准。例如，高新技术企业必须是电子信息、生物技术等 11 个领域之内的企业；必须是知识密集和技术密集型企业；企业用于研发的投入必须占到企业销售收入的 3%～5%；企业的科技人员必须占到企业的 20%～30%；真正进行技术开发和技术研究的人员必须占到 10% 以上等。到 2005 年，国家高新区认定的高新技术企业已达到 3 万家。

（2）高新技术企业的认定标准。

根据科技部、财政部、国家税务总局 2008 年 4 月联合颁布的《高新技术企业认定管理办法》及《国家重点支持的高新技术领域》，高新技术企业的一般标准是：

①在中国境内（不含港、澳、台地区）注册的企业，近三年内通过自主研发、受让、受赠、并购等方式，或通过 5 年以上的独占许可方式，对其主要产品（服务）的核心技术拥有自主知识产权；

②产品（服务）属于《国家重点支持的高新技术领域》规定的范围；

③具有大学专科以上学历的科技人员占企业当年职工总数的 30% 以上，其中研发人员占企业当年职工总数的 10% 以上；

④企业为获得科学技术（不包括人文、社会科学）新知识，创造性地运用科学技术新知识，或实质性地改进技术、产品（服务）而持续进行研究开发活动，且近三个会计年度的研究开发费用总额占销售收入总额的比例符合如下要求：

a. 最近一年销售收入小于 5 000 万元的企业，比例不低于 6%；

b. 最近一年销售收入在 5 000 万元至 20 000 万元的企业，比例不低于 4%；

c. 最近一年销售收入在 20 000 万元以上的企业，比例不低于 3%。

其中，企业在中国境内发生的研究开发费用总额占全部研究开发费用总额的比例不低于 60%。企业注册成立时间不足三年的，按实际经营年限计算；

⑤高新技术产品（服务）收入占企业当年总收入的 60% 以上；

⑥企业研究开发组织管理水平、科技成果转化能力、自主知识产权数量、销售与总资产成长性等指标符合《高新技术企业认定管理工作指引》的要求。

高新技术企业资格自颁发证书之日起有效期为三年。企业应在期满前三个月内提出复审申请，不提出复审申请或复审不合格的，其高新技术企业资格到期自动失效。

（3）高新技术企业的划分。

高新技术企业从行业可划分，可以分为电子信息产业、生物与新医药技术、航空航天技术、新材料技术、高技术服务业、新能源及节能技术、资源与环境技术以及高新技术改造传统产业。具体包括如下内容。

①电子信息技术

技术包括：软件技术、微电子技术、计算机及网络技术、通信技术、广播电视技术、新型电子元器件、信息安全技术、智能交通技术。

②生物与新医药技术

技术包括：医药生物技术；中药、天然药物；化学药；新剂型及制剂技术；医疗仪器技术、设备与医学专用软件；轻工和化工生物技术。

③航空航天技术

技术包括：民用飞机技术；空中管制系统；新一代民用航空运行保障系统；卫星通信应用系统；卫星导航应用服务系统。

④新材料技术

技术包括：金属材料；无机非金属材料；高分子材料；生物医用材料；精细化学品。

⑤高技术服务业

技术包括：共性技术；现代物流；集成电路；业务流程外包（BPO）；文化创意产业支撑技术；公共服务；技术咨询服务；精密复杂模具设计；生物医药技术；工业设计。

⑥新能源及节能技术

技术包括：可再生清洁能源技术；风能；生物质能；地热能利用；核能及氢能；新型高效能量转换与储存技术；高效节能技术。

⑦资源与环境技术

技术包括：水污染控制技术；大气污染控制技术；固体废弃物的处理与综合利用技术；环境监测技术；生态环境建设与保护技术；清洁生产与循环经济技术；资源高效开发与综合利用技术。

⑧改造传统产业

技术包括：工业生产过程控制系统；高性能、智能化仪器仪表；先进制造技术；新型机械；电力系统信息化与自动化技术；汽车行业相关技术。

6.1.2 统计调查方案

1. 调查目的

本次调查的目的在于了解我国高新技术企业知识管理工作中各要素的绩效情况，验证企业知识管理模型，从而为进一步提高企业的绩效提供实证的支撑，为解决我国高新技术企业当前较普遍存在的知识管理工作中各要素不协同的问题提供科学的理论指导和解决这一问题的可操作性的方法途径，从而有助于提高我国高新技术企业的技术创新能力和整体管理及绩效水平。

2. 调查对象

根据本调查的目的，本次问卷的调查对象是高新技术企业。调查表的填写人员是这些企业中了解技术和生产经营基本情况的中高层管理人员（如总经理、副总经理、研发与营销部门负责人、部门经理、项目经理、主管等）、技术人员、研发人员等。

3. 样本选择

本研究的样本选择范围仅限于中国大陆上的高新技术企业。我国高新技术企业主要分布于国家批准建设的高新技术开发区中。

从 20 世纪末以来，具有高技术含量、高附加值和高竞争力"三高"特征的高新技术开发区已经成为各国发展高新技术最为成功的模式，也成为了各国创新体系中的"火车头"和"领头羊"。美国的硅谷、日本的筑波、印度的班加罗尔软件园和中国台湾（地区）新竹科技园等成功范例充分说明高新技术开发区是增强一个国家或地区核心竞争力和提高创新能力的有效途径。

我国建设高新技术开发区是从 20 世纪 80 年代中期开始。1985 年 3 月，中共中央在《关于科学技术体制改革的决定》中指出，"为加快新兴产业的发展，要在全国选择若干智力密集区，采取特殊政策，逐步形成具有不同特色的新兴产业开发区"。1988 年 8 月，中央和国务院正式批准实施火炬计划，明确把创办高新区作为国家火炬计划中的重要组成部分。从那以后，各具特色的高新技术开发区在我国各地如雨后春笋般发展起来。根据统计，国家高新区的高新技术产品销售收入从 1991 年的 40 亿元增长到 2011 年的 78 640 亿元，翻了 1 966 倍，年均增长率为 53.4%。2010 年后，国务院再度加大对省级高新区升级为国家高新区的审批力度。截止到 2015 年，我国国家高新区总数已达 129 家。建立高新技术开发区被认为是中国市场经济进程中最为引人注目的现象之一。国务院要求新升级的国家高新区深入实施创新驱动发展战略，按照布局集中、产业集聚、用地集约、特色鲜明、规模适度、配套完善的要求、立足科学发展，着力自主创新，完善体制机制，努力成为促进技术进步和增强自主创新能力的重要载体，成为带动区域经济结构调整和经济发展方式转变的强大引擎，成为高新技术企业"走出去"参与国际竞争的服务平台，成为抢占世界高新技术产业制高点的前沿阵地。

由于高新技术开发区提供了自由生长的土壤，打开了自由进入市场的道路，高新技术产业才得以在中国的经济浪潮中阔步前进，并在过去十几年改变了中国经济的结构和增长方式。但是我国各地的高新技术开发区发展还存在良莠不齐的现象，有的已经跻身世界产业前列，有的存在可持续发展问题（高能耗、高污染的生产模式带来的地区沉重负荷），还有的甚至存在生存问题，特别是有的高新区为了引进某种技术或设备，前期花费了大量投入，但由于不注重学习和技术扩散，却收效甚微。因此，我们有必要从知识管理角度来对我国的高新技术开发区的绩效进行分析和比较，揭示高新技术企业知识管理的效率，以挖掘高新区内部的潜力，促进高新区生产模式的转化，并为高新区管理部门提供战略参考。

近年来，在国家技术创新体系和大力发展高新技术产业政策的推动下，我国高新技术开发区发展迅速，无论是高新区内的企业数量、工业总产值、营业总收入还是从业人员等方面都有较大幅度的增长。以 2009 年数据为例，我国高新技术开发区的企业数量达到 53 692 个，比上一年增长了 2%，高新技术开发区工业总产值达到 61 151.4 亿元，比上年增长了 14.4%，占全国工业总产值的 11.2%，表现出我国高新技术开发区迅猛发展的势头；产品销售总收入达到 62 809.6 亿元，比上年增长了 16.5%，约占全国工业企业主营业务收入的 20.3%；从业人员达到 815.3 万人，约占全国高新技术产业从业人数的 85.1%，汇集了我国绝大部分的高新技术人才，高新技术开发区在推进高技术产业发展方面做出了突出的贡献。

为了便于集中力量做好问卷的发放与回收，本研究按照国家通常的对于区域划分的惯例，选择了北京、广东和山西等三个地区高新技术园区中的企业，进行问卷的发放和调查工作。

本研究首先根据国家科技部火炬中心所掌握的高新技术企业名单，在各个园区中随机各选择一部分企业（每个园区分别选择 60～80 家不等）通过问卷星进行问卷发放。这些企业涉及机械制造、电子信息、医药与生物技术、材料、能源、环境等行业领域，具有比较广泛的代表性。

4. 问卷设计

问卷调查是本研究的主要方法之一，笔者在研究过程中严格遵守量表设计的原则和注意事项，并充分考虑我国文化背景下的语言习惯的基础上修改量表，但仍然可能存在不理想的题目。为了降低研究的误差，获取更为可信且有价值的研究结果，问卷调查一般需要进行预测试。拜雷和布奇（Bailey and Burch，2002）认为一个研究的预测试包括以下 10 个环节：①非正式的观察、访谈记录；②确定大致的频率、时间、行为密度；③选择预测试的被观测者，并确定获得可信的观察结果可能会遇到的困难；④确定地点和观测细节；⑤开发定义和观测方法；⑥开发初稿和数据表；⑦培训观察者；⑧测验数据表和草案；⑨按需要进行修订；⑩如果需要则对收集的数据重新进行信度测试，并进行修订。

基于以上建议，预测试主要包含以下几步：

（1）形成问卷初稿，将问卷的各个观测变量的测量量表进行整合；

（2）通过访谈教授与业内专家，以定性的方式，从理论探讨的角度对问卷的具体题项进行分析，发现研究设计与测量工具的缺点并进行修正，以降低大规模样本调查发生错误的可能性，提高研究的信度与效度，争取得到更真实可靠的研究成果；

（3）访谈企业的中高层管理人员，结合其实际工作经验对问卷内容进一步分析，确定答题人员的直观理解，对其中的专业词汇和歧义之处进行调整。尽可能保证问卷题目与员工实际工作有更多的联系，从而保证问卷的实用性；

（4）访谈咨询公司的高级管理人员，借鉴其长期从事问卷的发放与收集工作积累，进行问卷的修改工作；

（5）以山西省太原市的企业为对象进行小规模调查，主要检验问卷初稿的有效性与可行性，并以此为依据修改问卷。

问卷的设计参考了国内外一些较为成功的问卷调查的设计形式（Gold et al.，2001），力求围绕研究问题和假设进行问卷设计，并充分考虑到受调查者的不同知识背景和层次，以及受调查者工作较为繁忙，因此调查问卷尽可能设计得简明扼要和浅显易懂，并尽可能减少问卷填写时的麻烦。

根据本研究的主要问题，首先初步设计了问卷调查表，其内容包括企业的基本情况、知识管理各项内容的情况；设计了相应的问题及答案、指导语等。由于问卷信息通过访谈者的主观判断来获取，为了避免信息（数据）误差，要求问卷设计和访谈提纲，分别调查企业和个人的基本情况、知识管理效果与企业绩效等问题。关于企业知识管理活动及其绩效的问卷调查选择的尺度设计是里科特（Likert）量表，其形式是 5 分法，即给出一个命题，要求调查对象表明态度，判分如下：

1 = 非常不符合；

2 = 相当不符合；

3 = 有些符合；

4 = 相当符合；

5 = 非常符合。

选择 5 分制有以下的事实和科学依据：当被比较的事物在我们所考虑的属性方面具有一个数量级或很接近时，定性区别才有意义，也才有一定的精度。在估计事物的区别性时，可以用五种判断很好地表示，即最小、次小、一般、较大、最大；或最少、次少、一般、较多、最多；或最差、次差、一般、较好、最好；或最低、次低、一般、较高、最高。当需要更高精度时，还可以在相邻判断之间做出比较，这样，总共有五个数值，它们有连贯性，因此在实践中可以应用。

在比较中，五个项目为心理极限，如果我们取五个因素进行逐对比较，它们之间的差别可以用五个数值表示出来。社会调查也表明，在一般情况下，人至多需要五个标度点来区分事物之间质的差别或重要性程度的不同。

因此，本书选用 5 分制式是合理可行的。

5. 调查方法

调查方法是指搜集数据的具体方式。本问卷调查所采用的主要调查方法是随机抽样问卷调查，此外也结合对若干企业的访谈和直接观察法。

本调查问卷共分三部分：

（1）填报者与企业的基本信息；

（2）知识管理实施水平的问卷；

（3）知识管理实施效果的问卷。

6. 问卷发放与回收

为了确保大规模发放问卷的顺利进行，首先邀请十余位企业界人士进行了小范围试填，包括中高层管理者和技术、研发人员等。在他们对问卷内容反馈的基础上进一步修改问卷，最后确定问卷的最终稿。

为了消除问卷填写人员对于本企业有关情况保密的担心，在填写问卷时一是不要求有关人员填写姓名；二是对于本企业的名字也可以不填写，以保证填写人员真实反映本企业知识管理的状况。对每个企业的调查可由一人、也可以由多人分别填写。

问卷的发放和回收采用网络专业平台——问卷星来完成。

为了加强问卷回收的比例和足够的样本量，作者还分别委托在北京、广州、深圳、太原等地方相关方面的人员帮助提醒问卷填写人尽快返回问卷。

6.2 样本数据收集与描述性统计

经过调查得到的资料与数据，必须加工与整理。从定量分析的角度来说，对大量原始资料进行加工的目的是使之系统化、条理化、科学化，提高它们的使用价值。

本次调查共回收问卷 383 份，经过对回收的问卷的检查和审核，包括逻辑审查和技术审核，发现有 37 份问卷不符合规定要求，其中 21 份是企业类型不属于"高新技术企业"的行业要求，另有 16 份问卷回答不完整。最后得到有效问卷 346 份，涉及企业 165 家。问卷有效率为 90.3%。

此次调查问卷设计的背景变量是：企业所在地区、产权结构、主导行业及规模，表 6.1 ~ 表 6.4 分别列示了本次调查的样本分布特征。

6.2.1　样本区域分布统计

由表 6 - 1 可见，在所有的 346 个样本中，来自北京地区的样本 105 个，占比 30.35%，广东样本 99 个，占比 28.61%，山西样本 142 个，占比 41.04%。基本满足本次研究的需要。

表 6 - 1　　　　　　　　　　　　样本区域分布统计

地区划分	受访人数	所占比例
北京	105	30.35%
广东	99	28.61%
山西	142	41.04%
合计	346	100%

6.2.2　样本所在行业分布统计

由表 6 - 2 可见，在所有的 346 个样本中，除 5 个样本没有标明企业主导行业之外，其余 341 个企业都标明了所属主导行业。其中，占样本量最大的是属于生物与新医药行业，样本数量是 83 个，约占总有效样本的 23.99%；其次是电子信息产业的企业，样本数量 78 个，约占总有效样本的 22.54%；第三大类的企业来自于高技术服务行业，占比 19.36%。

表 6 - 2　　　　　　　　　　　　受访者所在行业分布统计

类型	人数	百分比
电子信息产业	78	22.54%
生物与新医药	83	23.99%
新材料技术	59	17.05%

类型	人数	百分比
高技术服务行业	67	19.36%
资源与环境技术	54	15.61%
其他	5	1.45%
合计	346	100%

6.2.3　样本所在单位产权结构分布统计

由表 6-3 可见，在所有的 346 个样本中，除 6 个样本没有标明企业产权结构之外，其余 340 个样本都标明了所属性质。在这其中，占样本量最大的是国有或国有控股企业，样本数量是 138 个，约占总有效样本的 39.88%；其次是民营企业，样本数量 72 个，约占总有效样本的 20.81%；最后是中外合资企业，样本数量是 54 个，约占总有效样本的 15.61%。本次调查范围从各种企业产权结构的样本数量来说有一定的合理性。

表 6-3　　　　　　　　　　受访者所在单位产权结构分布统计

类型	人数	百分比
国有或国有控股企业	138	39.88%
民营企业	72	20.81%
股份制企业	48	13.87%
中外合资企业	54	15.61%
外商独资企业	28	8.09%
其他	6	1.73%
合计	346	100%

6.2.4　关于企业规模的样本分布特征

本调查中企业规模用企业的年营销额来表示。由表 6-4 可见，在所有的 346 个样本中，除 7 个样本没有标明企业规模之外，其余 339 个企业都标明了所属规模区间。其中，样本量最大的是年营销额处于 500 万~3 000 万元规模区间的企业，样本数量是 112 个，约占总有效样本的 32.37%；其次是年营销额处于 500 万元以下规模区间的企业，样本数量 94 个，占总有效样本的 27.18%；两种规模的样本占有效样本总量的 59.55%，说明本次调查的样本半数以上的是中小规模的企业。最后是年营销额处于 3 000 万元 ~ 2 亿元，以及 2 亿 ~ 10 亿元规模区间的企业，样本数量分别是 57 个和 41 个，总共占总有效样本的 28.32%，而超过 10 亿元规模的企业所占总有效样本比例是 10.12%。因此，本次调查范围从各种企业规模的样本数量来说有一定的合理性。

表 6 – 4   受访者所在单位产权结构分布统计

企业规模	人数	百分比
500 万元以下	94	27.18%
500 万元 ~ 3 千万元	112	32.37%
3 千万元 ~ 2 亿元	57	16.47%
2 亿 ~ 10 亿元	41	11.85%
10 亿元以上	35	10.12%
其他	7	2.02%
合计	346	100%

6.3   信度与效度分析

6.3.1   量表的信度分析

信度主要是指测量结果的可靠性、一致性和稳定性，即测验结果是否反映了被测者的稳定的、一贯性的真实特征。本节对问卷调查中的指标信度进行统计分析；信度越高则表示量表项目之前的内在一致性越高，则量表设计的越合理科学。克朗巴哈系数（Cronbach's alpha 或 Cronbach's α）是一个统计量，是指量表所有可能的项目划分方法的得到的折半信度系数的平均值，是最常用的信度测量方法。它最先被美国教育学家李·克朗巴哈（Lee Cronbach）在 1951 年命名，通常 Cronbach α 系数的值在 0 ~ 1 之间。如果 α 系数不超过 0.6，一般认为内部一致信度不足；达到 0.7 ~ 0.8 时表示量表具有相当的信度，达 $0.8 \sim 0.9$ 时说明量表信度非常好。Cronbach α 系数的一个重要特性是它们值会随着量表项目的增加而增加，因此，Cronbach α 系数可能由于量表中包含多余的测量项目而被人为地、不适当地提高。本研究采用 Alpha 系数对心理契约量表进行信度分析。借助于软件 SPSS16.0，测得知识管理绩效实施水平与实施效果两个量表的 Alpha 系数，除去知识管理绩效实施效果中应变能力的 4 项指标之外，其余均高于 0.8。该问卷具有非常好的内在一致性（见表 6 – 5）。

表 6 – 5   **Alpha 测试结果一览**

各量表及组成维度	测试项目	Cronbach's Alpha
A	32	0.966
知识产生 B1	9	0.861
知识储存 B2	6	0.872
知识分享 B3	9	0.922
知识应用 B4	8	0.946
P	25	0.971
应变能力 U1	4	0.795
创新能力 U2	3	0.818
整合能力 U3	7	0.915
学习能力 U4	6	0.932
经营能力 U5	5	0.911

6.3.2   量表的效度分析

KMO（Kaiser – Meyer – Olkin）检验统计量是用于比较变量间简单相关系数和偏相关系数的指标。主要应用于多元统计的因子分析。KMO 统计量是取值在 $0 \sim 1$。当所有变量间的简单相关系数平方和远远大于偏相关系数平方和时，KMO 值接近 1。KMO 值越接近于 1，意味着变量间的相关性越强，原有变量越适合做因子分析；当所有变量间的简单相关系数平方和接近 0 时，KMO 值接近 0。KMO 值越接近于 0，意味着变量间的相关性越弱，原有变量越不适合作因子分析。具体标准如下：当 KMO < 0.5，极不适合；当 $0.6 <$ KMO < 0.7，不太适合；当 $0.7 <$ KMO < 0.8，一般；当 $0.8 <$ KMO $<$

0.9，适合；当 KMO > 0.9，非常适合。

巴特利特球形检验是一种检验各个变量之间相关性程度的检验方法。一般在做因子分析之前都要进行巴特利特球形检验，用于判断变量是否适合用于做因子分析。巴特利特球形检验是以变量的相关系数矩阵为出发点的。它的零假设相关系数矩阵是一个单位阵，即相关系数矩阵对角线上的所有元素都是1，所有非对角线上的元素都为零。巴特利特球形检验的统计量是根据相关系数矩阵的行列式得到的。如果该值较大，且其对应的相伴概率值小于用户心中的显著性水平，那么应该拒绝零假设，认为相关系数不可能是单位阵，即原始变量之间存在相关性，适合于做因子分析。相反不适合做因子分析。

从表6-6和表6-7中可以看出：知识管理实施水平和实施效果量表的KMO值都大于0.9，接近1，表示变量间有共同因素存在，变量适合进行因素分析。两个表的巴特利（Bartlett）球形检验的sig值均为0.000，表明相关系数矩阵不是单位矩阵，说明变量间存在相关关系，即适合做因子分析。

表6-6　　　　　　**知识管理实施水平量表 KMO 和巴特利球形检验**

	KMO	0.953
	近似卡方	4.66E + 03
巴特利球形检验	df 自由度	120
	sig（显著性水平）	0.000

表6-7　　　　　　**知识管理实施效果量表 KMO 和巴特利球形检验**

	KMO	0.961
	近似卡方	4.15E + 03
巴特利球形检验	df 自由度	300
	sig（显著性水平）	0.000

第 7 章

不同行业的高新技术企业
知识管理绩效实施水平分析

7.1 电子信息产业的知识管理
绩效评价实施水平分析

7.1.1 确立电子信息产业企业知识管理实施水平模糊综合评价模型

1. 确定评价对象的因素论域

评语集 $V = \{V_1, V_2, V_3, V_4, V_5\} = \{$非常符合，相当符合，有些符合，相当不符合，非常不符合$\}$。一级评价指标 $B = \{B_1, B_2, B_3, B_4\} = \{$知识产生，知识储存，知识分享和创造，知识应用$\}$，二级评价指标 $B_1 = \{B_{11}, B_{12}, B_{13}, B_{14}, B_{15}, B_{16}, B_{17}, B_{18}, B_{19}\} = \{$系统的培训方案，管理者与员工经常讨论，管理者了解部门员工的专长，支持员工参与各种学习活动，优先保留知识丰富、学历高的员工，员工掌握知识越多收入越高，工作绩效取决于知识，鼓励员工发表论文并给予奖励，将外文资料翻译为中文资料$\}$，其他因素集形式与 B_1 相同。

2. 二级指标的评语频数统计

见表 7 - 1。

表 7 - 1 二级指标模糊评价集

	V_1	V_2	V_3	V_4	V_5
B_{11}	0.07	0.43	0.37	0.10	0.03
B_{12}	0.20	0.37	0.23	0.17	0.03
B_{13}	0.13	0.20	0.54	0.10	0.03
B_{14}	0.10	0.37	0.37	0.13	0.03
B_{15}	0.07	0.36	0.37	0.20	0.00
B_{16}	0.17	0.30	0.36	0.17	0.00
B_{17}	0.20	0.36	0.37	0.07	0.00
B_{18}	0.00	0.33	0.37	0.17	0.13
B_{19}	0.03	0.20	0.30	0.27	0.20
B_{21}	0.07	0.43	0.37	0.10	0.03
B_{22}	0.13	0.37	0.37	0.10	0.03
B_{23}	0.10	0.40	0.37	0.13	0.00
B_{24}	0.17	0.33	0.33	0.14	0.03
B_{25}	0.00	0.50	0.40	0.10	0.00
B_{26}	0.10	0.30	0.50	0.07	0.03
B_{31}	0.13	0.30	0.43	0.07	0.07
B_{32}	0.10	0.33	0.40	0.10	0.07
B_{33}	0.03	0.23	0.43	0.24	0.07
B_{34}	0.00	0.30	0.50	0.13	0.07
B_{35}	0.03	0.36	0.47	0.07	0.07
B_{36}	0.03	0.30	0.50	0.07	0.10
B_{37}	0.00	0.30	0.43	0.23	0.04
B_{38}	0.10	0.27	0.46	0.10	0.07
B_{39}	0.03	0.27	0.43	0.20	0.07
B_{41}	0.07	0.33	0.40	0.17	0.03
B_{42}	0.03	0.43	0.33	0.14	0.07
B_{43}	0.03	0.40	0.40	0.10	0.07
B_{44}	0.07	0.30	0.46	0.10	0.07
B_{45}	0.07	0.40	0.40	0.06	0.07
B_{46}	0.10	0.43	0.30	0.10	0.07
B_{47}	0.03	0.43	0.37	0.10	0.07
B_{48}	0.20	0.26	0.37	0.10	0.07

3. 一级综合评价

（1）模糊判断矩阵。

$$
R_1 = \begin{bmatrix}
0.07 & 0.43 & 0.37 & 0.10 & 0.03 \\
0.20 & 0.37 & 0.23 & 0.17 & 0.03 \\
0.13 & 0.20 & 0.54 & 0.10 & 0.03 \\
0.10 & 0.37 & 0.37 & 0.13 & 0.03 \\
0.07 & 0.36 & 0.37 & 0.20 & 0.00 \\
0.17 & 0.30 & 0.36 & 0.17 & 0.00 \\
0.20 & 0.36 & 0.37 & 0.07 & 0.00 \\
0.00 & 0.33 & 0.37 & 0.17 & 0.13 \\
0.03 & 0.20 & 0.30 & 0.27 & 0.20
\end{bmatrix}
$$

$$
R_2 = \begin{bmatrix}
0.07 & 0.43 & 0.37 & 0.10 & 0.03 \\
0.13 & 0.37 & 0.37 & 0.10 & 0.03 \\
0.10 & 0.40 & 0.37 & 0.13 & 0.00 \\
0.17 & 0.33 & 0.33 & 0.14 & 0.03 \\
0.00 & 0.50 & 0.40 & 0.10 & 0.00 \\
0.10 & 0.30 & 0.50 & 0.07 & 0.03
\end{bmatrix}
$$

$$
R_3 = \begin{bmatrix}
0.13 & 0.30 & 0.43 & 0.07 & 0.07 \\
0.10 & 0.33 & 0.40 & 0.10 & 0.07 \\
0.03 & 0.23 & 0.43 & 0.24 & 0.07 \\
0.00 & 0.30 & 0.50 & 0.13 & 0.07 \\
0.03 & 0.36 & 0.47 & 0.07 & 0.07 \\
0.03 & 0.30 & 0.50 & 0.07 & 0.10 \\
0.00 & 0.30 & 0.43 & 0.23 & 0.04 \\
0.10 & 0.27 & 0.46 & 0.10 & 0.07 \\
0.03 & 0.27 & 0.43 & 0.20 & 0.07
\end{bmatrix}
$$

$$R_4 = \begin{bmatrix} 0.07 & 0.33 & 0.40 & 0.17 & 0.03 \\ 0.03 & 0.43 & 0.33 & 0.14 & 0.07 \\ 0.03 & 0.40 & 0.40 & 0.10 & 0.07 \\ 0.07 & 0.30 & 0.46 & 0.10 & 0.07 \\ 0.07 & 0.40 & 0.40 & 0.06 & 0.07 \\ 0.10 & 0.43 & 0.30 & 0.10 & 0.07 \\ 0.03 & 0.43 & 0.37 & 0.10 & 0.07 \\ 0.20 & 0.26 & 0.37 & 0.10 & 0.07 \end{bmatrix}$$

（2）第一级模糊评价指标向量。

根据公式 $Q = W^T \times R$，可得出第一级模糊评价指标向量，如 $Q_1 = W_1^T \times R_1$。

$Q_1' = (0.2616 \quad 0.1694 \quad 0.0606 \quad 0.1694 \quad 0.1020 \quad 0.1020 \quad 0.0606$

$$0.0373 \quad 0.0373) \times \begin{bmatrix} 0.07 & 0.43 & 0.37 & 0.10 & 0.03 \\ 0.20 & 0.37 & 0.23 & 0.17 & 0.03 \\ 0.13 & 0.20 & 0.54 & 0.10 & 0.03 \\ 0.10 & 0.37 & 0.37 & 0.13 & 0.03 \\ 0.07 & 0.36 & 0.37 & 0.20 & 0.00 \\ 0.17 & 0.30 & 0.36 & 0.17 & 0.00 \\ 0.20 & 0.36 & 0.37 & 0.07 & 0.00 \\ 0.00 & 0.33 & 0.37 & 0.17 & 0.13 \\ 0.03 & 0.20 & 0.30 & 0.27 & 0.20 \end{bmatrix}$$

得出 $Q_1' = (0.1147, 0.3588, 0.3530, 0.1414, 0.0321)$，其他指标计算与计算 Q_1' 方法相同。

经过计算并将所有的向量指标进行归一化处理得到：

$Q_1 = (0.1147, 0.3588, 0.3530, 0.1414, 0.0321)$

$Q_2 = (0.0953, 0.3973, 0.3815, 0.1058, 0.0201)$

$Q_3 = (0.0497, 0.3063, 0.4510, 0.1229, 0.0701)$

$Q_4 = (0.0588, 0.3768, 0.3865, 0.1134, 0.0645)$

4. 二级综合评判

①建立模糊评价矩阵

$$R = \begin{pmatrix} Q_1 \\ Q_2 \\ Q_3 \\ Q_4 \end{pmatrix} = \begin{bmatrix} 0.1147 & 0.3588 & 0.3530 & 0.1414 & 0.0321 \\ 0.0953 & 0.3973 & 0.3815 & 0.1058 & 0.0201 \\ 0.0497 & 0.3063 & 0.4510 & 0.1229 & 0.0701 \\ 0.0588 & 0.3768 & 0.3865 & 0.1134 & 0.0645 \end{bmatrix}$$

②第二级模糊综合评价向量

依然根据公式 $Q = W^T \times R$，可得出第二级模糊评价指标向量，结果经归一化处理后得到：$Q = (0.0798, 0.3694, 0.3820, 0.1206, 0.0482)$。

5. 评判结果

根据公式 $Z = Q \times V^T$，能够计算出电子信息产业知识管理实施水平分值 Z 以及一级指标 Z_i，二级指标则根据加权平均得出。

$$Z = Q \times V^T = (0.0798, 0.3694, 0.3820, 0.1206, 0.0482) \times \begin{bmatrix} 5 \\ 4 \\ 3 \\ 2 \\ 1 \end{bmatrix}$$

$$= 3.3120$$

其他二级指标 Z_i 计算过程与以上一级指标 Z 算法相同，其具体结果整理为表 7－2。

表 7－2　　　　电子信息产业企业知识管理实施水平模糊评价结果

总体实施水平分值	一级指标	实施水平分值	二级指标	实施水平分值
3.3120	知识产生 B_1	3.3826	系统的培训方案 B_{11}	3.41
			管理者与员工经常讨论 B_{12}	3.54
			管理者了解部门员工的专长 B_{13}	3.30
			支持员工参与各种学习活动 B_{14}	3.38
			优先保留知识丰富、学历高的员工 B_{15}	3.30
			员工掌握知识越多收入越高 B_{16}	3.81
			工作绩效取决于知识 B_{17}	3.69
			鼓励员工发表论文并给予奖励 B_{18}	2.90
			将外文资料翻译为中文资料 B_{19}	2.59

续表

总体实施水平分值	一级指标	实施水平分值	二级指标	实施水平分值
3.3120	知识储存 B_2	3.4419	更新、取代过时知识 B_{21}	3.41
			整理归类知识并编成工作手册、资料库 B_{22}	3.47
			有信息管理系统并进行数据库建设 B_{23}	3.47
			员工认为应储存知识 B_{24}	3.47
			员工能描述所学习的内容 B_{25}	3.40
			员工及时记录新知识 B_{26}	3.37
	知识分享和创造 B_3	3.1426	鼓励员工分享知识 B_{31}	3.35
			鼓励员工创新知识 B_{32}	3.29
			各部门之间经常交流 B_{33}	2.91
			分享和创造知识的氛围浓厚 B_{34}	3.83
			上下级之间经常分享信息/知识 B_{35}	3.01
			信息透明度高 B_{36}	3.09
			企业图书资源充分性 B_{37}	2.99
			有企业内网可以进行知识分享 B_{38}	3.23
			企业网站经常分享知识 B_{39}	2.99
	知识应用 B_4	3.2520	企业常常总结经验 B_{41}	3.24
			鼓励应用新知识 B_{42}	3.21
			员工利用知识提升工作效率 B_{43}	3.22
			企业利用相关知识制定决策 B_{44}	3.20
			有充分知识供员工运用 B_{45}	3.34
			企业能整合知识以解决问题 B_{46}	3.39
			员工能将培训中学到的知识用于实际工作 B_{47}	3.25
			企业的产品和服务能反映企业知识优势 B_{48}	3.42

7.1.2　数据分析

此分析仍然用 likert 问卷中分值设定的判断标准，1 ~ 3 分为劣，3 ~ 3.5 分为中下，3.5 ~ 4 分为中，4 ~ 4.5 分为良好，4.5 分以上为优。

根据模糊综合评价模型得知电子信息产业企业知识管理实施水平综合分值为 3.3120 分，处于中下水平。

1. 知识产生情况分析

根据数据整理结果而知，知识产生方面整体实施水平处于 3 ~ 3.5 分之间，即属于中下水平。其中员工掌握知识越多收入越高、工作绩效取决于知识为中等水平；将鼓励员工发表论文并给予奖励、外文资料翻译为中文资料水平为劣，表明知识产生在这两方面十分欠缺，进而说明电子信息产业企业在该方面亟须加强。其他几项的分值均处于 3.5 ~ 4 分之间，处于中等水平。

2. 知识储存情况分析

调查结果显示，知识储存方面整体实施水平处于 3 ~ 3.5 分之间，即属于中下水平。其中各项分值均处于 3 ~ 3.5 分之间，说明电子信息产业企业对知识储存的关注不够多。

3. 知识分享和创造情况分析

根据调查结果可知，知识分享和创造方面整体实施水平处于 3 ~ 3.5 分之间，即属于中下水平。其中各部门之间经常交流、企业图书资源充分性、企业网站经常分享知识为水平为劣，其他除分享和创造知识的氛围浓厚处于中等水平外均处于中下水平，反映了电子信息产业企业在知识分享和创造方面管理实施较弱，需要提高对其关注度。

4. 知识应用情况分析

根据以上数据分析，知识应用方面整体实施水平处于 3 ~ 3.5 分之间，即属于中下水平。其中各项分值都在 3 ~ 3.5 分之间，表明电子信息产业企业在知识应用方面关注相对较少。

7.2　高新技术服务行业产业的知识管理绩效评价实施水平分析

7.2.1　确立高新技术服务行业开发企业知识管理实施水平模糊综合评价模型

1. 确定评价对象的因素论域

评语集 V = {V$_1$，V$_2$，V$_3$，V$_4$，V$_5$} = {非常符合，相当符合，有些符

合，相当不符合，非常不符合｝。一级评价指标 B = ｛B₁，B₂，B₃，B₄｝=
｛知识产生，知识储存，知识分享和创造，知识应用｝，二级评价指标 B₁ =
｛B₁₁，B₁₂，B₁₃，B₁₄，B₁₅，B₁₆，B₁₇，B₁₈，B₁₉｝= ｛系统的培训方案，管理
者与员工经常讨论，管理者了解部门员工的专长，支持员工参与各种学习活
动，优先保留知识丰富、学历高的员工，员工掌握知识越多收入越高，工作
绩效取决于知识，鼓励员工发表论文并给予奖励，将外文资料翻译为中文资
料｝，其他因素集形式与 B₁ 相同。

2. 二级指标的评语频数统计

见表 7 - 3。

表 7 - 3 　　　　　　　　　　　　二级指标模糊评价集

	V_1	V_2	V_3	V_4	V_5
B_{11}	0.20	0.48	0.27	0.05	0.00
B_{12}	0.20	0.46	0.27	0.07	0.00
B_{13}	0.21	0.34	0.36	0.09	0.00
B_{14}	0.20	0.46	0.23	0.11	0.00
B_{15}	0.11	0.43	0.39	0.02	0.05
B_{16}	0.14	0.48	0.27	0.09	0.02
B_{17}	0.25	0.41	0.27	0.07	0.00
B_{18}	0.16	0.36	0.27	0.16	0.05
B_{19}	0.14	0.38	0.25	0.07	0.16
B_{21}	0.21	0.41	0.27	0.11	0.00
B_{22}	0.30	0.41	0.25	0.02	0.02
B_{23}	0.23	0.41	0.27	0.09	0.00
B_{24}	0.21	0.43	0.36	0.00	0.00
B_{25}	0.11	0.36	0.48	0.05	0.00
B_{26}	0.16	0.41	0.39	0.04	0.00
B_{31}	0.11	0.46	0.34	0.09	0.00
B_{32}	0.11	0.46	0.34	0.09	0.00
B_{33}	0.13	0.39	0.32	0.16	0.00
B_{34}	0.07	0.34	0.46	0.11	0.02
B_{35}	0.18	0.39	0.32	0.09	0.02
B_{36}	0.16	0.41	0.27	0.11	0.05

	V_1	V_2	V_3	V_4	V_5
B_{37}	0.09	0.41	0.39	0.11	0.00
B_{38}	0.18	0.36	0.34	0.12	0.00
B_{39}	0.14	0.29	0.48	0.07	0.02
B_{41}	0.20	0.39	0.30	0.11	0.00
B_{42}	0.27	0.39	0.27	0.07	0.00
B_{43}	0.20	0.41	0.32	0.07	0.00
B_{44}	0.16	0.54	0.23	0.07	0.00
B_{45}	0.18	0.39	0.36	0.07	0.00
B_{46}	0.23	0.48	0.18	0.11	0.00
B_{47}	0.20	0.39	0.36	0.05	0.00
B_{48}	0.23	0.43	0.27	0.05	0.02

3. 综合评价

①模糊判断矩阵

$$R_1 = \begin{bmatrix} 0.20 & 0.48 & 0.27 & 0.05 & 0.00 \\ 0.20 & 0.46 & 0.27 & 0.07 & 0.00 \\ 0.21 & 0.34 & 0.36 & 0.09 & 0.00 \\ 0.20 & 0.46 & 0.23 & 0.11 & 0.00 \\ 0.11 & 0.43 & 0.39 & 0.02 & 0.05 \\ 0.14 & 0.48 & 0.27 & 0.09 & 0.02 \\ 0.25 & 0.41 & 0.27 & 0.07 & 0.00 \\ 0.16 & 0.36 & 0.27 & 0.16 & 0.05 \\ 0.14 & 0.38 & 0.25 & 0.07 & 0.16 \end{bmatrix}$$

$$R_2 = \begin{bmatrix} 0.21 & 0.41 & 0.27 & 0.11 & 0.00 \\ 0.30 & 0.41 & 0.25 & 0.02 & 0.02 \\ 0.23 & 0.41 & 0.27 & 0.09 & 0.00 \\ 0.21 & 0.43 & 0.36 & 0.00 & 0.00 \\ 0.11 & 0.36 & 0.48 & 0.05 & 0.00 \\ 0.16 & 0.41 & 0.39 & 0.04 & 0.00 \end{bmatrix}$$

$$R_3 = \begin{bmatrix} 0.11 & 0.46 & 0.34 & 0.09 & 0.00 \\ 0.11 & 0.46 & 0.34 & 0.09 & 0.00 \\ 0.13 & 0.39 & 0.32 & 0.16 & 0.00 \\ 0.07 & 0.34 & 0.46 & 0.11 & 0.02 \\ 0.18 & 0.39 & 0.32 & 0.09 & 0.02 \\ 0.16 & 0.41 & 0.27 & 0.11 & 0.05 \\ 0.09 & 0.41 & 0.39 & 0.11 & 0.00 \\ 0.18 & 0.36 & 0.34 & 0.12 & 0.00 \\ 0.14 & 0.29 & 0.48 & 0.07 & 0.02 \end{bmatrix}$$

$$R_4 = \begin{bmatrix} 0.20 & 0.39 & 0.30 & 0.11 & 0.00 \\ 0.27 & 0.39 & 0.27 & 0.07 & 0.00 \\ 0.20 & 0.41 & 0.32 & 0.07 & 0.00 \\ 0.16 & 0.54 & 0.23 & 0.07 & 0.00 \\ 0.18 & 0.39 & 0.36 & 0.07 & 0.00 \\ 0.23 & 0.48 & 0.18 & 0.11 & 0.00 \\ 0.20 & 0.39 & 0.36 & 0.05 & 0.00 \\ 0.23 & 0.43 & 0.27 & 0.05 & 0.02 \end{bmatrix}$$

②第一级模糊评价指标向量

根据公式 $Q = W^T \times R$，可得出第一级模糊评价指标向量，如 $Q_1 = W_1^T \times R_1$。

$$Q_1' = (0.2616 \quad 0.1694 \quad 0.0606 \quad 0.1694 \quad 0.1020 \quad 0.1020 \quad 0.0606$$

$$0.0373 \quad 0.0373) \times \begin{bmatrix} 0.20 & 0.48 & 0.27 & 0.05 & 0.00 \\ 0.20 & 0.46 & 0.27 & 0.07 & 0.00 \\ 0.21 & 0.34 & 0.36 & 0.09 & 0.00 \\ 0.20 & 0.46 & 0.23 & 0.11 & 0.00 \\ 0.11 & 0.43 & 0.39 & 0.02 & 0.05 \\ 0.14 & 0.48 & 0.27 & 0.09 & 0.02 \\ 0.25 & 0.41 & 0.27 & 0.07 & 0.00 \\ 0.16 & 0.36 & 0.27 & 0.16 & 0.05 \\ 0.14 & 0.38 & 0.25 & 0.07 & 0.16 \end{bmatrix}$$

得出 $Q_i^1 = (0.1845, 0.4471, 0.2804, 0.0730, 0.0150)$，其他指标计算与计算 Q_i^1 方法相同。

经过计算并将所有的向量指标进行归一化处理得到：

$$Q_1 = (0.1845, 0.4471, 0.2804, 0.0730, 0.0150)$$
$$Q_2 = (0.2289, 0.4048, 0.3022, 0.0573, 0.0068)$$
$$Q_3 = (0.1280, 0.3963, 0.3523, 0.1108, 0.0126)$$
$$Q_4 = (0.2069, 0.4227, 0.2966, 0.0724, 0.0014)$$

4. 二级综合评判

（1）建立模糊评价矩阵。

$$R = \begin{pmatrix} Q_1 \\ Q_2 \\ Q_3 \\ Q_4 \end{pmatrix} = \begin{bmatrix} 0.1845 & 0.4471 & 0.2804 & 0.0730 & 0.0150 \\ 0.2289 & 0.4048 & 0.3022 & 0.0573 & 0.0068 \\ 0.1280 & 0.3963 & 0.3523 & 0.1108 & 0.0126 \\ 0.2069 & 0.4227 & 0.2966 & 0.0724 & 0.0014 \end{bmatrix}$$

（2）第二级模糊综合评价向量。

依然根据公式 $Q = WT \times R$，可得出第二级模糊评价指标向量，结果经归一化处理后得到：$Q = (0.1979, 0.4240, 0.2979, 0.0732, 0.0070)$。

5. 评判结果

根据公式 $Z = Q \times VT$，能够计算出高新技术服务行业开发企业知识管理实施水平分值 Z 以及一级指标 Z_i，二级指标则根据加权平均得出。

$$Z = Q \times V^T = (0.1979, 0.4240, 0.2979, 0.0732, 0.0070) \times \begin{bmatrix} 5 \\ 4 \\ 3 \\ 2 \\ 1 \end{bmatrix} = 3.7326$$

其他二级指标 Z_i 计算过程与以上一级指标 Z 算法相同，其具体结果整理为表 7-4。

表 7-4　　　　高新技术服务行业开发企业知识管理实施水平模糊评价结果

总体实施水平分值	一级指标	实施水平分值	二级指标	实施水平分值
3.7326	知识产生 B_1	3.7131	系统的培训方案 B_{11}	3.78
			管理者与员工经常讨论 B_{12}	3.79
			管理者了解部门员工的专长 B_{13}	3.67
			支持员工参与各种学习活动 B_{14}	3.75
			优先保留知识丰富、学历高的员工 B_{15}	3.53
			员工掌握知识越多收入越高 B_{16}	3.63
			工作绩效取决于知识 B_{17}	3.77
			鼓励员工发表论文并给予奖励 B_{18}	3.42
			将外文资料翻译为中文资料 B_{19}	3.27
	知识储存 B_2	3.7917	更新、取代过时知识 B_{21}	3.72
			整理归类知识并编成工作手册、资料库 B_{22}	3.95
			有信息管理系统并进行数据库建设 B_{23}	3.78
			员工认为应储存知识 B_{24}	3.85
			员工能描述所学习的内容 B_{25}	3.53
			员工及时记录新知识 B_{26}	3.69
	知识分享和创造 B_3	3.5163	鼓励员工分享知识 B_{31}	3.59
			鼓励员工创新知识 B_{32}	3.59
			各部门之间经常交流 B_{33}	3.49
			分享和创造知识的氛围浓厚 B_{34}	3.33
			上下级之间经常分享信息/知识 B_{35}	3.62
			信息透明度高 B_{36}	3.52
			企业图书资源充分性 B_{37}	3.48
			有企业内网可以进行知识分享 B_{38}	3.60
			企业网站经常分享知识 B_{39}	3.46
	知识应用 B_4	3.7613	企业常常总结经验 B_{41}	3.68
			鼓励应用新知识 B_{42}	3.86
			员工利用知识提升工作效率 B_{43}	3.74
			企业利用相关知识制定决策 B_{44}	3.79
			有充分知识供员工运用 B_{45}	3.68
			企业能整合知识以解决问题 B_{46}	3.83
			员工能将培训中学到的知识用于实际工作 B_{47}	3.74
			企业的产品和服务能反映企业知识优势 B_{48}	3.80

7.2.2 数据分析

此分析仍然用 likert 问卷中分值设定的判断标准，1~3 分为劣，3~3.5 分为中下，3.5~4 分为中，4~4.5 分为良好，4.5 分以上为优。

根据模糊综合评价模型得知高技术服务行业开发企业知识管理实施水平综合值为 3.7326，处于中等水平。

1. 知识产生情况分析

根据数据整理结果而知，知识产生方面整体实施水平处于 3.5~4 分之间，即属于中等水平。其中鼓励员工发表论文并给予奖励、将外文资料翻译为中文资料属于中下水平；其他几项的分值均处于 3.5~4 分之间，处于中等水平。

2. 知识储存情况分析

调查结果显示，知识储存方面整体实施水平处于 3.5~4 分之间，即属于中等水平。其中各项分值均处于 3.5~4 分之间，说明高技术服务行业开发企业对知识储存的关注度为一般。

3. 知识分享和创造情况分析

根据调查结果可知，知识分享和创造方面整体实施水平处于 3~3.5 分之间，即属于中下水平。其中各部门之间经常交流、分享和创造知识的氛围浓厚、企业图书资源充分性、企业网站经常分享知识为中下水平，其他均处于中等水平，反映了高技术服务行业开发企业在知识分享和创造方面管理实施较弱，需要提高对其关注度。

4. 知识应用情况分析

根据以上数据分析，知识应用方面整体实施水平处于 3.5~4 分之间，即属于中等水平。其中各项分值都在 3~3.5 分之间，表明高技术服务行业开发企业在知识应用方面关注一般。

7.3　资源与环境技术产业的知识管理绩效评价实施水平分析

7.3.1　确立资源与环境技术产业企业知识管理实施水平模糊综合评价模型

1. 确定评价对象的因素论域

评语集 $V = \{V_1, V_2, V_3, V_4, V_5\}$ = {非常符合，相当符合，有些符合，相当不符合，非常不符合}。一级评价指标 $B = \{B_1, B_2, B_3, B_4\}$ = {知识产生，知识储存，知识分享和创造，知识应用}，二级评价指标 B_1 = $\{B_{11}, B_{12}, B_{13}, B_{14}, B_{15}, B_{16}, B_{17}, B_{18}, B_{19}\}$ = {系统的培训方案，管理者与员工经常讨论，管理者了解部门员工的专长，支持员工参与各种学习活动，优先保留知识丰富、学历高的员工，员工掌握知识越多收入越高，工作绩效取决于知识，鼓励员工发表论文并给予奖励，将外文资料翻译为中文资料}，其他因素集形式与 B_1 相同。

2. 二级指标的评语频数统计

见表 7 - 5。

表 7 - 5　　　　　　　　　　二级指标模糊评价集

	V_1	V_2	V_3	V_4	V_5
B_{11}	0.21	0.27	0.50	0.02	0.00
B_{12}	0.16	0.41	0.41	0.02	0.00
B_{13}	0.14	0.43	0.41	0.02	0.00
B_{14}	0.21	0.33	0.43	0.03	0.00
B_{15}	0.24	0.38	0.31	0.03	0.04

	V_1	V_2	V_3	V_4	V_5
B_{16}	0. 22	0. 26	0. 43	0. 04	0. 05
B_{17}	0. 22	0. 38	0. 36	0. 02	0. 02
B_{18}	0. 07	0. 41	0. 33	0. 12	0. 07
B_{19}	0. 05	0. 07	0. 33	0. 36	0. 19
B_{21}	0. 15	0. 45	0. 36	0. 02	0. 02
B_{22}	0. 24	0. 43	0. 29	0. 02	0. 02
B_{23}	0. 15	0. 40	0. 31	0. 09	0. 05
B_{24}	0. 12	0. 52	0. 31	0. 03	0. 02
B_{25}	0. 12	0. 53	0. 33	0. 02	0. 00
B_{26}	0. 14	0. 48	0. 36	0. 02	0. 00
B_{31}	0. 21	0. 45	0. 34	0. 00	0. 00
B_{32}	0. 22	0. 47	0. 31	0. 00	0. 00
B_{33}	0. 17	0. 43	0. 38	0. 02	0. 00
B_{34}	0. 10	0. 35	0. 48	0. 05	0. 02
B_{35}	0. 14	0. 41	0. 40	0. 05	0. 00
B_{36}	0. 09	0. 41	0. 45	0. 05	0. 00
B_{37}	0. 11	0. 29	0. 43	0. 17	0. 00
B_{38}	0. 14	0. 33	0. 41	0. 10	0. 02
B_{39}	0. 10	0. 27	0. 40	0. 21	0. 02
B_{41}	0. 19	0. 33	0. 45	0. 01	0. 01
B_{42}	0. 19	0. 38	0. 41	0. 02	0. 00
B_{43}	0. 15	0. 50	0. 33	0. 02	0. 00
B_{44}	0. 16	0. 43	0. 38	0. 03	0. 00
B_{45}	0. 15	0. 45	0. 33	0. 07	0. 00
B_{46}	0. 15	0. 47	0. 35	0. 03	0. 00
B_{47}	0. 19	0. 40	0. 38	0. 03	0. 00
B_{48}	0. 19	0. 38	0. 41	0. 02	0. 00

3. 一级综合评价

（1）模糊判断矩阵。

$$R_1 = \begin{bmatrix} 0.21 & 0.27 & 0.50 & 0.02 & 0.00 \\ 0.16 & 0.41 & 0.41 & 0.02 & 0.00 \\ 0.14 & 0.43 & 0.41 & 0.02 & 0.00 \\ 0.21 & 0.33 & 0.43 & 0.03 & 0.00 \\ 0.24 & 0.38 & 0.31 & 0.03 & 0.04 \\ 0.22 & 0.26 & 0.43 & 0.04 & 0.05 \\ 0.22 & 0.38 & 0.36 & 0.02 & 0.02 \\ 0.07 & 0.41 & 0.33 & 0.12 & 0.07 \\ 0.05 & 0.07 & 0.33 & 0.36 & 0.19 \end{bmatrix}$$

$$R_2 = \begin{bmatrix} 0.15 & 0.45 & 0.36 & 0.02 & 0.02 \\ 0.24 & 0.43 & 0.29 & 0.02 & 0.02 \\ 0.15 & 0.40 & 0.31 & 0.09 & 0.05 \\ 0.12 & 0.52 & 0.31 & 0.03 & 0.02 \\ 0.12 & 0.53 & 0.33 & 0.02 & 0.00 \\ 0.14 & 0.48 & 0.36 & 0.02 & 0.00 \end{bmatrix}$$

$$R_3 = \begin{bmatrix} 0.21 & 0.45 & 0.34 & 0.00 & 0.00 \\ 0.22 & 0.47 & 0.31 & 0.00 & 0.00 \\ 0.17 & 0.43 & 0.38 & 0.02 & 0.00 \\ 0.10 & 0.35 & 0.48 & 0.05 & 0.02 \\ 0.14 & 0.41 & 0.40 & 0.05 & 0.00 \\ 0.09 & 0.41 & 0.45 & 0.05 & 0.00 \\ 0.11 & 0.29 & 0.43 & 0.17 & 0.00 \\ 0.14 & 0.33 & 0.41 & 0.10 & 0.02 \\ 0.10 & 0.27 & 0.40 & 0.21 & 0.02 \end{bmatrix}$$

$$R_4 = \begin{bmatrix} 0.19 & 0.33 & 0.45 & 0.01 & 0.01 \\ 0.19 & 0.38 & 0.41 & 0.02 & 0.00 \\ 0.15 & 0.50 & 0.33 & 0.02 & 0.00 \\ 0.16 & 0.43 & 0.38 & 0.03 & 0.00 \\ 0.15 & 0.45 & 0.33 & 0.07 & 0.00 \\ 0.15 & 0.47 & 0.35 & 0.03 & 0.00 \\ 0.19 & 0.40 & 0.38 & 0.03 & 0.00 \\ 0.19 & 0.38 & 0.41 & 0.02 & 0.00 \end{bmatrix}$$

（2）第一级模糊评价指标向量。

根据公式 $Q = W^T \times R$，可得出第一级模糊评价指标向量，如 $Q_1 = W_1^T \times R_1$。

$Q_1' = (0.2616 \quad 0.1694 \quad 0.0606 \quad 0.1694 \quad 0.1020 \quad 0.1020 \quad 0.0606$

$$0.0373 \quad 0.0373) \times \begin{bmatrix} 0.21 & 0.27 & 0.50 & 0.02 & 0.00 \\ 0.16 & 0.41 & 0.41 & 0.02 & 0.00 \\ 0.14 & 0.43 & 0.41 & 0.02 & 0.00 \\ 0.21 & 0.33 & 0.43 & 0.03 & 0.00 \\ 0.24 & 0.38 & 0.31 & 0.03 & 0.04 \\ 0.22 & 0.26 & 0.43 & 0.04 & 0.05 \\ 0.22 & 0.38 & 0.36 & 0.02 & 0.02 \\ 0.07 & 0.41 & 0.33 & 0.12 & 0.07 \\ 0.05 & 0.07 & 0.33 & 0.36 & 0.19 \end{bmatrix}$$

得出 $Q_1' = (0.1976, 0.3283, 0.4199, 0.0322, 0.0201)$，其他指标计算与计算 Q_1' 方法相同。

经过计算并将所有的向量指标进行归一化处理得到：

$Q_1 = (0.1980, 0.3289, 0.4207, 0.0323, 0.0201)$

$Q_2 = (0.1748, 0.4482, 0.3197, 0.0350, 0.0223)$

$Q_3 = (0.1513, 0.4039, 0.3967, 0.0435, 0.0046)$

$Q_4 = (0.1726, 0.4208, 0.3807, 0.0246, 0.0013)$

4. 二级综合评判

（1）建立模糊评价矩阵。

$$R = \begin{pmatrix} Q_1 \\ Q_2 \\ Q_3 \\ Q_4 \end{pmatrix} = \begin{bmatrix} 0.1980 & 0.3289 & 0.4207 & 0.0323 & 0.0201 \\ 0.1748 & 0.4482 & 0.3197 & 0.0350 & 0.0223 \\ 0.1513 & 0.4039 & 0.3967 & 0.0435 & 0.0046 \\ 0.1726 & 0.4208 & 0.3807 & 0.0246 & 0.0013 \end{bmatrix}$$

（2）第二级模糊综合评价向量。

依然根据公式 $Q = WT \times R$，可得出第二级模糊评价指标向量，结果经归一化处理后得到：$Q = (0.1782, 0.3989, 0.3823, 0.0302, 0.0104)$。

5. 评判结果

根据公式 $Z = Q \times VT$，能够计算出资源与环境技术产业企业知识管理实施水平分值 Z 以及一级指标 Z_i，二级指标则根据加权平均得出。

$$Z = Q \times V^T = (0.1782, 0.3989, 0.3823, 0.0302, 0.0104) \times \begin{bmatrix} 5 \\ 4 \\ 3 \\ 2 \\ 1 \end{bmatrix} = 3.7043$$

其他二级指标 Z_i 计算过程与以上一级指标 Z 算法相同，其具体结果整理为表 7 - 6。

表 7 - 6　　　　资源与环境技术产业企业知识管理实施水平模糊评价结果

总体实施水平分值	一级指标	实施水平分值	二级指标	实施水平分值
3.7043	知识产生 B_1	3.6524	系统的培训方案 B_{11}	3.67
			管理者与员工经常讨论 B_{12}	3.71
			管理者了解部门员工的专长 B_{13}	3.69
			支持员工参与各种学习活动 B_{14}	3.72
			优先保留知识丰富、学历高的员工 B_{15}	3.75
			员工掌握知识越多收入越高 B_{16}	3.56
			工作绩效取决于知识 B_{17}	3.76
			鼓励员工发表论文并给予奖励 B_{18}	3.29
			将外文资料翻译为中文资料 B_{19}	2.43

续表

总体实施水平分值	一级指标	实施水平分值	二级指标	实施水平分值
3.7043	知识储存 B_2	3.7182	更新、取代过时知识 B_{21}	3.69
			整理归类知识并编成工作手册、资料库 B_{22}	3.85
			有信息管理系统并进行数据库建设 B_{23}	3.51
			员工认为应储存知识 B_{24}	3.69
			员工能描述所学习的内容 B_{25}	3.75
			员工及时记录新知识 B_{26}	3.74
	知识分享和创造 B_3	3.6538	鼓励员工分享知识 B_{31}	3.87
			鼓励员工创新知识 B_{32}	3.91
			各部门之间经常交流 B_{33}	3.75
			分享和创造知识的氛围浓厚 B_{34}	3.46
			上下级之间经常分享信息/知识 B_{35}	3.64
			信息透明度高 B_{36}	3.54
			企业图书资源充分性 B_{37}	3.34
			有企业内网可以进行知识分享 B_{38}	3.47
			企业网站经常分享知识 B_{39}	3.22
	知识应用 B_4	3.7388	企业常常总结经验 B_{41}	3.65
			鼓励应用新知识 B_{42}	3.74
			员工利用知识提升工作效率 B_{43}	3.78
			企业利用相关知识制定决策 B_{44}	3.72
			有充分知识供员工运用 B_{45}	3.68
			企业能整合知识以解决问题 B_{46}	3.74
			员工能将培训中学到的知识用于实际工作 B_{47}	3.75
			企业的产品和服务能反映企业知识优势 B_{48}	3.72

7.3.2 数据分析

此分析仍然用 likert 问卷中分值设定的判断标准，1～3 分为劣，3～3.5 分为中下，3.5～4 分为中，4～4.5 分为良好，4.5 分以上为优。

根据模糊综合评价模型得知资源与环境技术产业企业知识管理实施水平综合分值为 3.7043 分，处于中等水平。

1. 知识产生情况分析

根据数据整理结果而知，知识产生方面整体实施水平处于 3.5～4 分之间，即属于中等水平。其中鼓励员工发表论文并给予奖励分值在 3 ~ 3.5 分之间，为中下水平；将外文资料翻译为中文资料水平为劣，表明知识产生在这两方面较欠缺。其他几项的分值均处于 3.5 ~ 4 分之间，处于中等水平。

2. 知识储存情况分析

调查结果显示，知识储存方面整体实施水平处于 3.5 ~ 4 分之间，即属于中等水平。其中各项分值均处于 3.5 ~ 4 分之间，说明资源与环境技术产业企业对知识储存的关注度一般。

3. 知识分享和创造情况分析

根据调查结果可知，知识分享和创造方面整体实施水平处于 3.5 ~ 4 分之间，即属于中等水平。其中分享和创造知识的氛围浓厚、企业图书资源充分性、有企业内网可以进行知识分享、企业网站经常分享知识属于中下水平，其他均处于中等水平，反映了资源与环境技术产业企业在知识分享和创造方面管理实施较弱，需要提高对其关注度。

4. 知识应用情况分析

根据以上数据分析，知识应用方面整体实施水平处于 3.5 ~ 4 分之间，即属于中等水平。其中各项分值都在 3.5 ~ 4 分之间，表明资源与环境技术产业企业在知识应用方面关注一般。

7.4　新材料技术产业的知识管理绩效评价实施水平分析

7.4.1　确立新材料技术企业知识管理实施水平模糊综合评价模型

1. 确定评价对象的因素论域

评语集 $V = \{V_1, V_2, V_3, V_4, V_5\}$ = {非常符合，相当符合，有些符

合，相当不符合，非常不符合}。一级评价指标 $B = \{B_1，B_2，B_3，B_4\} =$ {知识产生，知识储存，知识分享和创造，知识应用}，二级评价指标 $B_1 =$ {B_{11}，B_{12}，B_{13}，B_{14}，B_{15}，B_{16}，B_{17}，B_{18}，B_{19}} = {系统的培训方案，管理者与员工经常讨论，管理者了解部门员工的专长，支持员工参与各种学习活动，优先保留知识丰富、学历高的员工，员工掌握知识越多收入越高，工作绩效取决于知识，鼓励员工发表论文并给予奖励，将外文资料翻译为中文资料}，其他因素集形式与 B_1 相同。

2. 二级指标的评语频数统计

见表 7-7。

表 7-7　　　　　　　　　　二级指标模糊评价集

	V_1	V_2	V_3	V_4	V_5
B_{11}	0.20	0.40	0.40	0.00	0.00
B_{12}	0.28	0.48	0.24	0.00	0.00
B_{13}	0.24	0.44	0.28	0.04	0.00
B_{14}	0.20	0.44	0.32	0.04	0.00
B_{15}	0.20	0.48	0.32	0.00	0.00
B_{16}	0.24	0.40	0.28	0.04	0.04
B_{17}	0.20	0.44	0.32	0.04	0.00
B_{18}	0.12	0.36	0.48	0.00	0.04
B_{19}	0.12	0.28	0.24	0.24	0.12
B_{21}	0.20	0.24	0.44	0.04	0.08
B_{22}	0.20	0.48	0.36	0.00	0.04
B_{23}	0.16	0.40	0.32	0.08	0.04
B_{24}	0.20	0.44	0.28	0.08	0.00
B_{25}	0.20	0.36	0.40	0.04	0.00
B_{26}	0.20	0.48	0.28	0.04	0.00
B_{31}	0.20	0.40	0.36	0.04	0.00
B_{32}	0.24	0.36	0.36	0.04	0.00
B_{33}	0.12	0.44	0.40	0.04	0.00
B_{34}	0.04	0.64	0.24	0.08	0.00
B_{35}	0.24	0.48	0.16	0.12	0.00
B_{36}	0.08	0.44	0.28	0.20	0.00

续表

	V₁	V₂	V₃	V₄	V₅
B_{37}	0. 12	0. 32	0. 40	0. 16	0. 00
B_{38}	0. 24	0. 36	0. 32	0. 08	0. 00
B_{39}	0. 16	0. 44	0. 32	0. 08	0. 00
B_{41}	0. 24	0. 44	0. 20	0. 12	0. 00
B_{42}	0. 08	0. 52	0. 24	0. 16	0. 00
B_{43}	0. 28	0. 32	0. 32	0. 04	0. 04
B_{44}	0. 12	0. 32	0. 40	0. 16	0. 00
B_{45}	0. 00	0. 56	0. 36	0. 08	0. 00
B_{46}	0. 00	0. 52	0. 36	0. 12	0. 00
B_{47}	0. 16	0. 44	0. 36	0. 04	0. 00
B_{48}	0. 12	0. 48	0. 36	0. 04	0. 00

3. 一级综合评价

（1）模糊判断矩阵。

$$
R_1 = \begin{bmatrix}
0.20 & 0.40 & 0.40 & 0.00 & 0.00 \\
0.28 & 0.48 & 0.24 & 0.00 & 0.00 \\
0.24 & 0.44 & 0.28 & 0.04 & 0.00 \\
0.20 & 0.44 & 0.32 & 0.04 & 0.00 \\
0.20 & 0.48 & 0.32 & 0.00 & 0.00 \\
0.24 & 0.40 & 0.28 & 0.04 & 0.04 \\
0.20 & 0.44 & 0.32 & 0.04 & 0.00 \\
0.12 & 0.36 & 0.48 & 0.00 & 0.04 \\
0.12 & 0.28 & 0.24 & 0.24 & 0.12
\end{bmatrix}
$$

$$
R_2 = \begin{bmatrix}
0.20 & 0.24 & 0.44 & 0.04 & 0.08 \\
0.12 & 0.48 & 0.36 & 0.00 & 0.04 \\
0.16 & 0.40 & 0.32 & 0.08 & 0.04 \\
0.20 & 0.44 & 0.28 & 0.08 & 0.00 \\
0.20 & 0.36 & 0.40 & 0.04 & 0.00 \\
0.20 & 0.48 & 0.28 & 0.04 & 0.00
\end{bmatrix}
$$

$$R_3 = \begin{bmatrix} 0.20 & 0.40 & 0.36 & 0.04 & 0.00 \\ 0.24 & 0.36 & 0.36 & 0.04 & 0.00 \\ 0.12 & 0.44 & 0.40 & 0.04 & 0.00 \\ 0.04 & 0.64 & 0.24 & 0.08 & 0.00 \\ 0.24 & 0.48 & 0.16 & 0.12 & 0.00 \\ 0.08 & 0.44 & 0.28 & 0.20 & 0.00 \\ 0.12 & 0.32 & 0.40 & 0.16 & 0.00 \\ 0.24 & 0.36 & 0.32 & 0.08 & 0.00 \\ 0.16 & 0.44 & 0.32 & 0.08 & 0.00 \end{bmatrix}$$

$$R_4 = \begin{bmatrix} 0.24 & 0.44 & 0.20 & 0.12 & 0.00 \\ 0.08 & 0.52 & 0.24 & 0.16 & 0.00 \\ 0.28 & 0.32 & 0.32 & 0.04 & 0.04 \\ 0.12 & 0.32 & 0.40 & 0.16 & 0.00 \\ 0.00 & 0.56 & 0.36 & 0.08 & 0.00 \\ 0.00 & 0.52 & 0.36 & 0.12 & 0.00 \\ 0.16 & 0.44 & 0.36 & 0.04 & 0.00 \\ 0.12 & 0.48 & 0.36 & 0.04 & 0.00 \end{bmatrix}$$

（2）第一级模糊评价指标向量。

根据公式 $Q = W^T \times R$，可得出第一级模糊评价指标向量，如 $Q_1 = W_1^T \times R_1$。

$Q_1^* = (0.2616 \quad 0.1694 \quad 0.0606 \quad 0.1694 \quad 0.1020 \quad 0.1020 \quad 0.0606$

$$0.0373 \quad 0.0373) * \begin{bmatrix} 0.20 & 0.40 & 0.40 & 0.00 & 0.00 \\ 0.28 & 0.48 & 0.24 & 0.00 & 0.00 \\ 0.24 & 0.44 & 0.28 & 0.04 & 0.00 \\ 0.20 & 0.44 & 0.32 & 0.04 & 0.00 \\ 0.20 & 0.48 & 0.32 & 0.00 & 0.00 \\ 0.24 & 0.40 & 0.28 & 0.04 & 0.04 \\ 0.20 & 0.44 & 0.32 & 0.04 & 0.00 \\ 0.12 & 0.36 & 0.48 & 0.00 & 0.04 \\ 0.12 & 0.28 & 0.24 & 0.24 & 0.12 \end{bmatrix}$$

得出 $Q_1' = (0.2129, 0.4251, 0.3221, 0.0279, 0.0120)$，其他指标计算与计算 Q_1' 方法相同。

经过计算并将所有的向量指标进行归一化处理得到：

$$Q_1 = (0.2129, 0.4251, 0.3221, 0.0279, 0.0120)$$
$$Q_2 = (0.1645, 0.3973, 0.3632, 0.0366, 0.0384)$$
$$Q_3 = (0.1672, 0.4623, 0.2845, 0.0860, 0.0000)$$
$$Q_4 = (0.1660, 0.4173, 0.3170, 0.0899, 0.0098)$$

4. 二级综合评判

（1）建立模糊评价矩阵。

$$R = \begin{pmatrix} Q_1 \\ Q_2 \\ Q_3 \\ Q_4 \end{pmatrix} = \begin{bmatrix} 0.2129 & 0.4251 & 0.3221 & 0.0279 & 0.0120 \\ 0.1645 & 0.3973 & 0.3632 & 0.0366 & 0.0384 \\ 0.1672 & 0.4623 & 0.2845 & 0.0860 & 0.0000 \\ 0.1660 & 0.4173 & 0.3170 & 0.0899 & 0.0098 \end{bmatrix}$$

（2）第二级模糊综合评价向量。

依然根据公式 $Q = W^T \times R$，可得出第二级模糊评价指标向量，结果经归一化处理后得到：$Q = (0.2061, 0.4836, 0.2207, 0.0728, 0.0168)$。

5. 评判结果

根据公式 $Z = Q \times V^T$，能够计算出新材料技术企业知识管理实施水平分值 Z 以及一级指标 Z_i，二级指标则根据加权平均得出。

$$Z = Q \times V^T = (0.2061, 0.4836, 0.2207, 0.0728, 0.0168) \times \begin{bmatrix} 5 \\ 4 \\ 3 \\ 2 \\ 1 \end{bmatrix} = 3.7894$$

其他二级指标 Z_i 计算过程与以上一级指标 Z 算法相同，其具体结果整理为表 7-8。

表 7 – 8　　　　　　　　　　新材料技术企业知识管理实施水平模糊评价结果

总体实施水平分值	一级指标	实施水平分值	二级指标	实施水平分值
3.7894	知识产生 B_1	3.7990	系统的培训方案 B_{11}	3.80
			管理者与员工经常讨论 B_{12}	4.04
			管理者了解部门员工的专长 B_{13}	3.88
			支持员工参与各种学习活动 B_{14}	3.80
			优先保留知识丰富、学历高的员工 B_{15}	3.88
			员工掌握知识越多收入越高 B_{16}	3.76
			工作绩效取决于知识 B_{17}	3.80
			鼓励员工发表论文并给予奖励 B_{18}	3.52
			将外文资料翻译为中文资料 B_{19}	3.04
	知识储存 B_2	3.6129	更新、取代过时知识 B_{21}	3.44
			整理归类知识并编成工作手册、资料库 B_{22}	3.64
			有信息管理系统并进行数据库建设 B_{23}	3.56
			员工认为应储存知识 B_{24}	3.76
			员工能描述所学习的内容 B_{25}	3.72
			员工及时记录新知识 B_{26}	3.84
	知识分享和创造 B_3	3.7107	鼓励员工分享知识 B_{31}	3.76
			鼓励员工创新知识 B_{32}	3.80
			各部门之间经常交流 B_{33}	3.64
			分享和创造知识的氛围浓厚 B_{34}	3.64
			上下级之间经常分享信息/知识 B_{35}	3.84
			信息透明度高 B_{36}	3.40
			企业图书资源充分性 B_{37}	3.40
			有企业内网可以进行知识分享 B_{38}	3.76
			企业网站经常分享知识 B_{39}	3.68
	知识应用 B_4	3.6398	企业常常总结经验 B_{41}	3.80
			鼓励应用新知识 B_{42}	3.52
			员工利用知识提升工作效率 B_{43}	3.76
			企业利用相关知识制定决策 B_{44}	3.40
			有充分知识供员工运用 B_{45}	3.48
			企业能整合知识以解决问题 B_{46}	3.40
			员工能将培训中学到的知识用于实际工作 B_{47}	3.72
			企业的产品和服务能反映企业知识优势 B_{48}	3.68

7.4.2　数据分析

此分析仍然用 likert 问卷中分值设定的判断标准，1~3 分为劣，3~3.5 分为中下，3.5~4 分为中，4~4.5 分为良好，4.5 分以上为优。

根据模糊综合评价模型得知新材料技术企业知识管理实施水平综合值为 3.7894 分，处于中等水平。

1. 知识产生情况分析

根据数据整理结果而知，知识产生方面整体实施水平处于 3.5~4 分之间，即属于中等水平。其中管理者与员工经常讨论分值为 4.04 分，属于良好水平；将外文资料翻译为中文资料为 3.04 分，为中下水平。其他几项的分值均处于 3.5~4 分之间，处于中等水平。

2. 知识储存情况分析

调查结果显示，知识储存方面整体实施水平处于 3.5~4 分之间，即属于中等水平。除更新、取代过时知识属于中下水平外，其中各项分值均处于 3.5~4 分之间，说明新材料技术企业对知识储存的关注度为一般。

3. 知识分享和创造情况分析

根据调查结果可知，知识分享和创造方面整体实施水平处于 3~3.5 分之间，即属于中下水平。其中信息透明度高、企业图书资源充分性为中下水平，其他均处于中等水平，反映了新材料技术企业在知识分享和创造方面管理实施较弱，需要提高对其关注度。

4. 知识应用情况分析

根据以上数据分析，知识应用方面整体实施水平处于 3.5~4 分之间，即属于中等水平。其中有三项分值在 3~3.5 分之间，其他几项分值在 3.5~4 分之间，表明新材料技术企业在知识应用方面关注一般。

7.5 生物与新医药的知识管理绩效评价实施水平分析

7.5.1 确立生物与新医药企业知识管理实施水平模糊综合评价模型

1. 确定评价对象的因素论域

评语集 $V = \{V_1, V_2, V_3, V_4, V_5\} = \{$非常符合，相当符合，有些符合，相当不符合，非常不符合$\}$。一级评价指标 $B = \{B_1, B_2, B_3, B_4\} = \{$知识产生，知识储存，知识分享和创造，知识应用$\}$，二级评价指标 $B_1 = \{B_{11}, B_{12}, B_{13}, B_{14}, B_{15}, B_{16}, B_{17}, B_{18}, B_{19}\} = \{$系统的培训方案，管理者与员工经常讨论，管理者了解部门员工的专长，支持员工参与各种学习活动，优先保留知识丰富、学历高的员工，员工掌握知识越多收入越高，工作绩效取决于知识，鼓励员工发表论文并给予奖励，将外文资料翻译为中文资料$\}$，其他因素集形式与 B_1 相同。

2. 二级指标的评语频数统计

见表 7-9。

表 7-9　　　　　　　　　二级指标模糊评价集

	V_1	V_2	V_3	V_4	V_5
B_{11}	0.35	0.41	0.21	0.00	0.03
B_{12}	0.24	0.41	0.28	0.07	0.00
B_{13}	0.31	0.17	0.42	0.10	0.00
B_{14}	0.28	0.21	0.45	0.03	0.03
B_{15}	0.21	0.38	0.35	0.03	0.03

续表

	V_1	V_2	V_3	V_4	V_5
B_{16}	0.21	0.31	0.38	0.07	0.03
B_{17}	0.17	0.41	0.38	0.04	0.00
B_{18}	0.28	0.17	0.28	0.17	0.10
B_{19}	0.21	0.17	0.28	0.17	0.17
B_{21}	0.38	0.21	0.34	0.07	0.00
B_{22}	0.34	0.28	0.28	0.10	0.00
B_{23}	0.28	0.28	0.41	0.03	0.00
B_{24}	0.21	0.41	0.35	0.03	0.00
B_{25}	0.34	0.31	0.35	0.00	0.00
B_{26}	0.24	0.31	0.45	0.00	0.00
B_{31}	0.28	0.28	0.41	0.03	0.00
B_{32}	0.24	0.31	0.45	0.00	0.00
B_{33}	0.28	0.31	0.34	0.07	0.00
B_{34}	0.24	0.28	0.38	0.10	0.00
B_{35}	0.24	0.24	0.42	0.10	0.00
B_{36}	0.24	0.21	0.41	0.14	0.00
B_{37}	0.31	0.17	0.31	0.10	0.11
B_{38}	0.35	0.14	0.45	0.03	0.03
B_{39}	0.28	0.24	0.28	0.17	0.03
B_{41}	0.35	0.17	0.31	0.14	0.03
B_{42}	0.35	0.24	0.31	0.10	0.00
B_{43}	0.28	0.31	0.35	0.03	0.03
B_{44}	0.21	0.31	0.38	0.07	0.03
B_{45}	0.28	0.17	0.48	0.07	0.00
B_{46}	0.28	0.17	0.41	0.14	0.00
B_{47}	0.38	0.17	0.45	0.00	0.00
B_{48}	0.24	0.24	0.42	0.10	0.00

3. 一级综合评价

（1）模糊判断矩阵。

$$R_1 = \begin{bmatrix} 0.35 & 0.41 & 0.21 & 0.00 & 0.03 \\ 0.24 & 0.41 & 0.28 & 0.07 & 0.00 \\ 0.31 & 0.17 & 0.42 & 0.10 & 0.00 \\ 0.28 & 0.21 & 0.45 & 0.03 & 0.03 \\ 0.21 & 0.38 & 0.35 & 0.03 & 0.03 \\ 0.21 & 0.31 & 0.38 & 0.07 & 0.03 \\ 0.17 & 0.41 & 0.38 & 0.04 & 0.00 \\ 0.28 & 0.17 & 0.28 & 0.17 & 0.10 \\ 0.21 & 0.17 & 0.28 & 0.17 & 0.17 \end{bmatrix}$$

$$R_2 = \begin{bmatrix} 0.38 & 0.21 & 0.34 & 0.07 & 0.00 \\ 0.34 & 0.28 & 0.28 & 0.10 & 0.00 \\ 0.28 & 0.28 & 0.41 & 0.03 & 0.00 \\ 0.21 & 0.41 & 0.35 & 0.03 & 0.00 \\ 0.34 & 0.31 & 0.35 & 0.00 & 0.00 \\ 0.24 & 0.31 & 0.45 & 0.00 & 0.00 \end{bmatrix}$$

$$R_3 = \begin{bmatrix} 0.28 & 0.28 & 0.41 & 0.03 & 0.00 \\ 0.24 & 0.31 & 0.45 & 0.00 & 0.00 \\ 0.28 & 0.31 & 0.34 & 0.07 & 0.00 \\ 0.24 & 0.28 & 0.38 & 0.10 & 0.00 \\ 0.24 & 0.24 & 0.42 & 0.10 & 0.00 \\ 0.24 & 0.21 & 0.41 & 0.14 & 0.00 \\ 0.31 & 0.17 & 0.31 & 0.10 & 0.11 \\ 0.35 & 0.14 & 0.45 & 0.03 & 0.03 \\ 0.28 & 0.24 & 0.28 & 0.17 & 0.03 \end{bmatrix}$$

$$R_4 = \begin{bmatrix} 0.35 & 0.17 & 0.31 & 0.14 & 0.03 \\ 0.35 & 0.24 & 0.31 & 0.10 & 0.00 \\ 0.28 & 0.31 & 0.35 & 0.03 & 0.03 \\ 0.21 & 0.31 & 0.38 & 0.07 & 0.03 \\ 0.28 & 0.17 & 0.48 & 0.07 & 0.00 \\ 0.28 & 0.17 & 0.41 & 0.14 & 0.00 \\ 0.38 & 0.17 & 0.45 & 0.00 & 0.00 \\ 0.24 & 0.24 & 0.42 & 0.10 & 0.00 \end{bmatrix}$$

（2）第一级模糊评价指标向量。

根据公式 $Q = W^T \times R$，可得出第一级模糊评价指标向量，如 $Q_1 = W_1^T \times R_1$。

$Q_1' = (0.2616 \quad 0.1694 \quad 0.0606 \quad 0.1694 \quad 0.1020 \quad 0.1020 \quad 0.0606$

$$0.0373 \quad 0.0373) \times \begin{bmatrix} 0.35 & 0.41 & 0.21 & 0.00 & 0.03 \\ 0.24 & 0.41 & 0.28 & 0.07 & 0.00 \\ 0.31 & 0.17 & 0.42 & 0.10 & 0.00 \\ 0.28 & 0.21 & 0.45 & 0.03 & 0.03 \\ 0.21 & 0.38 & 0.35 & 0.03 & 0.03 \\ 0.21 & 0.31 & 0.38 & 0.07 & 0.03 \\ 0.17 & 0.41 & 0.38 & 0.04 & 0.00 \\ 0.28 & 0.17 & 0.28 & 0.17 & 0.10 \\ 0.21 & 0.17 & 0.28 & 0.17 & 0.17 \end{bmatrix}$$

得出 $Q_1' = (0.2698,\ 0.3305,\ 0.3224,\ 0.0483,\ 0.0291)$，其他指标计算与计算 Q_1' 方法相同。

经过计算并将所有的向量指标进行归一化处理得到：

$Q_1 = (0.2698,\ 0.3304,\ 0.3224,\ 0.0483,\ 0.0291)$

$Q_2 = (0.3220,\ 0.2778,\ 0.3440,\ 0.0562,\ 0.0000)$

$Q_3 = (0.2587,\ 0.2619,\ 0.3967,\ 0.0765,\ 0.0062)$

$Q_4 = (0.3042,\ 0.2384,\ 0.3744,\ 0.0673,\ 0.0157)$

4. 二级综合评判

（1）建立模糊评价矩阵。

$$R = \begin{pmatrix} Q_1 \\ Q_2 \\ Q_3 \\ Q_4 \end{pmatrix} = \begin{bmatrix} 0.2698 & 0.3304 & 0.3224 & 0.0483 & 0.0291 \\ 0.3220 & 0.2778 & 0.3440 & 0.0562 & 0.0000 \\ 0.2587 & 0.2619 & 0.3967 & 0.0765 & 0.0062 \\ 0.3042 & 0.2384 & 0.3744 & 0.0673 & 0.0157 \end{bmatrix}$$

（2）第二级模糊综合评价向量。

依然根据公式 $Q = W^T \times R$，可得出第二级模糊评价指标向量，结果经归一化处理后得到：$Q = (0.2940, 0.2727, 0.3566, 0.0609, 0.0158)$。

5. 评判结果

根据公式 $Z = Q \times V^T$，能够计算出生物与新医药企业知识管理实施水平分值 Z 以及一级指标 Z_i，二级指标则根据加权平均得出。

$$Z = Q \times V^T = (0.2940, 0.2727, 0.3566, 0.0609, 0.0158) \times \begin{bmatrix} 5 \\ 4 \\ 3 \\ 2 \\ 1 \end{bmatrix} = 3.7682$$

其他二级指标 Z_i 计算过程与以上一级指标 Z 算法相同，其具体结果整理为表 7 – 10。

表 7 – 10　　　　　生物与新医药企业知识管理实施水平模糊评价结果

总体实施水平分值	一级指标	实施水平分值	二级指标	实施水平分值
3.7682	知识产生 B_1	3.7635	系统的培训方案 B_{11}	4.05
			管理者与员工经常讨论 B_{12}	3.75
			管理者了解部门员工的专长 B_{13}	3.69
			支持员工参与各种学习活动 B_{14}	3.68
			优先保留知识丰富、学历高的员工 B_{15}	3.71
			员工掌握知识越多收入越高 B_{16}	3.60
			工作绩效取决于知识 B_{17}	3.71
			鼓励员工发表论文并给予奖励 B_{18}	3.36
			将外文资料翻译为中文资料 B_{19}	3.08

续表

总体实施水平分值	一级指标	实施水平分值	二级指标	实施水平分值
3.7682	知识储存 B_2	3.8656	更新、取代过时知识 B_{21}	3.83
			整理归类知识并编成工作手册、资料库 B_{22}	3.86
			有信息管理系统并进行数据库建设 B_{23}	3.81
			员工认为应储存知识 B_{24}	3.77
			员工能描述所学习的内容 B_{25}	3.99
			员工及时记录新知识 B_{26}	3.79
	知识分享和创造 B_3	3.6904	鼓励员工分享知识 B_{31}	3.81
			鼓励员工创新知识 B_{32}	3.79
			各部门之间经常交流 B_{33}	3.73
			分享和创造知识的氛围浓厚 B_{34}	3.66
			上下级之间经常分享信息/知识 B_{35}	3.62
			信息透明度高 B_{36}	3.55
			企业图书资源充分性 B_{37}	3.47
			有企业内网可以进行知识分享 B_{38}	3.75
			企业网站经常分享知识 B_{39}	3.57
	知识应用 B_4	3.7481	企业常常总结经验 B_{41}	3.67
			鼓励应用新知识 B_{42}	3.84
			员工利用知识提升工作效率 B_{43}	3.78
			企业利用相关知识制定决策 B_{44}	3.60
			有充分知识供员工运用 B_{45}	3.66
			企业能整合知识以解决问题 B_{46}	3.59
			员工能将培训中学到的知识用于实际工作 B_{47}	3.93
			企业的产品和服务能反映企业知识优势 B_{48}	3.62

7.5.2　数据分析

此分析仍然用 likert 问卷中分值设定的判断标准，1～3 分为劣，3～3.5 分为中下，3.5～4 分为中，4～4.5 分为良好，4.5 分以上为优。

根据模糊综合评价模型得知生物与新医药企业知识管理实施水平综合值为 3.7682，处于中等水平。

1. 知识产生情况分析

根据数据整理结果而知，知识产生方面整体实施水平处于 3.5～4 分之间，即属于中等水平。其中系统的培训方案分值为 4.05 分，属于水平为优；鼓励员工发表论文并给予奖励、将外文资料翻译为中文资料在 3 ~ 3.5 分之间，为中下水平；其他几项的分值均处于 3.5 ~ 4 分之间，处于中等水平。

2. 知识储存情况分析

调查结果显示，知识储存方面整体实施水平处于 3.5 ~ 4 分之间，即属于中等水平。其中各项分值均处于 3.5 ~ 4 分之间且分值均接近于 4 分，说明生物与新医药企业对知识储存的关注度较高。

3. 知识分享和创造情况分析

根据调查结果可知，知识分享和创造方面整体实施水平处于 3.5 ~ 4 分之间，即属于中等水平。其中企业图书资源充分性属于中下水平，其他均处于中等水平，反映了生物与新医药企业在知识分享和创造方面管理实施较弱，需要提高对其关注度。

4. 知识应用情况分析

根据以上数据分析，知识应用方面整体实施水平处于 3.5 ~ 4 分之间，即属于中等水平。其中各项分值都在 3.5 ~ 4 分之间，表明生物与新医药企业在知识应用方面关注一般。

7.6 本章小结

1. 综上可得高新技术不同行业知识管理绩效实施水平的总体数据（见表 7 - 11）

表 7 - 11　　　　　　不同高新技术产业知识管理绩效实施水平评价

所在行业	知识产生	知识储存	知识分享与创造	知识应用	实施水平总体评价
新材料技术	3.7990	3.6126	3.7107	3.6398	3.7894
生物与新医药	3.7635	3.8656	3.6904	3.7481	3.7682

所在行业	知识产生	知识储存	知识分享与创造	知识应用	实施水平总体评价
高技术服务行业	3.7131	3.7917	3.5163	3.7613	3.7326
资源与环境技术产业	3.6524	3.7182	3.6538	3.7388	3.7043
电子信息产业	3.3826	3.4419	3.1426	3.2520	3.3120

2. 数据对比分析

数据对比分析

五个行业的知识管理绩效实施水平均处于中等水平，其中新材料产业企业数值较高，电子信息产业的较低。

（1）知识产生情况分析。

根据数据整理结果而知，知识产生处于3.5~4分之间，即属于中等水平，其中新材料技术、生物与新医药务行业分值略高。说明高新技术企业通过知识管理所表现出的知识产生水平一般，有待加强。

（2）知识储存情况分析。

根据调查结果可知，创新能力处于3.5~4分之间，也属于中等水平，其中生物与新医药及高技术服务行业的分值略高些。由此可推断高新技术企业在知识储存方面表面一般，需要进一步采取措施以增强。

（3）知识分享与创造情况分析。

调查结果显示，所调查企业知识分享与创造水平处于3.5~4分之间，属于中等水平。

（4）知识应用情况分析。

根据数据整理结果而知，知识应用处于3.5~4分之间，属于中等水平，其中高技术服务、生物与新医药行业的分值相对高一些。高新技术企业在知识应用方面表现一般，尚需提升。

3. 结论与展望

本研究运用层次分析法构建高新技术企业知识管理绩效评价指标体系，对来自不同产业高新技术企业的知识管理实施水平进行了评价分析，通过横向和纵向的比较和分析，其中指标体系是决定评价结果是否科学的基础。本研究在坚持科学性、可比性、可测性、动态性等原则的基础上，以知识管理理论为指导，以资料的可获取性为前提，希望既能体现现有高新技术企业知识管理的能力，又能反映未来的管理潜力为目标。但在问卷设计过程中，仍有些不尽人意之处，未来的研究需要更加科学地克服知识管理专家选择方面的局限性。

高新企业知识管理绩效评价是一项非常复杂的系统工程，由于提供的评估信息与数据往往模糊且不完全，单纯依靠传统的定量评价不全面，从另一个角度看，知识和创新是高新技术企业的本质和特点，因此企业的发展在很大程度上还取决于企业员工的对知识管理的认同程度。随着知识创新作用的不断增强，高新技术企业首先必须要把知识管理纳入到企业文化建设中，形成知识共享和知识管理的氛围，使每个员工都能深刻理解知识管理对企业发展的重要性，把个人目标和企业目标相结合，调动员工的积极性和创造性，增强企业内部的凝聚力，为知识管理的更好实施提供前提条件。

其次，建立起与企业知识管理战略相适应的组织结构，为知识管理作用的发挥扫清体制障碍。研究表明，扁平化组织和网络化组织的知识传播效率要明显优于传统的层级制组织。通过对组织结构的改革，建立有利于知识传播和发挥最大效用的知识型组织结构。

第 8 章

北京、广东与山西三个地区高新技术企业知识管理绩效效果评价

8.1 北京高新技术企业知识管理绩效评价实施效果分析

8.1.1 确立北京市企业知识管理实施结果模糊综合评价模型

1. 确定评价对象的因素论域

评语集 $V = \{V_1, V_2, V_3, V_4, V_5\} = \{$非常符合，相当符合，有些符合，相当不符合，非常不符合$\}$。一级评价指标 $B = \{U_1, U_2, U_3, U_4, U_5\} = \{$应变能力，创新能力，整合能力，学习能力，经营能力$\}$，二级评价指标 $U_1 = \{U_{11}, U_2, U_3, U_{14}\} = \{$企业中暴露的问题增加，企业决策效率提高，企业能够迅速适应未预期到的变化并调整目标与决策，企业能够迅速回应市场需求$\}$，其他因素集形式与 U_1 相同。

2. 二级指标的评语频数统计

见表 8 - 1。

表 8 – 1   二级指标模糊评价集

	V_1	V_2	V_3	V_4	V_5
U_{11}	0.10	0.37	0.53	0.00	0.00
U_{12}	0.16	0.53	0.26	0.05	0.00
U_{13}	0.10	0.50	0.40	0.00	0.00
U_{14}	0.18	0.53	0.29	0.00	0.00
U_{21}	0.21	0.45	0.32	0.02	0.00
U_{22}	0.08	0.58	0.32	0.02	0.00
U_{23}	0.18	0.53	0.21	0.03	0.05
U_{31}	0.18	0.45	0.31	0.03	0.03
U_{32}	0.08	0.63	0.24	0.03	0.02
U_{33}	0.21	0.42	0.37	0.00	0.00
U_{34}	0.26	0.42	0.26	0.03	0.03
U_{35}	0.24	0.52	0.24	0.00	0.00
U_{36}	0.08	0.60	0.29	0.03	0.00
U_{37}	0.18	0.42	0.32	0.08	0.00
U_{41}	0.13	0.39	0.45	0.03	0.00
U_{42}	0.08	0.40	0.47	0.05	0.00
U_{43}	0.10	0.53	0.37	0.00	0.00
U_{44}	0.10	0.58	0.29	0.03	0.00
U_{45}	0.16	0.47	0.31	0.03	0.03
U_{46}	0.08	0.39	0.47	0.03	0.03
U_{51}	0.16	0.42	0.42	0.00	0.00
U_{52}	0.18	0.53	0.24	0.05	0.00
U_{53}	0.03	0.39	0.55	0.03	0.00
U_{54}	0.03	0.55	0.37	0.05	0.00
U_{55}	0.68	0.32	0.00	0.00	0.00

3. 一级综合评价

（1）模糊判断矩阵。

$$R_1 = \begin{bmatrix} 0.10 & 0.37 & 0.53 & 0.00 & 0.00 \\ 0.16 & 0.53 & 0.26 & 0.05 & 0.00 \\ 0.10 & 0.50 & 0.40 & 0.00 & 0.00 \\ 0.18 & 0.53 & 0.29 & 0.00 & 0.00 \end{bmatrix}$$

$$R_2 = \begin{bmatrix} 0.21 & 0.45 & 0.32 & 0.02 & 0.00 \\ 0.08 & 0.58 & 0.32 & 0.02 & 0.00 \\ 0.18 & 0.53 & 0.21 & 0.03 & 0.05 \end{bmatrix}$$

$$R_3 = \begin{bmatrix} 0.18 & 0.45 & 0.31 & 0.03 & 0.03 \\ 0.08 & 0.63 & 0.24 & 0.03 & 0.02 \\ 0.21 & 0.42 & 0.37 & 0.00 & 0.00 \\ 0.26 & 0.42 & 0.26 & 0.03 & 0.03 \\ 0.24 & 0.52 & 0.24 & 0.00 & 0.00 \\ 0.08 & 0.60 & 0.29 & 0.03 & 0.00 \\ 0.18 & 0.42 & 0.32 & 0.08 & 0.00 \end{bmatrix}$$

$$R_4 = \begin{bmatrix} 0.13 & 0.39 & 0.45 & 0.03 & 0.00 \\ 0.08 & 0.40 & 0.47 & 0.05 & 0.00 \\ 0.10 & 0.53 & 0.37 & 0.00 & 0.00 \\ 0.10 & 0.58 & 0.29 & 0.03 & 0.00 \\ 0.16 & 0.47 & 0.31 & 0.03 & 0.03 \\ 0.08 & 0.39 & 0.47 & 0.03 & 0.03 \end{bmatrix}$$

$$R_5 = \begin{bmatrix} 0.16 & 0.42 & 0.42 & 0.00 & 0.00 \\ 018 & 0.53 & 0.24 & 0.05 & 0.00 \\ 0.03 & 0.39 & 0.55 & 0.03 & 0.00 \\ 0.03 & 0.55 & 0.37 & 0.05 & 0.00 \\ 0.68 & 0.32 & 0.00 & 0.00 & 0.00 \end{bmatrix}$$

（2）第一级模糊评价指标向量。

根据公式 $Q = W^T \times R$，可得出第一级模糊评价指标向量，如 $Q_1 = W_1^T \times R_1$。

$$Q_1' = (0.0220 \quad 0.0440 \quad 0.7472 \quad 0.1868) \times \begin{bmatrix} 0.10 & 0.37 & 0.53 & 0.00 & 0.00 \\ 0.16 & 0.53 & 0.25 & 0.05 & 0.00 \\ 0.10 & 0.50 & 0.40 & 0.00 & 0.00 \\ 0.18 & 0.53 & 0.29 & 0.00 & 0.00 \end{bmatrix}$$

得出 $Q_1' = (0.1176，0.5040，0.3762，0.0022，0.0000)$，其他指标计算与计算 Q_1' 方法相同。

经过计算并将所有的向量指标进行归一化处理得到：

$$Q_1 = (0.1176, 0.5040, 0.3762, 0.0022, 0.0000)$$

$$Q_2 = (0.1731, 0.4922, 0.3084, 0.0210, 0.0053)$$

$$Q_3 = (0.1579, 0.4902, 0.2958, 0.0296, 0.0265)$$

$$Q_4 = (0.1089, 0.4929, 0.3752, 0.0210, 0.0020)$$

$$Q_5 = (0.1859, 0.5128, 0.2581, 0.0432, 0.0000)$$

4. 二级综合评判

（1）建立模糊评价矩阵。

$$R = \begin{bmatrix} Q_1 \\ Q_2 \\ Q_3 \\ Q_4 \\ Q_5 \end{bmatrix} = \begin{bmatrix} 0.1176 & 0.5040 & 0.3762 & 0.0022 & 0.0000 \\ 0.1731 & 0.4922 & 0.3084 & 0.0210 & 0.0053 \\ 0.1579 & 0.4902 & 0.2958 & 0.0296 & 0.0265 \\ 0.1089 & 0.4929 & 0.3752 & 0.0210 & 0.0020 \\ 0.1859 & 0.5128 & 0.2581 & 0.0432 & 0.0000 \end{bmatrix}$$

（2）第二级模糊综合评价向量。

依然根据公式 $Q = W^T \times R$，可得出第二级模糊评价指标向量，结果经归一化处理后得到：$Q = (0.1667, 0.4962, 0.3022, 0.0336, 0.0013)$。

5. 评判结果

根据公式 $Z = Q \times V^T$，能够计算出整体水平值 Z 以及二级指标 Z_i，三级指标则根据加权平均得出。

$$Z = Q \times V^T = (0.1667, 0.4962, 0.3022, 0.0336, 0.0013) \times \begin{bmatrix} 5 \\ 4 \\ 3 \\ 2 \\ 1 \end{bmatrix} = 3.7934$$

其他二级指标 Z_i 计算过程与以上一级指标 Z 算法相同，其具体结果整理为表 8 - 2。

表 8 - 2　　　　　　　　　　北京市企业知识管理实施结果模糊评价结果

总体实施结果分值	一级指标	实施结果分值	二级指标	实施结果分值
3.7934	应变能力 u_1	3.7370	企业中暴露的问题增加 u_{11}	3.57
			企业决策效率提高 u_{12}	3.80
			企业能够迅速适应未预期到的变化并调整目标与决策 u_{13}	3.70
			企业能够迅速回应市场需求 u_{14}	3.89
	创新能力 u_2	3.8068	企业能够容忍创新失败、并有一定资金支持 u_{21}	3.85
			开发的新产品或新服务增加 u_{22}	3.72
			申请的专利增加 u_{23}	3.76
	整合能力 u_3	3.7234	企业能够利用相关信息来制定投资决策 u_{31}	3.72
			员工参与决策的积极性增加 u_{32}	3.72
			能够协调、整合不同部门间的工作成果 u_{33}	3.84
			规章制度不断完善 u_{34}	3.85
			回应顾客需求或抱怨的时间短、顾客反馈良好 u_{35}	4.00
			开放信任的气氛弥漫整个企业 u_{36}	3.73
			与外部产学研机构的合作增加 u_{37}	3.70
	学习能力 u_4	3.6857	对员工培训的针对性增强 u_{41}	3.62
			企业对员工的培训时间增多 u_{42}	3.51
			员工学习新事物与技术的积极性增强 u_{43}	3.73
			企业处理危机的能力增强 u_{44}	3.75
			员工能快速掌握新技术 u_{45}	3.70
			员工能够充分利用企业的数据库 u_{46}	3.46
	经营能力 u_5	3.8414	企业净资产收益率提高 u_{51}	3.74
			企业品牌认知度提高 u_{52}	3.84
			员工平均收入水平提高 u_{53}	3.42
			企业的社会认同度提高 u_{54}	3.56
			客户满意率提高 u_{55}	4.68

8.1.2　数据分析

数据分值水平界定与上述界定方法相同。根据模糊综合评价模型得知北京市企业知识管理实施水平综合分值为 3.7934 分，处于中等水平。

1. 应变能力情况分析

根据数据整理结果而知，应变能力处于3.5～4分之间，即属于中等水平。其中各项均处于3.5～4分之间，说明北京市企业通过知识管理所表现出的应变能力较弱。

2. 创新能力情况分析

根据调查结果可知，创新能力处于3.5～4分之间，也属于中等水平。由此可推断北京市企业知识管理方面的创新能力不足，需要进一步采取措施以增强其创新能力。

3. 整合能力情况分析

调查结果显示，整合能力处于3～3.5分之间，属于中下水平。其中回应顾客需求或抱怨的时间短、顾客反馈良好这一项得分为4分，属于良好水平，其他几项分值基本属于中等水平。由此可以看出北京市企业通过实施知识管理提高其整合能力有一定效果。

4. 学习能力情况分析

根据数据整理结果而知，应变能力处于3.5～4分之间，即属于中等水平。其中员工能够充分利用企业的数据库得分为3.46分，表现为中下水平；其他几项均处于3.5～4分之间。据此可以看出北京市企业通过实施知识管理后表现出的学习能力为一般，尚需提升。

5. 经营能力情况分析

据调查结果而知，经营能力处于3.5～4分之间，仍属于中等水平。其中客户满意率提高分值为4.68分，属于优秀水平，其他各项分值属于中等水平。由此断定北京市企业实施知识管理对经营能力提高有一定的帮助。

8.2　广东地区高新技术企业知识管理绩效评价实施效果分析

8.2.1　确立广东地区企业知识管理实施结果模糊综合评价模型

1. 确定评价对象的因素论域

评语集 $V = \{V_1, V_2, V_3, V_4, V_5\} = \{$非常符合，相当符合，有些符合，相当不符合，非常不符合$\}$。一级评价指标 $B = \{U_1, U_2, U_3, U_4, U_5\} = \{$应变能力，创新能力，整合能力，学习能力，经营能力$\}$，二级评价指标 $U_1 = \{U_{11}, U_2, U_3, U_{14}\} = \{$企业中暴露的问题增加，企业决策效率提高，企业能够迅速适应未预期到的变化并调整目标与决策，企业能够迅速回应市场需求$\}$，其他因素集形式与 U_1 相同。

2. 二级指标的评语频数统计

见表 8 - 3。

表 8 - 3　　　　　　　　　　二级指标模糊评价集

	V_1	V_2	V_3	V_4	V_5
U_{11}	0.18	0.37	0.34	0.09	0.02
U_{12}	0.16	0.31	0.43	0.05	0.05
U_{13}	0.18	0.25	0.45	0.07	0.05
U_{14}	0.25	0.18	0.48	0.09	0.02
U_{21}	0.20	0.23	0.43	0.07	0.02
U_{22}	0.20	0.30	0.27	0.02	0.05
U_{23}	0.18	0.23	0.21	0.21	0.11
U_{31}	0.18	0.21	0.45	0.09	0.07
U_{32}	0.16	0.20	0.41	0.18	0.05
U_{33}	0.18	0.32	0.39	0.09	0.02
U_{34}	0.23	0.32	0.36	0.07	0.02

	V_1	V_2	V_3	V_4	V_5
U_{35}	0.14	0.27	0.43	0.11	0.05
U_{36}	0.20	0.14	0.43	0.18	0.05
U_{37}	0.18	0.25	0.41	0.11	0.05
U_{41}	0.23	0.32	0.32	0.09	0.04
U_{42}	0.27	0.25	0.39	0.07	0.02
U_{43}	0.16	0.23	0.48	0.11	0.02
U_{44}	0.25	0.16	0.43	0.14	0.02
U_{45}	0.21	0.18	0.41	0.18	0.02
U_{46}	0.18	0.14	0.43	0.23	0.02
U_{51}	0.18	0.16	0.53	0.11	0.02
U_{52}	0.23	0.20	0.41	0.11	0.05
U_{53}	0.16	0.20	0.34	0.25	0.05
U_{54}	0.20	0.25	0.41	0.09	0.05
U_{55}	0.21	0.36	0.36	0.05	0.02

3. 一级综合评价

（1）模糊判断矩阵。

$$
R_1 = \begin{bmatrix} 0.18 & 0.37 & 0.34 & 0.09 & 0.02 \\ 0.16 & 0.31 & 0.43 & 0.05 & 0.05 \\ 0.18 & 0.25 & 0.45 & 0.07 & 0.05 \\ 0.25 & 0.18 & 0.46 & 0.09 & 0.02 \end{bmatrix}
$$

$$
R_2 = \begin{bmatrix} 0.20 & 0.23 & 0.48 & 0.07 & 0.02 \\ 0.20 & 0.30 & 0.43 & 0.02 & 0.05 \\ 0.18 & 0.23 & 0.27 & 0.21 & 0.11 \end{bmatrix}
$$

$$
R_3 = \begin{bmatrix} 0.18 & 0.21 & 0.45 & 0.09 & 0.07 \\ 0.16 & 0.20 & 0.41 & 0.18 & 0.05 \\ 0.18 & 0.32 & 0.39 & 0.09 & 0.02 \\ 0.23 & 0.32 & 0.36 & 0.07 & 0.02 \\ 0.14 & 0.27 & 0.43 & 0.11 & 0.05 \\ 0.20 & 0.14 & 0.43 & 0.18 & 0.05 \\ 0.18 & 0.25 & 0.41 & 0.11 & 0.05 \end{bmatrix}
$$

$$R_4 = \begin{bmatrix} 0.23 & 0.32 & 0.32 & 0.09 & 0.04 \\ 0.27 & 0.25 & 0.39 & 0.07 & 0.02 \\ 0.16 & 0.23 & 0.48 & 0.11 & 0.02 \\ 0.25 & 0.16 & 0.43 & 0.14 & 0.02 \\ 0.21 & 0.18 & 0.41 & 0.18 & 0.02 \\ 0.18 & 0.14 & 0.43 & 0.23 & 0.02 \end{bmatrix}$$

$$R_5 = \begin{bmatrix} 0.18 & 0.16 & 0.53 & 0.11 & 0.02 \\ 023 & 0.20 & 0.41 & 0.11 & 0.05 \\ 0.16 & 0.20 & 0.34 & 0.25 & 0.05 \\ 0.20 & 0.25 & 0.41 & 0.09 & 0.05 \\ 0.21 & 0.36 & 0.36 & 0.05 & 0.02 \end{bmatrix}$$

（2）第一级模糊评价指标向量。

根据公式 $Q = W^T \times R$，可得出第一级模糊评价指标向量，如 $Q_1 = W_1^T \times R_1$。

$$Q_1' = (0.0220 \quad 0.0440 \quad 0.7472 \quad 0.1868) \times \begin{bmatrix} 0.18 & 0.37 & 0.34 & 0.09 & 0.02 \\ 0.16 & 0.31 & 0.43 & 0.05 & 0.05 \\ 0.18 & 0.25 & 0.45 & 0.07 & 0.05 \\ 0.25 & 0.18 & 0.46 & 0.09 & 0.02 \end{bmatrix}$$

得出 $Q_1' = (0.1922, 0.2422, 0.4486, 0.0733, 0.0437)$，其他指标计算与计算 Q_1' 方法相同。

经过计算并将所有的向量指标进行归一化处理得到：

$$Q_1 = (0.1922, 0.2422, 0.4486, 0.0733, 0.0437)$$
$$Q_2 = (0.1979, 0.2481, 0.4448, 0.0719, 0.0373)$$
$$Q_3 = (0.1768, 0.2067, 0.4409, 0.1107, 0.0649)$$
$$Q_4 = (0.2121, 0.2310, 0.4108, 0.1199, 0.0262)$$
$$Q_5 = (0.2230, 0.2008, 0.4217, 0.1085, 0.0460)$$

4. 二级综合评判

（1）建立模糊评价矩阵。

$$R = \begin{bmatrix} Q_1 \\ Q_2 \\ Q_3 \\ Q_4 \\ Q_5 \end{bmatrix} = \begin{bmatrix} 0.1922 & 0.2422 & 0.4486 & 0.0733 & 0.0437 \\ 0.1979 & 0.2481 & 0.4448 & 0.0719 & 0.0373 \\ 0.1768 & 0.2067 & 0.4409 & 0.1107 & 0.0649 \\ 0.2121 & 0.2310 & 0.4108 & 0.1199 & 0.0262 \\ 0.2230 & 0.2008 & 0.4217 & 0.1085 & 0.0460 \end{bmatrix}$$

（2）第二级模糊综合评价向量。

依然根据公式 $Q = W^T \times R$，可得出第二级模糊评价指标向量，结果经归一化处理后得到：$Q = (0.2147, 0.2097, 0.4279, 0.1015, 0.0462)$。

5. 评判结果

根据公式 $Z = Q \times V^T$，能够计算出整体水平值 Z 以及二级指标 Z_i，三级指标则根据加权平均得出。

$$Z = Q \times V^T = (0.2147, 0.2097, 0.4279, 0.1015, 0.0462) \times \begin{bmatrix} 5 \\ 4 \\ 3 \\ 2 \\ 1 \end{bmatrix} = 3.4452$$

其他二级指标 Z_i 计算过程与以上一级指标 Z 算法相同，其具体结果整理为表 8 - 4。

表 8 - 4　　　　广东地区企业知识管理实施结果模糊评价结果

总体实施结果分值	一级指标	实施结果分值	二级指标	实施结果分值
3.4452	应变能力 u_1	3.4659	企业中暴露的问题增加 u_{11}	3.60
			企业决策效率提高 u_{12}	3.48
			企业能够迅速适应未预期到的变化并调整目标与决策 u_{13}	3.44
			企业能够迅速回应市场需求 u_{14}	3.55
	创新能力 u_2	3.4974	企业能够容忍创新失败、并有一定资金支持 u_{21}	3.52
			开发的新产品或新服务增加 u_{22}	3.58
			申请的专利增加 u_{23}	3.16

总体实施结果分值	一级指标	实施结果分值	二级指标	实施结果分值
3.4452	整合能力 u_3	3.3198	企业能够利用相关信息来制定投资决策 u_{31}	3.34
			员工参与决策的积极性增加 u_{32}	3.24
			能够协调、整合不同部门间的工作成果 u_{33}	3.55
			规章制度不断完善 u_{34}	3.67
			回应顾客需求或抱怨的时间短、顾客反馈良好 u_{35}	3.34
			开放信任的气氛弥漫整个企业 u_{36}	3.26
			与外部产学研机构的合作增加 u_{37}	3.40
	学习能力 u_4	3.4829	对员工培训的针对性增强 u_{41}	3.61
			企业对员工的培训时间增多 u_{42}	3.68
			员工学习新事物与技术的积极性增强 u_{43}	3.40
			企业处理危机的能力增强 u_{44}	3.48
			员工能快速掌握新技术 u_{45}	3.38
			员工能够充分利用企业的数据库 u_{46}	3.23
	经营能力 u_5	3.4463	企业净资产收益率提高 u_{51}	3.37
			企业品牌认知度提高 u_{52}	3.45
			员工平均收入水平提高 u_{53}	3.17
			企业的社会认同度提高 u_{54}	3.46
			客户满意率提高 u_{55}	3.69

8.2.2　数据分析

数据分值水平界定与上述界定方法相同。根据模糊综合评价模型得知广东地区企业知识管理实施水平综合分值为 3.4452 分，处于中下水平。

1. 应变能力情况分析

根据数据整理结果而知，应变能力处于 3~3.5 分之间，即属于中下水平。其中企业中暴露的问题增加、企业能够迅速回应市场需求两项处于 3.5~4 分之间，其他两项在 3~3.5 分之间，说明广东地区企业通过知识管理所表现出的应变能力较弱，有待加强。

2. 创新能力情况分析

根据调查结果可知，创新能力处于 3~3.5 分之间，也属于中下水平。

由此可推断广东地区企业知识管理方面的创新能力不足，需要进一步采取措施以增强其创新能力。

3. 整合能力情况分析

调查结果显示，整合能力处于 3～3.5 分之间，属于中下水平。其中能够协调、整合不同部门间的工作成果、规章制度不断完善这两项得分在 3.5～4 分之间，属于中等水平，其他几项分值基本属于中下水平。由此可以看出广东地区企业通过实施知识管理提高其整合能力效果不太明显。

4. 学习能力情况分析

根据数据整理结果而知，应变能力处于 3～3.5 分之间，即属于中下水平。其中对员工培训的针对性增强、企业对员工的培训时间增多表现为中等水平；其他几项均处于 3～3.5 分之间。据此可以看出广东地区企业通过实施知识管理后表现出的学习能力为一般，尚需提升。

5. 经营能力情况分析

据调查结果而知，经营能力处于 3～3.5 分之间，仍属于中下水平。其中客户满意率提高分值为 3.69 分，属于中等水平，其他各项分值属于中下水平。由此断定广东地区企业实施知识管理对经营能力提高没有明显的帮助。

8.3 山西高新技术企业知识管理绩效评价实施效果分析

8.3.1 确立山西省企业知识管理实施结果模糊综合评价模型

1. 确定评价对象的因素论域

评语集 $V = \{V_1, V_2, V_3, V_4, V_5\} = \{$非常符合，相当符合，有些符合，相当不符合，非常不符合$\}$。一级评价指标 $B = \{U_1, U_2, U_3, U_4, U_5\} =$

{应变能力，创新能力，整合能力，学习能力，经营能力}，二级评价指标 $U_1 = \{U_{11}，U_2，U_3，U_{14}\}$ = {企业中暴露的问题增加，企业决策效率提高，企业能够迅速适应未预期到的变化并调整目标与决策，企业能够迅速回应市场需求}，其他因素集形式与 U_1 相同。

2. 二级指标的评语频数统计

见表 8 - 5。

表 8 - 5　　　　　　　　　　　　　二级指标模糊评价集

	V_1	V_2	V_3	V_4	V_5
U_{11}	0.05	0.25	0.52	0.17	0.01
U_{12}	0.13	0.41	0.36	0.10	0.00
U_{13}	0.12	0.36	0.43	0.05	0.04
U_{14}	0.16	0.39	0.37	0.06	0.02
U_{21}	0.09	0.34	0.46	0.08	0.03
U_{22}	0.10	0.34	0.41	0.11	0.04
U_{23}	0.09	0.22	0.33	0.25	0.11
U_{31}	0.16	0.33	0.34	0.11	0.06
U_{32}	0.10	0.35	0.39	0.12	0.04
U_{33}	0.13	0.41	0.39	0.05	0.02
U_{34}	0.13	0.48	0.34	0.04	0.02
U_{35}	0.12	0.42	0.40	0.04	0.30
U_{36}	0.14	0.35	0.40	0.09	0.02
U_{37}	0.11	0.25	0.31	0.27	0.06
U_{41}	0.16	0.39	0.35	0.09	0.01
U_{42}	0.14	0.31	0.45	0.09	0.01
U_{43}	0.09	0.42	0.38	0.09	0.02
U_{44}	0.14	0.36	0.42	0.06	0.02
U_{45}	0.12	0.39	0.38	0.09	0.02
U_{46}	0.07	0.36	0.43	0.10	0.04
U_{51}	0.09	0.37	0.42	0.10	0.02
U_{52}	0.10	0.40	0.39	0.10	0.01
U_{53}	0.12	0.36	0.35	0.16	0.01
U_{54}	0.13	0.40	0.37	0.08	0.02
U_{55}	0.18	0.36	0.41	0.04	0.01

3. 一级综合评价

（1）模糊判断矩阵。

（2）第一级模糊评价指标向量。

根据公式 $Q = W^T \times R$，可得出第一级模糊评价指标向量，如 $Q_1 = W_1^T \times R_1$。

$$Q_1 = (0.0220 \quad 0.0440 \quad 0.7472 \quad 0.1868) \times \begin{bmatrix} 0.05 & 0.25 & 0.52 & 0.17 & 0.01 \\ 0.13 & 0.41 & 0.36 & 0.10 & 0.00 \\ 0.12 & 0.36 & 0.43 & 0.05 & 0.04 \\ 0.16 & 0.39 & 0.37 & 0.06 & 0.02 \end{bmatrix}$$

得出 $Q_1 = (0.1264, 0.3654, 0.4177, 0.0567, 0.0338)$，其他指标计算与计算 Q_1 方法相同。

经过计算并将所有的向量指标进行归一化处理得到：

$$Q_1' = (0.1264, 0.3654, 0.4177, 0.0567, 0.0338)$$
$$Q_2' = (0.0926, 0.3273, 0.4333, 0.1058, 0.0410)$$
$$Q_3' = (0.1473, 0.3359, 0.3526, 0.1102, 0.0540)$$
$$Q_4' = (0.1269, 0.3877, 0.3863, 0.0813, 0.0178)$$
$$Q_5' = (0.1017, 0.3956, 0.3932, 0.0982, 0.0113)$$

4. 二级综合评判

（1）建立模糊评价矩阵。

$$R = \begin{bmatrix} Q_1 \\ Q_2 \\ Q_3 \\ Q_4 \\ Q_5 \end{bmatrix} = \begin{bmatrix} 0.1264 & 0.3654 & 0.4177 & 0.0567 & 0.0338 \\ 0.0926 & 0.3273 & 0.4333 & 0.1058 & 0.0410 \\ 0.1473 & 0.3359 & 0.3526 & 0.1102 & 0.0540 \\ 0.1269 & 0.3877 & 0.3863 & 0.0813 & 0.0178 \\ 0.1017 & 0.3956 & 0.3932 & 0.0982 & 0.0113 \end{bmatrix}$$

（2）第二级模糊综合评价向量。

依然根据公式 $Q = W^T \times R$，可得出第二级模糊评价指标向量，结果经归一化处理后得到：$Q' = (0.1084, 0.3860, 0.3965, 0.0911, 0.0180)$。

5. 评判结果

根据公式 $Z = Q \times V^T$，能够计算出山西省企业知识管理实施结果总体值 Z 以及一级指标 Z_i，二级指标则根据加权平均得出。

$$Z = Q' \times V^T = (0.1084，0.3860，0.3965，0.0911，0.0180) \times \begin{bmatrix} 5 \\ 4 \\ 3 \\ 2 \\ 1 \end{bmatrix} = 3.4757$$

其他二级指标 Z_i 计算过程与以上一级指标 Z 算法相同，其具体结果整理为表 8 - 6。

表 8 - 6　　　　　山西省企业知识管理实施结果模糊评价结果

总体分值	一级指标	实施结果分值	二级指标	实施结果分值
3.4757	应变能力 u_1	3.4939	企业中暴露的问题增加 u_{11}	3.16
			企业决策效率提高 u_{12}	3.57
			企业能够迅速适应未预期到的变化并调整目标与决策 u_{13}	3.47
			企业能够迅速回应市场需求 u_{14}	3.79
	创新能力 u_2	3.3247	企业能够容忍创新失败并有一定资金支持 u_{21}	3.38
			开发的新产品或新服务增加 u_{22}	3.35
			申请的专利增加 u_{23}	2.93
	整合能力 u_3	3.3943	企业能够利用相关信息来制定投资决策 u_{31}	3.42
			员工参与决策的积极性增加 u_{32}	3.35
			能够协调、整合不同部门间的工作成果 u_{33}	3.58
			规章制度不断完善 u_{34}	3.68
			回应顾客需求或抱怨的时间短、顾客反馈良好 u_{35}	3.58
			开放信任的气氛弥漫整个企业 u_{36}	3.50
			与外部产学研机构的合作增加 u_{37}	3.08

总体分值	一级指标	实施结果分值	二级指标	实施结果分值
3.4757	学习能力 u_4	3.5246	对员工培训的针对性增强 u_{41}	3.60
			企业对员工的培训时间增多 u_{42}	3.48
			员工学习新事物与技术的积极性增强 u_{43}	3.47
			企业处理危机的能力增强 u_{44}	3.54
			员工能快速掌握新技术 u_{45}	3.50
			员工能够充分利用企业的数据库 u_{46}	3.32
	经营能力 u_5	3.4782	企业净资产收益率提高 u_{51}	3.41
			企业品牌认知度提高 u_{52}	3.48
			员工平均收入水平提高 u_{53}	3.42
			企业的社会认同度提高 u_{54}	3.54
			客户满意率提高 u_{55}	3.66

8.3.2 数据分析

数据分值水平界定与上述界定方法相同。根据模糊综合评价模型得知山西省企业知识管理实施水平综合分值为 3.4757 分，处于中下水平。

1. 应变能力情况分析

根据数据整理结果而知，应变能力处于 3～3.5 分之间，即属于中下水平。其中除企业决策效率提高、企业能够迅速回应市场需求这两项为中等水平外，其他处于 3～3.5 分之间，说明山西企业通过知识管理所表现出的应变能力较弱。

2. 创新能力情况分析

根据调查结果可知，创新能力处于 3～3.5 分之间，也属于中下水平。其中申请的专利增加水平为劣，其他项为中下水平，由此可推断山西企业知识管理方面的创新能力不足，需要进一步采取措施以增强其创新能力。

3. 整合能力情况分析

调查结果显示，整合能力处于 3～3.5 分之间，属于中下水平。其中企业能够利用相关信息来制定投资决策、员工参与决策的积极性增加、员工能够充分利用企业的数据库，与外部产学研机构的合作增加这三项为中下水平，其他几项分值基本属于中等水平。由此可以看出山西企业通过实施知识管理并没有很好地提高其整合能力。

4. 学习能力情况分析

根据数据整理结果而知，应变能力处于 3.5～4 分之间，即属于中等水平。其中企业对员工的培训时间增多、员工学习新事物与技术的积极性增强、员工能够充分利用企业的数据库三项表现为中下水平；其他几项均处于 3.5～4 分之间。据此可以看出山西企业通过实施知识管理后表现出的学习能力为一般，尚需提升。

5. 经营能力情况分析

据调查结果而知，经营能力处于 3～3.5 分之间，属于中下水平。其中企业的社会认同度提高、客户满意率提高这两项为中等水平，剩余其他各项分值属于中下水平。由此断定山西企业实施知识管理对经营能力提高的帮助并不是很大。

8.4　本章小结

1. 综合以上数据，可得以下表 8-7

表 8-7　　　　　　　　不同地区知识管理实施结果统计分析

地区	应变能力	创新能力	整合能力	学习能力	经营能力	实施结果
北京	3.7370	3.8068	3.7234	3.6857	3.8414	**3.7943**
山西	3.4939	3.3247	3.3943	3.5246	3.4782	**3.4757**
广东	3.4659	3.4974	3.3138	3.4463	3.4829	**3.4452**

2. 数据分析

根据数据整理结果而知，北京市分值相对较高，但三个地区的分值均处3.5~4分之间，即属于中等水平。说明各地区高新技术企业通过知识管理所表现出的五种能力均较弱。其中北京市高新技术企业的经营能力中客户满意率提高分值为4.68分，属于优秀水平，其他各项分值属于中等水平。由此可知北京市企业实施知识管理对经营能力提高有一定的帮助。

3. 结论与建议

从评价结果可以看出，知识管理作为一种新的管理方法进入到中国，虽然在一些企业运用中获得了一定的社会和经济效益，但在实际操作中还有不尽人意之处，涉及知识管理能力建设，不少企业尚处在起步阶段。普及知识管理是社会和企业的共同任务。这个任务的主要内容是：一是在社会和企业层面应通过培训、媒体宣传等方式，广泛传播知识管理的理论和知识管理的实践经验；二是企业应在发展过程中，根据实际情况制定知识管理战略、建设知识管理系统。这些战略和系统可心在企业全局范围内，也可以在企业某个部门中，还可以在企业的某个项目中逐步展开实施；三是知识管理的社会培训也是很重要的工作任务，为此，企业和社会应进行超前性的准备，大力推进知识管理人才的专业化进程。

根据以上调查与分析，从以下几个方面加强知识管理。

（1）构建企业知识管理体系。

现代企业始终处于一个动态的发展环境之中，知识管理要适应企业环境的不断变化和企业战略的调整。因此，企业应建立具有一定柔性的知识管理体系，令竞争对手难以模仿和攻破，使其成为企业竞争力之源。该体系包括知识管理规划和策略制定、知识管理系统和知识管理评价体系。知识管理的规划和策略制定是从战略层面上分析企业知识管理的现状和问题，确定知识管理的目标、路径、机制、部门职能和策略等。

（2）加强价值链的知识管理。

加强企业价值链上各项活动的知识管理，促进企业价值最大化是企业实施知识管理的目的之一。企业从研发前的市场调研和可行性分析到最终成果的产出等一系列企业技术创新活动，在企业的价值链中显得尤为重要，因而加强企业价值链的知识管理，就是要根据企业的发展战略、市场竞争情况和技术创新活动的特点，确定价值链中的管理重点，设计不同的管理方法和手段，开展具有针对性的知识管理活动。

（3）加强企业网络和知识库建设。

现代企业要注重企业网站、局域网和知识库的建设。企业网站面向所有用户，是外界了解企业以及进行网上交易的窗口，目的在于宣传企业、提高效率。

局域网为企业内部各部门的业务往来、交流和共享创造条件，其内容包括：与本企业相关的国际国内技术动态、本企业及其他企业的产品、技术、市场、服务信息以及知识管理案例、企业组织各项活动的相关信息发布等；企业知识库为企业内部知识共享、信息查询、寻求解决方案及有关经验等提供支持，其内容应包括企业的人力资源状况、客户信息、主要竞争对手及合作伙伴的详细资料和企业内部研究人员的研究文献和研究报告等。

第9章

研究结论与展望

　　本研究工作以知识管理为中心视角，综合运用知识管理理论、人力资源管理理论、统计科学理论与方法等，在总结大量前人研究的基础上，提炼出了一个知识管理模型，并在这个模型的基础上进行知识管理内涵和知识管理具体理论框架的讨论，完善和发展了当前现有的知识管理理论；同时，本研究重点对知识管理的一个子课题——知识管理绩效评价方面进行了研究。

9.1　研究的理论进展与实践启示

9.1.1　本研究的主要方法

　　有研究认为，以下三种因素决定了研究策略是否恰当：

a. 研究问题的形式；

b. 研究者对行为事件的可控制程度；

c. 对当前和历史事件的控制程度。

　　根据对以上问题的回答结果，有五种基本的研究策略，即试验、调查、文献分析、历史研究和案例研究。基于本文的研究问题的性质，本研究综合运用定性与定量相结合的方法，主要采用文献研究法、案例分析法、问卷测量法统计分析、定量模型方法等研究方法策略。

通过文献阅读，提出了研究要解决的问题和初步构思；访谈研究主要是对构思进行初步验证及对构思作进一步的调整，并为下一步的问卷设计收集信息，确定方向奠定基础；通过案例分析希望进一步阐释研究结果和弥补问卷测量的不足；问卷测量法是通过收集数据、统计分析来对构思进行全面验证，并提出一些政策建议。

1. 定性方法

（1）国内外文献研究。本书主要通过国内外文献研究和综述，总结提炼影响企业绩效的关键要素，为后面的定量分析和研究奠定基础。

（2）问卷方法问卷法是通过书面形式，以严格设计的心理测量项目或问题，向研究对象收集研究资料和数据的一种方法。本研究工作根据研究问题和假设并参考国内外相关研究设计创新要素协同机制问卷，以定量或半定量分析知识管理活动的能力、过程、影响因素以及与企业绩效的相关性等。

2. 定量方法

统计分析方法。主要通过统计分析软件，对于问卷涉及的各因素进行统计分析，从中得出一些定量或半定量的分析结论。

9.1.2　本研究的主要工作

（1）提出了本研究知识管理的定义，认为知识管理（组织知识管理）是在知识与人的有效行为之间建立起一种密切的正反馈关系，以便更大限度地实现组织价值，发现与创造更多有价值的知识，增强组织的核心能力及提高组织的竞争优势。为了明确知识管理的概念，本文对信息、数据、知识及行为加以定义及界定，认为知识管理在于控制和促进知识和行为之间的转化，从而实现企业目标。

（2）围绕本书界定的知识管理的定义及知识管理本身的内涵对知识管理进行了深入的阐述，在梳理知识管理内涵概念的基础上构建了知识管理的结构模型，该模型奠定了该绩效评价的理论基础。

（3）企业拥有的独特的知识，要转化为外在优势，必须充分激活知识体系。本研究从这个思路出发，研究了以日本管理科学家野中郁次郎提出的四种知识转化模型。通过四种知识螺旋形的转化，个人知识逐步聚集并转化为组织知识，又扩大和深化了个人知识，推动了知识的产生和创新活动。最后，对知识管理的企业制度与文化进行阐述，认为充满竞争性的知识管理制度与文化是培育和有效激活知识的支撑条件。

（4）根据本研究的总体思路及框架，参考有关文献，并采用 DeLPhi 法，构建了知识管理绩效水平与实施效果评价的两种指标体系。其中知识管理绩效水平评价由知识产生、知识储存、知识分享和创造及知识应用 4 个一级指标和 32 个二级指标构成。知识管理实施结果的评价细化为应变能力、创新能力、整合能力、学习能力和经营能力 5 个一级指标和 25 个二级指标，旨在把显在的和潜在的、直接的和间接的因素进行系统分析，建立和完善知识管理绩效评价体系。

（5）根据所建立的知识管理绩效评价体系，采用 DelPhi 法，并通过严格的数学处理，确定了相关指标的排序权重。

（6）根据知识管理绩效评价指标体系和权重分布，采用模糊综合评价法对高新技术企业分行业与地区进行了知识管理绩效评价的实证分析。

9.1.3 本研究的主要创新点

（1）提出了知识与有效行为互动的关系，得到了新的知识管理的定义，深入地分析了知识的激活机制，揭示了知识管理的深刻内涵，完善和发展了现有知识管理理论。

目前学界在知识管理理论方面的讨论还没有形成比较一致的理论框架和学派，但现有的知识管理理论大体可以归为三个学派：行为学派、技术学派和综合学派。行为学派认为知识管理的主体是人——"知识管理是对人的管理"，技术学派认为知识管理的主体是信息——"知识管理是对信息的管理"，综合学派认为知识管理的主体是人和信息——"知识管理是对人和信息结合起来的管理"。综合学派的观点比较系统和综合，更为企业所接受，但是还没把信息和人这两个概念真正的融合在一起。本研究也大体上归属于综合学派，但是又超出了目前的综合学派，认为知识管理的实体是"知识和人之间的良性互动"，知识管理就是要实现这个互动，这个互动的实现决定了知识管理的内容包括了对人的管理，技术的实现，企业战略、文化、制度的建立，企业知识管理是一种新的管理学思想，必须渗透到企业管理的各层面。

（2）根据知识管理的理论框架进行了知识管理绩效评价理论体系的分析和构建，并深入分析了知识管理绩效因素和绩效基础，参考了学术界的现有相关研究，采用专家评议法选出了一个合理有效的知识管理绩效评价指标体系，并运用专家评议法，经过严格的数学处理，研究和确定了指标体系的权重分布。

（3）用模糊综合评价方法进行了知识管理绩效评价的应用研究。

9.2　相关政策建议

本研究在对国内 132 家高新技术企业问卷分析的基础上，结合高新技术企业知识管理的特点提出推动我国高新技术企业知识管理发展的一些政策建议：

1. 构建企业知识管理体系

由于现代企业始终处于一个动态的发展环境之中，企业知识管理要适应企业环境的不断变化和企业战略的调整。因此，企业应建立具有一定柔性的知识管理体系，令竞争对手难以模仿和攻破，使其成为企业竞争力之源。该体系包括知识管理规划和策略制定、知识管理系统和知识管理评价体系。知识管理的规划和策略制定是从战略层面上分析企业知识管理的现状和问题，确定知识管理的目标、路径、机制、部门职能和策略等。知识管理系统属于知识管理的具体实施层面，是实现知识管理的系统平台，依靠网络和信息技术来实现，包括硬件、软件、网络和安全等。建立知识管理的评价指标和方法体系，目的是对企业的知识管理情况有及时、全面的了解，以便随时改进、优化和调整企业的策略。

2. 加强价值链的知识管理

加强企业价值链上各项活动的知识管理，促进企业价值最大化是企业实施知识管理的目的之一。企业从研发前的市场调研和可行性分析到最终成果的产出等一系列企业技术创新活动，在企业的价值链中显得尤为重要，因而加强企业价值链的知识管理，就是要根据企业的发展战略、市场竞争情况和技术创新活动的特点，确定价值链中的管理重点，设计不同的管理方法和手段，开展具有针对性的知识管理活动。

3. 设立知识主管

企业应注重员工的知识积累、共享和运用，需要设立知识主管，组织企业员工获取和运用知识，将知识转变成效益，使知识在使用中实现增值。知识主管的六大职能是：①对本企业及其内外部环境有充分的了解；②制定知识管理实施方案和策略；③创造有利于员工的知识学习、积累和共享的环境；④培训员工，培养员工的创新意识；⑤参与企业知识库的建设，监督知识库的内容、质量，并及时更新知识库，保证知识库的正常运行；⑥运用集体智慧为企业提供发展战略方案。

4. 加强企业网络和知识库建设

现代企业要注重企业网站、局域网和知识库的建设。企业网站面向所有用户，是外界了解企业以及进行网上交易的窗口，目的在于宣传企业、提高效率。

局域网为企业内部各部门的业务往来、交流和共享创造条件，其内容包括：①与本企业相关的国际国内技术动态；②本企业及其他企业的产品、技术、市场、服务信息以及知识管理案例；③企业组织各项活动的相关信息发布；④企业知识库；⑤企业业务操作流程；⑥其他相关网站的链接。

企业知识库为企业内部知识共享、信息查询、寻求解决方案及有关经验等提供支持，其内容应包括：①企业的人力资源状况；②企业内每个职位需要的技能和评价方法；③企业内各部门、各地分公司的内部资料；④企业历史上发生的重大事件等历史资料；⑤企业客户的所有信息；⑥企业的主要竞争对手及合作伙伴的详细资料；⑦企业内部研究人员的研究文献和研究报告。

5. 重视人力资源管理

人才是企业的核心资源，知识管理的重要内容就是管理知识型员工，促进员工的知识交流、共享和利用，最终实现知识创新。因此，人力资源管理是企业知识管理体系中的核心内容，是成功实施知识管理的关键。企业的人力资源管理应从以下三个方面入手：①建立人才的选拔机制。技术人才和管理类人才是人才选拔的重点，可以从企业内外广泛选择和招聘人才，注重选择知识结构合理、有较强的学习能力、应变能力和创新能力以及团队精神的人才；②加强对员工的培训。通过各种培训方式如会议、讲座、讨论、企业内部网、学习班等来加强员工的责任感和职业道德，提高他们的学习能力和创新能力；③建立激励和考核机制。建立合理的薪酬制度、奖惩制度、晋升制度以及考核、评估制度来激励员工的工作热情，约束员工的行为，有效地掌握员工学习和利用知识的情况。

6. 加强组织学习

企业只有通过不断地学习，才能够不断地创新，提升企业的核心能力，实现可持续发展。组织学习不仅包括个人学习，更重要的是形成一种彼此合作与共享的机制和文化，实现全员学习。①建立共同愿景，塑造良好的企业文化和学习氛围；②学习标杆企业的经验，了解和学习其他优秀企业的运作方式和先进的经验；③学习、总结和吸收别人的知识以及经验和教训；④在工作中进行创造性学习，勇于创造新知识，取得突破和创新；⑤通过在线学习，以快捷、低成本、高效率的方式实现全员培训；⑥加强培训，定期举办研讨会和企业会议，并请资深专家来企业座谈，经常与大学或科研院所保持联系，使员工能够掌握最新的信息，实现面对面的学习和交流，在讨论中使新思想得到升华。

9.3 研究局限

本次研究虽然提出了一些创新性的学术观点，但是仍然存在以下局限。

（1）关于研究的样本分布问题，由于时间和精力所限以及调研的可行性，本研究样本分布主要集中在北京、广东以及山西省部分城市，虽然样本的总体数量达到了统计分析的要求，并且各研究模型与假设得到了较好的验证，但是从本文的立意——着眼于中国企业知识管理的实施情况来看，地域分布的覆盖面仍不够，似乎还不足以体现中国企业的实际特点，因此对于研究结论的普适性有待进一步的验证。

（2）对于不同规模、不同行业、不同产权结构和不同组织结构类型的企业中在知识管理方面呈现出的不同特征的根源没有通过案例的研究进行深入探讨。进一步的工作需要对造成这些差别的企业内部的原因进行研究。在研究中没有能够通过更多和更翔实的案例进行研究，也没有开展跨案例研究比较分析。更丰富的案例和对比性的案例研究有助于该模型的发展。

（3）研究知识管理的绩效评价比想象中的困难要大得多，虽然知识管理方面的文章罗列较多，但评价和度量方面的内容却"少之又少"，而且各观点的差异较大，给研究工作带来了一定困难。从研究过程中遇到的实际问题看，要建立一个可操作性的企业知识管理绩效评价体系确实是比较困难的，因为"指标是基于对变量的分析及指标与变量之间的因果关系的研究而建立的，并且要能收集到的具体的数据给指标赋值"，遗憾的是这些数据是非常难以收集的（从调研的企业及调查问卷的信息获知，数据的收集是非常艰难的）。正如前文所说许多企业并未意识到已在实施了知识管理，对知识管理绩效评价所需的信息常常是不太清楚，这些问题延缓了研究进度，使得研究工作搁浅几次。

知识本身是无形的，是人类头脑中的智慧和能力，除了掌握知识的本人外，并不能被别人所"管理"。知识管理是关于战略应用的问题，是一个积极的行动过程，知识是行动，是一个懂得怎样做的过程。具体到企业中，体现在企业的竞争力、企业内部和外部结构，所以对于难以统计的数据资料必须深入组织内部才能考察出来。

因此，模型中的一些研究变量的测量是笔者根据访谈结果和相关文献生成的，虽然通过了可靠性和有效性检验，但是仍然需要进一步的验证。

（4）本研究由于人力、物力及时间的限制，采用了横截面研究（cross-sectinnal study），数据源于在同一时间，不同统计单位相同统计指标组成的数据列。与时序数据相比较，其区别在于数据的排列标准不同，时序数据是按时间顺序排列的，横截面数据是按照统计单位排列的。所得出的结论本质上为变量间的相关关系，但是更为严谨的因果关系是需要通过纵向研究（longitudinal study）进行分析。纵向研究一般需要多年的连续观察数据，因此寄希望于后续研究。

9.4　研究展望

自 20 世纪起，由于电子和信息技术的发展与带动，高技术的发展不仅在技术的发展上取得了巨大的进步，使人类社会活动进入了一个崭新的阶段，如空间技术的发展使得人类得以实现登月的梦想，信息技术和网络的发展使得人类的通讯和联络如同处于一个全球村中更由于 20 世纪美国经济持续近年的高增长、低通胀、低失业率的经济发展的奇迹，使得人们对于高技术在促进经济发展的作用有了更为深刻的认识。高技术及其产业的发展已经成为，并将继续保持世界经济最富有活力的增长点，对于高新技术企业发展的研究也将会一直是学术界研究的热点问题。

随着知识管理研究的不断深入，企业如何实践和评价知识管理的绩效成为一个具有重要现实意义的课题。知识管理发端于企业已有的各种资源，如优秀的信息系统管理、组织变化管理以及人力资源管理的实践。如果企业已经有了一个好的资料库、一个数据库系统，或是一个有效的教育培训计划，那么组织可能已经从事知识管理的某些实践了。不管组织是否意识到正在进行的知识管理实践，知识管理仍将成为组织变革的一种趋势。

知识本身是无形的，是人类头脑中的智慧和能力，除了掌握知识的本人外，并不能被别人所"管理"。知识管理是关于战略应用的问题，是一个积极的行动过程，知识是行动，是一个懂得怎样做的过程（斯威比，2003）。具体到企业中，体现在企业的竞争力、企业内部和外部结构，所以对于难以统计的数据资料必须深入组织内部才能考察出来。

由于时间和精力有限，提出的知识管理模型和理论框架也许有不当之处，加上知识管理绩效评价研究方面的许多问题仍在探索之中，所构建的评价指标体系也许存在一些不足，这些都有待进一步完善与发展。

　　企业的发展壮大和竞争力的提高需要理论的指导，理论的发展又源于对实践创新的总结、提炼和发展。高新技术企业发展中所展示的新特点及其对当今世界经济所产生的深刻作用，吸引着管理学界的高度关注，对这一现象及其发展规律的研究和认识有利于我们更有效地帮助和促进高新技术企业的发展。

参 考 文 献

［1］奉继承. 知识管理理论、技术与运营［M］. 北京：中国经济出版社，2006.

［2］颜光华，李建伟. 知识管理绩效评价研究. 南开管理评论［J］. 2001（6）：26 – 29.

［3］王军霞，官建成. 复合 DEA 方法在测度企业知识管理绩效中的应用［J］. 科学学研究，2002（1）：84 – 87.

［4］李顺才，常荔，邹珊刚. 企业知识存量的多层次灰关联评价. 科研管理［J］. 2001（3）：73 – 78.

［5］Fairchild A. M. Knowledge Management Metrics via a Balanced Scorecard Methodology. Proceedings of the 35th Hawaii International Conference on System Science. USA，2002.

［6］朱启红，张钢. 基于人工神经网络的企业知识管理评价模型［J］. 科学学与科学技术管理，2003（8）：32 – 34.

［7］张瑞红. 基于知识价值链的知识管理绩效评价［J］. 企业经济，2013（3）：47 – 49.

［8］贾生华，疏礼兵. 基于知识循环过程的知识管理绩效指数［J］. 研究与发展管理，2004（5）：40 – 45.

［9］郑景丽，司有和. 企业知识管理水平评价指标体系研究［J］. 经济体制改革，2003（5）：162 – 165.

［10］郝晓玲，孙强. 信息化绩效评价框架、实施与案例分析［M］. 北京：清华大学出版社，2005.

［11］吴应良. 一种面向电子商务的知识管理解决方案［J］. 计算机工程与应用，2002（22）：40 – 42.

［12］Kotter. J, "Power, De Pendenee, and Effective Management," Harvard Business Review, 1977 (7 - 8).

［13］余光胜. 企业发展的知识分析［M］. 上海: 上海财经大学出版社, 2000. 9.

［14］余光胜. 一种全新的企业理论——企业知识理论［J］. 外国经济与管理, 2000, 22 (2): 8 - 10.

［15］陈劲, 王如富. 知识经济与企业核心能力的培养［J］. 中国软科学, 1999 (3): 77 - 79.

［16］弗朗西斯·赫瑞比. 管理知识员工: 挖掘企业智力资本［M］. 郑晓明, 等, 译. 北京: 机械工业出版社, 2000. 7.

［17］Jamesw Cortada. 知识工作者的兴起［M］. 王国瑞, 译. 北京: 新华出版社, 1999. 3.

［18］Horton F. W. , Information resources management: concept and cases, Ohio: Association for Systems Management Press, 1979.

［19］David J. Skyrme. Knowledge Networking: Creating the Collaborative Enterprise. UK: Oxford University Press. 1999. Also See Craig Conkie. A Pathway to Prosperity. Information World Review, Mar, 2000 (156): 27 - 28.

［20］魏江. 企业购并战略新思维——基于核心能力的企业购并与整合管理模式［M］. 北京: 科学出版社, 2002.

［21］魏江. 企业技术能力论［M］. 北京: 科学出版社, 2002.

［22］魏江. 知识特征和企业知识管理. 科研管理［J］. 2000 (21): 6 - 10.

［23］Wathena, Piepa Andriani. Managing knowledge for innovation. Long Range Planning, 2006 (35), 29 - 48.

［24］Kosovo R. L. The state of notion: knowledge management in practice, California Management Review, 2009, 40 (3): 80 - 89.

［25］Decarolis D. M. , Deeds D. S. The impact of stocks and flows of organizational knowledge firm performance: an empirical investigation of the biotechnology industry, Strategic Management Journal, 1999, 20 (10): 953 - 986.

［26］马宏建. 中国高科技企业知识管理能力与绩效研究［D］. 复旦大

学博士学位论文，2005.

[27] 张少杰，梅小安. 企业知识管理及其绩效评价 [M]. 北京：机械工业出版社，2004.

[28] 邱若娟. 企业成长的知识结构模型及其启示 [J]. 科研管理，2006 (2)：78 - 84.

[29] 丁勇. 知识管理对核心能力的创造过程和数理证明——基于核心能力创新模型的研究 [J]. 数量经济技术经济研究，2009 (11)：86 - 98.

[30] 陈京民. 国外知识型企业的管理模式探讨 [J]. 外国经济与管理，2009 (11)：45 - 48.

[31] 王广宇. 知识管理——冲击与改进战略研究 [M]. 北京：清华大学出版社，2004.

[32] 李长玲. 知识供应链及其管理 [J]. 情报杂志，2007 (11)：9 - 11.

[33] 谢洪明，刘常勇. 技术创新类型与知识管理方法的关系研究 [J]. 科学学研究，2009 (10)：539 - 545.

[34] 戴淑芬. 当代企业知识管理的特点与模式探讨 [J]，管理世界，2006 (4)：146 - 147.

[35] 周彩红，张玉娟. 高新技术企业知识管理的绩效评估 [J]，现代管理科学，2004 (4)：63 - 64.

[36] Bair J. Knowledge Management：The Era of Shared Ideas [J]. The Economic Impact of Knowledge, 2008：203 - 211.

[37] Bohn R. Measuring and Managing Technological Knowledge [J]. Sloan Management Review, 2004, 34 (1)：61 - 73.

[38] Choi B., Lee H. Knowledge Management Strategy and Its Link to Knowledge Creation Process [J]. Expert System with Applications, 200, 5 (3)：173 - 187.

[39] Darroch J. Developing a Measure of Knowledge Management Behaviors and Practices [J]. Journal of Knowledge Management, 2003, 7 (5)：41 - 54.

[40] Davenport T. H. Information Ecology：Mastering the Information and Knowledge Environment [M]. New York：Oxford University Press, 2007.

[41] Lee H., Choir B. Knowledge Management Enablers, Processes, and

Organizational Performance: An Integrative View and Empirical Examination [J]. Journal of Management Information Systems, 2006, 20 (1): 179 – 228.

[42] Lambskins J. P. Knowledge, Strategy, and Theory of the Firm [J]. Strategic Management Journal, 2006 (9): 93 – 107.

[43] Marwick A. D. Knowledge ManagementTechnology [J]. IBM System Journal, 2007, 40 (4): 814 – 830.

[44] Park K. A Review of the Knowledge Management Model Based on an Empirical Survey of KoreanExperts [D]. University of Kyushu, 2006.

[45] Probate G. J. B. Practical Knowledge Management: A Model thatWorks [J]. Prism, Second Quarter, 2008 (11): 17 – 29.

[46] Syedlkhsan S., Rowland F. Knowledge Management in a Public Organization: A Study on the Relationship Between Organizational Elements and the Performance of Knowledge Transfer [J]. Journal of Knowledge Management, 2004, 8 (2): 95 – 111.

[47] 刘松博, 王凤彬. 基于知识平衡计分卡的知识管理模式 [J]. 科学学研究, 2009 (1): 123 – 129.

[48] 芮明杰. 知识与企业持续竞争优势 [J]. 复旦学报 (自然科学版) [J], 2010, 42 (5): 721 – 727.

[49] 芮明杰, 李鑫, 任红波. 高科技企业知识创新模式 [J]. 外国经济管理, 2009, 26 (5): 8 – 12.

[50] 许晓明, 龙炼. 论企业的知识管理战略 [J]. 复旦大学学报 (社会科学版), 2007 (3): 90 – 94.

[51] Summoning B. L. Transfer of marketing know-how in international strategic alliances: an empirical investigation of the role and antecedents of knowledge ambiguity. Journal of International Business Studies, 2005, 30 (3): 463 – 490.

[52] 周建, 周蕊. 论战略联盟中的知识转移 [J]. 科学学与科学技术管理, 2006 (5): 84 – 89.

[53] 王毅, 吴贵生. 产学研合作中粘滞知识的成因与转移机制研究 [J]. 科研管理, 2001 (11): 114 – 121.

[54] 李红玲. 基于两个知识转移模型的企业战略联盟反思 [J]. 科学

学与科学技术管理，2007（10）：140 – 144.

[55] 张志勇，刘益，卢兵. 战略控制方式对知识管理效果的影响研究 [J]. 科学学与科学技术管理，2007（11）：96 – 99.

[56] 常荔，邹珊刚，李顺才. 基于知识链的知识扩散的影响因素研究 [J]. 科研管理，2009，22（5）：122 – 127.

[57] Chiu C. M.，Hsu M. H. Understanding knowledge sharing in virtual communities：An integration of social capital and social cognitive theories. Decision Support Systems，2006：1 – 17.

[58] 苏卉. 知识来源方特性对知识管理效率影响效应的结构分析 [J]. 情报科学，2009，27（3）：431 – 436.

[59] 吴寿仁，李湛. 科技孵化企业聚集知识溢出效应的理论分析 [J]. 上海交通大学学报，2004，38（3）：478 – 483.

[60] 王众托. 知识系统工程 [M]. 北京：科学出版社，2004.

[61] 尹向东. 我国钢铁企业并购中知识管理的影响因素研究 [D]. 重庆大学博士论文，2006.

[62] Nonaka I.，Takeuchi H. The Knowledge Creating Company：How Japanese Companies Create the Dynamics of Innovation [M]. New York：Oxford University Press，2005.

[63] Tsai W. Knowledge Transfer in Intra-organizational Networks：Effects of Network Position and Absorptive Capacity on Business Unit Innovation and Performance [J]. Academy of Management Journal，2007，44（5）：56 – 60.

[64] Kogut B.，Zander U. Knowledge of the Firm，Combinative Capabilities，and the Replication of Technology. Organization Science，2006（3）：383 – 397.

[65] 常荔，邹珊刚，李顺才. 基于知识链的知识扩散的影响因素研究 [J]. 科研管理，2001（5）：46 – 49.

[66] 汪应洛，李勖. 知识的转移特性研究 [J]. 系统工程理论与实践，2009（10）：24 – 30.

[67] 陈菲琼. 我国企业与跨国公司知识联盟的知识管理层次研究 [J]. 科研管理，2007（3）：43 – 47.

[68] 周波，高汝熹．知识管理的经济分析 [J]．科学学与科学技术管理，2006（5）：70 - 77.

[69] 孙东川，杨立洪，钟拥军．管理的数量方法 [M]．北京：清华大学出版社，2005.

[70] 李鸿吉．模糊数学基础及实用算法 [M]．北京：科技出版社，2005.

[71] 王长峰．用多层次灰色综合评价法评价重点学科 [J]．中国管理科学，2006（10）：67 - 73.

[72] 黄立军．企业知识管理综合评价的数学模型 [J]．运筹与管理，2008，10（4）：143 - 150.

[73] 赵曙明，沈群红．知识企业与知识管理 [M]．南京：南京大学出版社，2000.6.

[74] 保罗·S. 麦耶斯编，蒋惠工等译．知识管理与组织设计 [M]．珠海：珠海出版社，1998.

[75] 彼得·圣吉．第五项修炼——学习型组织的艺术与实务 [M]．上海：上海三联书店出版社，1997.

[76] 孔凡柱．知识整合能力与运作特性对组织创新绩效的交互效应研究 [J]．软科学，2014，28（12）：10 - 14.

[77] 于玲玲，赵西萍，周密，等．知识转移中知识特性与联系强度的联合调节效应研究——基于成本视角的分析 [J]．科学学与科学技术管理，2012，33（10）：49 - 57.

[78] 李浩．社会资本视角下的网络知识管理框架及进展研究 [J]．管理世界，2012（3）：158 - 169.

[79] 游达明，李志鹏，杨晓辉．高新技术企业创新网络能力对创新网络绩效的影响路径 [J]．科学学与科学技术管理，2015（2）：70 - 82.

[80] 黄蕴洁，刘冬荣．知识管理对企业核心能力影响的实证研究 [J]．科学学研究，2010（7）：1052 - 1059.

[81] 侍文庚，蒋天颖．社会资本、知识管理能力和核心能力关系研究 [J]．科研管理，2012（4）：62 - 72.

[82] Wang T. , Chen Y. Applying fuzzy linguistic preference relations to the

improvement of consistency of fuzzy AHP [J]. Information Sciences, 2008, 178 (19): 3755 – 3765.

[83] Liao L., Guo W. W. Incorporating utility and cloud theories for owner evaluation in tendering [J]. Expert Systems with Applications, 2012, 39 (1): 5894 – 5899.

[84] Lambe P. The unacknowledged parentage of knowledge management [J]. Journal of Knowledge Management, 2011, 15 (2): 175 – 197.

[85] Cantner U., Joel K., Schmidt T. The effects of knowledge management on innovative success: An empirical analysis of German firms [J]. Research Policy, 2011, 40 (10): 1453 – 1462.

[86] Kodama M. Innovation and knowledge creation through leadership-based strategic community: Case study on high-tech company inJapan [J]. Technovation, 2007, 27 (3): 115 – 132.

[87] 盛小平, 刘泳洁. 知识管理不是一种管理时尚而是一门学科——兼论知识管理学科研究进展 [J]. 情报理论与实践, 2009 (8): 4 – 7.

[88] Bogner W. C. and Bansal P. Knowledge Management as the Basis of Sustained High Performance, Journal of Management Studies, 2007: 165 – 188.

[89] Kagiri R. An Empirical Assessment of Knowledge Management Strategy, Organizational Competence and Competitiveness in Kenya's Booktrade, the International Journal of Knowledge, Culture and Change, 2008: 21 – 30.

[90] Abbas W. The Dilemma of Knowledge Management, Innovation and Entrepreneurship in SMEs: An Empirical Study, IJCRB, 2011: Vol. 3 No. 2.

[91] 吴应良, 吴昊苏, 吴月瑞, 林梓鹏. 基于主成分分析法的知识管理绩效评价研究 [J]. 情报杂志, 2007 (6): 27 – 29.

[92] 张东炬. 运用主成分分析法量化参考咨询馆员工作绩效评价的研究 [J]. 图书馆建设, 2014 (6): 67 – 70, 79.

[93] 蒋天颖. 企业知识管理水平评估优化方法及应用 [J]. 情报杂志, 2008 (2): 20 – 22.

[94] 程志超. 基于组织竞争力的三维组织设计模型 [J]. 科技进步与对策, 2006 (10): 21 – 23.

［95］蒋翠清，叶春森，杨善林．组织知识管理绩效评估研究［J］．科学学研究，2007（2）：296－300．

［96］胡玮玮，姚先国．组织文化与知识管理战略选择的实证分析［J］．浙江学刊，2008（5）：177－182．

［97］胡玮玮，姚先国．组织文化、知识管理战略与绩效关系研究［J］．科研管理，2009（6）：91－99．

［98］贾生华，疏礼兵．基于知识循环过程的知识管理绩效指数［J］．研究与发展管理，2004（5）：40－45．

［99］王军霞，官建成．复合DEA方法在测度企业知识管理绩效中的应用［J］．科学学研究，2002（1）：84－88．

［100］刘希宋，邓立治．产品开发人才知识管理过程研究及绩效评价［J］．科技管理研究，2006（7）：211－213．

［101］赵峰．企业创新项目R&D中的知识管理绩效评价研究［J］．科技进步与对策，2009（19）：134－137．

［102］赵海燕，陈加奎．基于超效率DEA的高新技术企业知识管理绩效评价研究——以山东省为例［J］．科技进步与对策，2010（8）：153－156．

［103］蒋天颖，白志欣．基于偏好DEA模型的企业知识管理效率评价研究［J］．情报杂志，2012（1）：123－127，133．

［104］郭彤梅，吴孝芹．企业知识管理绩效评价指标体系研究及其应用——以山西省企业知识管理评价指标体系为例［J］．四川大学学报（哲学社会科学版），2015（3）：103－108．

［105］罗洪云，张庆普，林向义．企业自主创新过程中知识管理绩效的表现形式、测度及评价研究［J］．科学学与科学技术管理，2014（2）：71－79．

［106］黄青良，卢祖展，刘长波．基于模糊评估的供应链知识管理绩效评价研究［J］．科技管理研究，2013（8）：173－177．

［107］林向义，罗洪云，曹明阁，王艳秋．基于WSR系统论和三角模糊数的知识管理绩效评价研究［J］．现代情报，2013（6）：6－9．

［108］廖开际，熊会会．企业知识管理绩效的多视角评价模型［J］．科

技进步与对策，2011（9）：138－141.

[109] 杨楠. 我国高新技术企业知识管理绩效评价研究 [J]. 科学管理研究，2011（4）：79－83.

[110] 朱方策，上官昕玥，戴海金. 企业隐性知识管理的 NK 模型分析 [J]. 情报杂志，2011（4）：120－124，185.

[111] 黄训江. 集群新进企业知识管理策略研究. 管理科学 [J]. 2011（6）：9－17.

[112] 陆杉，黄福华，赵中平. 供应链知识协同管理绩效评价研究 [J]. 科技管理研究，2010（1）：193－195.

[113] 李亚平，姜树凯. 基于知识管理的国防工业科技成果转化组织成熟度评价 [J]. 情报理论与实践，2010（1）：81－84.

[114] 来新安. 企业知识管理绩效的灰色模糊综合评价 [J]. 科技管理研究，2009（7）：179－181.

[115] 喻登科. 科技成果转化知识管理绩效的模糊积分评价 [J]. 情报杂志，2009（7）：61－64.

[116] 李永宁. 基于模糊理论的企业知识管理能力评价 [J]. 科技管理研究，2009（5）：175－177.

[117] 王曰芬，浦晓斌. 个人知识管理绩效评估研究及实证分析 [J]. 情报理论与实践，2009（8）：57－62.

[118] 张少辉，葛新权. 企业知识管理绩效的模糊评价模型与分析矩阵 [J]. 管理学报，2009（7）：879－884.

[119] 蒋国瑞，冯超. 企业岗位知识管理绩效的评价 [J]. 决策与统计，2008（11）：177－179.

[120] 包国宪，马慧贤. 虚拟企业知识管理绩效评价研究 [J]. 情报杂志，2008（6）：32－34.

[121] 鲁曼，武忠. 知识管理绩效评价方法研究 [J]. 情报杂志，2008（11）：38－40.

[122] 庞海燕，张彦. 知识管理评估研究综述 [J]. 情报杂志，2007（3）：91－94.

[123] 曹兴，陈琦，彭耿. 企业知识管理绩效评估研究 [J]. 科技管理

研究，2006（12）：189 – 192.

　　［124］王秀红. 组织知识管理绩效评价研究［J］. 科学学与科学技术管理，2006（3）：64 – 68.

　　［125］李长玲. 知识管理绩效的模糊评价［J］. 情报科学，2006（2）：185 – 188.

　　［126］邱若娟，梁工谦. 企业知识管理绩效评价模型研究［J］. 情报杂志，2006（7）：43 – 46.

　　［127］王君，樊治平. 组织知识管理绩效的一种综合评价方法［J］. 管理工程学报，2004（2）：44 – 48.

　　［128］密阮建驰，战洪飞，余军合. 面向企业知识推荐的知识情景建模方法研究［J］. 情报理论与实践，2016（4）：78 – 83.

　　［129］高展明，郭东强. 澳门中小企业知识管理模式构建及仿真研究——基于组织生态视角［J］. 经济管理，2015（4）：189 – 199.

　　［130］左辞波. 企业知识管理三维立体绩效评价模型分析［J］. 人口与经济，2012：153 – 154.

　　［131］宋杰鲲. 企业知识管理绩效组合评价模型研究［J］. 图书情报工作，2010（12）：128 – 131.

　　［132］张晶，杨生斌，苏红. 基于 BSC 与价值链的企业知识管理绩效评价指标体系设计［J］. 情报杂志，2010（10）：94 – 98.

　　［133］王伟平. 基于成熟度视角的知识管理绩效评价研究［J］. 图书情报工作，2009（14）：106 – 109.

　　［134］熊学兵. 基于价值链的企业知识管理系统模型研究［J］. 中国科技论坛，2009（1）：68 – 70，83.

　　［135］熊学兵. 企业知识管理绩效评价指标体系设计研究［J］. 经济经纬，2008（6）：119 – 121.

　　［136］靳晓威. 基于 BSC 的企业知识管理绩效的 AHP – Fuzzy 评价［J］. 现代管理科学，2007（12）：101 – 102.

　　［137］谢洪明，刘常勇，李晓彤. 知识管理战略、方法及其绩效研究［J］. 管理世界，2002（10）：85 – 92.

　　［138］蒋国瑞，李阳. 应用 AHP 法确定咨询公司知识管理绩效评价指

标权重［J］.科技进步与对策，2007（7）：172 -174.

　　［139］胡秋梅.企业知识管理理论研究述评［J］.科学管理研究，2011（1）：73 -78.

　　［140］徐建中，孙德忠.知识管理绩效的投影寻踪等级评价研究［J］.情报杂志，2008（11）：24 -27.

　　［141］郭彤梅.基于知识管理的企业文化建设［J］.企业管理，2008（8）：92 -93.

　　［142］郭彤梅.试论供应链管理中的知识管理［J］.经济问题，2007（1）：40 -41.

　　［143］郭彤梅.成本减半，可能吗？［J］.中外管理，2008（3）：82 -83.

　　［144］郭彤梅.试论企业文化创新中的知识管理［J］.未来与发展，2008（8）：56 -58.

　　［145］吴孝芹，郭彤梅.企业知识管理分析模型研究［J］.山西高等学校社会科学学报，2011（6）：50 -52.

　　［146］郭彤梅，吴孝芹.基于模糊综合评价的知识管理绩效评价研究——以北京市、广东省与山西省的高新技术企业为例［J］.国际商务（对外经贸大学学报），2017（2）：153 -160.

附录　企业客户知识管理调查问卷

各位企业主管：

　　您好！这份问卷的目的在于了解企业主管对该企业主实施知识管理以提升组织绩效的认知情况。请就您对本身工作的企业的实际状况加以作答。本问卷所得资料，纯粹为学术研究服务，对于您所填写的答案，本研究绝对保密，不对外提供。非常感谢您的帮忙！

太原工业学院知识管理小组
2015 年 1 月

　　◎请勿遗漏，每题都答。

第一部分　基本资料

　　【填答说明】请依个人及企业实际情况，在下列空格上填写适当的数字。

　　1. 您的工作年限：_____年

　　2. 公司成立迄今：_____年

　　3. 企业员工人数：_____人

　　4. 企业名称（自愿，可不填）：_____

　　5. 企业所在地区：_____

　　【填答说明】请依个人及企业实际情况，在下列各题选项上打 ［√］。

　　6. 您的性别：

　　（1）男　　　　　　　　　　（2）女

　　7. 您担任的职务：

　　（1）行政管理部门　　　　　（2）业务部门

　　8. 企业产权结构：

　　（1）国有或国有控股　　　　（2）民营企业

（3）股份制　　　　　　　　（4）中外合资企业

（5）外商独资企业　　　　　（6）其他

9. 主导业务所在行业类型：

（1）电子与信息技术　　　　（2）生物工程和新医药技术

（3）先进制造技术　　　　　（4）新材料及应用技术

（5）航空航天技术　　　　　（6）现代农业技术

（7）环境保护技术　　　　　（8）新能源技术

（9）其他

10. 企业年营销额：

（1）500 万元以下　　　　　（2）500 万 ~ 3 千万元

（3）3 千万 ~ 2 亿元　　　　（4）2 亿 ~ 10 亿元

（5）10 亿元以上

第二部分　知识管理实施水平问卷

【填答说明】本问卷每题后面均列有五个选项，依序代表［非常符合］5 分 ~［非常不符合］1 分，请依您就职企业的实际情况，在适当选项上打［√］。

	非常符合	相当符合	有些符合	相当不符合	非常不符合
1. 企业有系统的培训方案	5	4	3	2	1
2. 管理者经常与员工讨论持续学习、改善品质和绩效等话题	5	4	3	2	1
3. 管理者了解部门员工的专长	5	4	3	2	1
4. 企业能提供充分的资源支持员工参与各种学习活动	5	4	3	2	1
5. 企业优先保留知识丰富、学历高的员工，并有具体措施	5	4	3	2	1
6. 企业的员工掌握知识越多，收入越高	5	4	3	2	1
7. 在企业拥有更多知识意味着更容易开展工作	5	4	3	2	1
8. 企业鼓励员工发表论文并给予奖励	5	4	3	2	1

	非常符合	相当符合	有些符合	相当不符合	非常不符合
9. 企业有将外文资料翻译成中文资料的做法	5	4	3	2	1
10. 企业有更新、取代过时知识的措施	5	4	3	2	1
11. 企业有整理归类知识并编成工作手册、资料库的做法	5	4	3	2	1
12. 企业有信息管理系统并进行了数据库建设	5	4	3	2	1
13. 企业中大部分员工认为有责任储存知识	5	4	3	2	1
14. 大部分员工能描述所学习的内容	5	4	3	2	1
15. 当获得新知识时员工能及时记录	5	4	3	2	1
16. 高层管理者鼓励员工分享知识	5	4	3	2	1
17. 高层管理者鼓励员工运用个人的创新性知识	5	4	3	2	1
18. 企业各部门之间经常交流、分享知识	5	4	3	2	1
19. 企业中分享知识的氛围浓厚	5	4	3	2	1
20. 企业上下级之间经常分享信息/知识	5	4	3	2	1
21. 企业中的信息透明度较高	5	4	3	2	1
22. 企业图书资源能够提供员工必备知识	5	4	3	2	1
23. 企业建立内网，用于分享企业文化及员工知识	5	4	3	2	1
24. 本企业网站经常分享知识	5	4	3	2	1
25. 企业常常反省失败原因，总结成功经验	5	4	3	2	1
26. 企业有应用新知识来更新和完善解决问题的方法	5	4	3	2	1
27. 企业员工能利用知识提升工作效率	5	4	3	2	1
28. 企业利用相关知识而非直觉来制定决策	5	4	3	2	1
29. 当员工需要使用专业知识时，能及时获得知识	5	4	3	2	1
30. 企业能整合不同来源的知识，以解决问题	5	4	3	2	1
31. 员工从培训中学到的知识能运用于实际工作	5	4	3	2	1
32. 企业的产品和服务能反映企业知识优势	5	4	3	2	1

第三部分　关于企业知识管理实施结果的问卷

【填答说明】本问卷每题后面均列有五个选项，依序代表［非常符合］5分～［非常不符合］1分，请依您的实际感觉，在适当选项上打［√］。

| | 非常符合 | 相当符合 | 有些符合 | 相当不符合 | 非常不符合 |

自您加入本企业以来，您感觉到的变化：

1. 企业中暴露的问题增加　　　　　　　　　　5　4　3　2　1
2. 企业决策效率提高　　　　　　　　　　　　5　4　3　2　1
3. 企业能够迅速适应未预期到的变化并调整目标与决策　5　4　3　2　1
4. 企业能够迅速回应市场需求　　　　　　　　5　4　3　2　1
5. 企业能够容忍创新失败，并有一定资金支持　5　4　3　2　1
6. 开发的新产品或新服务增加　　　　　　　　5　4　3　2　1
7. 申请的专利增加　　　　　　　　　　　　　5　4　3　2　1
8. 企业能够利用相关信息来制定投资决策　　　5　4　3　2　1
9. 员工参与决策的积极性增加　　　　　　　　5　4　3　2　1
10. 能够协调、整合不同部门间的工作成果　　5　4　3　2　1
11. 规章制度不断完善　　　　　　　　　　　5　4　3　2　1
12. 回应顾客需求或抱怨的时间短、顾客反馈良好　5　4　3　2　1
13. 开放信任的气氛弥漫整个企业　　　　　　5　4　3　2　1
14. 与外部产学研机构的合作增加　　　　　　5　4　3　2　1
15. 员工培训的针对性增强　　　　　　　　　5　4　3　2　1
16. 企业对员工的培训时间增多　　　　　　　5　4　3　2　1
17. 员工学习新事物与技术的积极性增强　　　5　4　3　2　1
18. 企业处理危机的能力增强　　　　　　　　5　4　3　2　1
19. 员工能快速掌握新技术　　　　　　　　　5　4　3　2　1
20. 员工能够充分利用企业的数据库　　　　　5　4　3　2　1
21. 企业净资产收益率提高　　　　　　　　　5　4　3　2　1

	非常符合	相当符合	有些符合	相当不符合	非常不符合
22. 企业品牌认知度提高	5	4	3	2	1
23. 员工平均收入水平提高	5	4	3	2	1
24. 企业的社会认同度提高	5	4	3	2	1
25. 企业的顾客满意率提高	5	4	3	2	1

意见栏

填写完毕，非常感谢您的协助！